CIBERNÉTICA

COLEÇÃO BIG BANG
Dirigida por Gita K. Guinsburg

Tradução Gita K. Guinsburg
Pós-preparação Iracema A. Oliveira
Revisão Juliana Sergio
Capa Sergio Kon
Projeto gráfico e diagramação Renato de Carvalho Carbone
Produção textual Luiz Henrique Soares e Elen Durando
Produção Ricardo W. Neves, Sergio Kon e Lia N. Marques

Norbert Wiener

CIBERNÉTICA

OU CONTROLE E COMUNICAÇÃO NO ANIMAL E NA MÁQUINA

big bang

PERSPECTIVA

CIP-Brasil. Catalogação na Publicação
Sindicato Nacional dos Editores de Livros, RJ

W646c
Wiener, Norbert, 1894-1964
Cibernética : ou controle e comunicação no animal e na máquina / NorbertWiener ; [tradução Gita K. Guinsburg]. – 1. ed. – São Paulo : Perspectiva, 2017.
248 p. ; 1421 cm. (Big bang)

Tradução de: Cybernetics: or control and communication in the animal and the machine
Inclui índice
ISBN: 978-85-275-1104-5

1. Ciências - História. 2. Ciências - Filosofia. 3. Teoria do conhecimento I. Guinsburg, Gita K. II. Título. III. Série.

17-42057 CDD: 501
CDU: 501

24/05/2017 25/05/2017

EDITORA PERSPECTIVA LTDA.

Av. Brigadeiro Luís Antônio, 3025
01401-000 São Paulo SP Brasil
Tel.: (11) 3885-8388
www.editoraperspectiva.com.br

2017

A ARTURO ROSENBLUETH

durante muitos anos meu
companheiro em ciência

SUMÁRIO

PREFÁCIO À SEGUNDA EDIÇÃO

Quando escrevi *Cibernética* para a primeira edição, publicada há cerca de trinta anos, o fiz em meio a sérios empecilhos que resultaram num acúmulo de lamentáveis erros tipográficos, juntamente com uns poucos erros de conteúdo. Creio, agora, que chegou o momento de reconsiderar a cibernética, não apenas como um programa a ser executado futuramente, porém como uma ciência existente. Aproveitei, pois, esta oportunidade, para colocar as necessárias correções à disposição de meus leitores e, ao mesmo tempo, para apresentar uma ampliação do status atual do assunto e das novas formas correlatas de conceituação que tomaram corpo desde a primeira publicação desta obra.

Se um novo tema científico possui real vitalidade, seu centro de interesse precisa e deve mudar no curso dos anos. Na primeira edição de *Cibernética,* o principal obstáculo com que me defrontei, ao demonstrar minha proposição, foi o fato de tanto as noções de informação estatística, como a de teoria do controle serem novas e talvez até chocantes para as atitudes usuais e estabelecidas da época. Presentemente, tornaram-se tão familiares, como ferramenta dos técnicos de comunicação e dos projetistas de controles automáticos, que o perigo maior contra o qual devo prevenir-me é que o livro possa parecer trivial e lugar-comum. O papel do feedback, seja no projeto técnico, seja na biologia, veio a ser firmado. O papel da informação e a técnica de medir e transmitir informação constitui toda uma disciplina para o engenheiro, o fisiologista, o psicólogo e o sociólogo. Os autômatos, que a primeira edição deste livro mal prognosticava, são uma realidade, e os perigos sociais correlacionados, contra os quais adverti, não apenas no presente livro, mas também no seu pequeno e popular companheiro *The Human Use of Human Beings: Cybernetics and Society*[1], assomaram bem alto no horizonte.

Assim, cabe ao ciberneticista avançar pelos novos campos e transferir grande parte de sua atenção às ideias que surgiram na evolução da última década. Os feedbacks lineares simples, cujo estudo foi tão importante no sentido de despertar a atenção dos cientistas para o papel dos estudos cibernéticos, parecem agora bem menos simples e bem menos lineares do que se afiguravam à primeira vista. Na verdade, nos primeiros dias da teoria do circuito elétrico, os recursos matemáticos para o tratamento sistemático de redes de circuito não iam além da justaposição linear de resistências, capacidades e indutâncias. Isto significava que todo o assunto podia ser adequadamente descrito em termos da análise harmônica das mensagens transmitidas, e das razões de impedâncias, admitâncias e voltagem dos circuitos através dos quais as mensagens eram passadas.

Muito antes da publicação da *Cibernética,* chegou-se a compreender que o estudo de circuitos não lineares (tais como encontramos em muitos amplificadores, em limitadores de voltagem, em retificadores e coisa parecida) não se ajustava facilmente nesta moldura. Não obstante, na busca de uma melhor metodologia, muitas tentativas foram feitas a fim de estender as noções lineares da eletrotécnica mais antiga bem além do ponto em que os tipos mais novos de aparelhos podiam ser naturalmente expressos nos termos delas.

Quando cheguei ao MIT por volta de 1920, a maneira geral de colocar os problemas concernentes a aparelhos não lineares era procurar uma extensão direta da noção de impedância que cobrisse sistemas lineares bem como os não lineares. O resultado foi que o estudo da eletrotécnica não linear estava alcançando um estado comparável ao dos últimos estágios do sistema ptolomaico de astronomia, em que se amontoava epiciclo sobre epiciclo, correção sobre correção, até uma vasta mixórdia que, por fim, ruiu sob seu próprio peso.

Assim como o sistema de Copérnico nasceu do desabamento do sobrecarregado sistema ptolomaico, com uma descrição heliocêntrica simples e natural dos movimentos dos corpos celestes, em vez do complicado e obscuro sistema geocêntrico de Ptolomeu, do mesmo modo o estudo de estruturas e sistemas não lineares, elétricos ou mecânicos, natu-

---

1. Boston: Houghton Mifflin, 1950.

rais ou artificiais, precisou de um ponto de partida novo e independente. Tentei encetar uma nova abordagem em meu livro *Nonlinear Problems in Random Theory*[2]. Verifica-se que a esmagadora importância da análise trigonométrica no tratamento de fenômenos lineares não persiste quando consideramos fenômenos não lineares. Há uma nítida razão matemática para isso. Os fenômenos do circuito elétrico, como de muitos outros fenômenos físicos, se caracterizam por uma invariância com respeito a um deslocamento da origem no tempo. Um experimento físico que, começado ao meio-dia, atinge certo estágio às duas horas, chegará ao mesmo estágio às duas e quinze se o começarmos às doze e quinze. Assim, as leis físicas dizem respeito aos invariantes do grupo de translação no tempo.

As funções trigonométricas sen nt e cos nt mostram certos invariantes de importância no tocante ao mesmo grupo de translação. A função geral

$$e^{i\omega t}$$

entrará na função

$$e^{i\omega(t+\tau)} = e^{i\omega\tau}\, e^{i\omega t}$$

da mesma forma sob a translação que obtemos adicionando τ a t. Em consequência,

$$a \cos n(t+\tau) + b \operatorname{sen} n(t+\tau)$$

$$= (a \cos n\tau + b \operatorname{sen} n\tau) \cos nt + (b \cos n\tau - a \operatorname{sen} n\tau) \operatorname{sen} nt$$

$$= a_1 \cos nt + b_1 \operatorname{sen} nt$$

Em outras palavras, as famílias de funções

$$Ae^{i\omega t}$$

e

$$A \cos \omega t + B \operatorname{sen} \omega t$$

são invariantes sob translação.

Ora, existem outras famílias de funções que são invariantes sob a translação. Se considerarmos a chamada marcha randômica, em que o movimento de uma partícula em qualquer intervalo de tempo tem uma distribuição dependente apenas do comprimento do referido intervalo de tempo e independente de tudo o que aconteceu até seu início, o conjunto de marchas randômicas também se transformam em si próprias sob translação no tempo.

---

2. New York: The Technology Press of MIT/John Wiley & Sons, 1958.

Em outros termos, a mera invariância translacional das curvas trigonométricas é uma propriedade igualmente partilhada por outros conjuntos de funções.

A propriedade que é característica das funções trigonométricas em adição a esses invariantes é que

$$Ae^{i\omega t} + Be^{i\omega t} = (A + B)e^{i\omega t}$$

de modo que essas funções formam um conjunto linear extremamente simples. Cumpre notar que essa propriedade se refere à linearidade; isto é, todas as oscilações com uma dada frequência podem ser reduzidas a uma combinação linear de duas. É esta propriedade específica que produz o valor da análise harmônica no tratamento das propriedades lineares dos circuitos elétricos. As funções

$$e^{i\omega t}$$

são caracteres do grupo da translação e fornecem uma representação linear desse grupo.

Quando, porém, lidamos com outras combinações de funções que não a soma com coeficientes constantes – por exemplo, quando multiplicamos duas funções, uma pela outra – as funções trigonométricas simples não mais apresentam esta elementar propriedade do grupo. De outro lado, as funções aleatórias, tais como aparecem na marcha randômica, possuem certas propriedades bastante adequadas à discussão de suas combinações não lineares.

Não desejo entrar aqui em pormenores sobre este trabalho, pois é matematicamente bastante complexo e foi desenvolvido em meu livro *Nonlinear Problems in Random Theory.* O material aí contido já foi amplamente utilizado na discussão de problemas não lineares específicos, restando, todavia, muito a fazer a fim de levar a cabo o programa nele esboçado. O que significa, na prática, é que um apropriado teste de input para o estudo de sistemas não lineares é mais da natureza do movimento browniano do que de um conjunto de funções trigonométricas. Esta função do movimento browniano, no caso dos circuitos elétricos, pode ser gerada fisicamente pelo *shot effect*. O efeito em questão é um fenômeno de irregularidade em correntes elétricas, decorrente de serem tais correntes transportadas não como fluxo contínuo de eletricidade, mas como uma sequência de elétrons indivisíveis e iguais. Deste modo, as correntes elétricas estão sujeitas às irregularidades estatísticas que, por sua vez, apresentam certo caráter uniforme e podem ser amplificadas a um ponto tal no qual constituem um apreciável ruído randômico.

Como mostrarei no capítulo IX, essa teoria do ruído randômico pode ser colocada em uso prático, não apenas na análise de circuitos elétricos e outros processos não lineares, mas também em sua síntese[3]. O dispositivo usado reduz o output de um instrumento não linear com input randômico para uma bem definida série de certas funções ortonormais que se relacionam intimamente com os polinômios de Hermite. O problema da análise de um circuito não linear consiste na determinação dos coeficientes desses polinômios em certos parâmetros do input por um processo de avaliação de médias.

A descrição do referido processo é bastante simples. Além da caixa negra, que ainda representa um sistema não linear não analisado, tenho certos corpos de estrutura conhecida que chamarei de caixas brancas, que representam os vários termos na expansão desejada[4]. Coloco o mesmo ruído randômico na caixa negra e numa dada caixa branca. O coeficiente da caixa branca no desenvolvimento da caixa negra é dado como uma média do produto de seus outputs. Embora esta média seja tomada sobre o conjunto inteiro dos inputs do *shot effect*, há um teorema que nos permite substituir esta média em todos os casos, exceto em um conjunto de casos de probabilidade zero, por uma média tirada sobre o tempo. Para obter essa média, precisamos ter à nossa disposição um instrumento multiplicador que nos forneça o produto dos outputs das caixas branca e preta, bem como um instrumento avaliador de médias, que podemos basear no fato de que o potencial de um condensador é proporcional à quantidade de eletricidade nele mantida e, portanto, à integral no tempo da corrente que o atravessa.

---

3. Emprego aqui o termo "sistema não linear", não para excluir sistemas lineares, mas para incluir uma categoria mais ampla de sistemas. A análise de sistemas não lineares por meio do ruído randômico é também aplicável aos sistemas lineares, e assim tem sido utilizada.

4. Os termos "caixa preta" e "caixa branca" são expressões convenientes e figurativas de *uso* não muito bem determinado. Entenderemos por caixa preta uma peça de aparelho, tal como redes de quatro terminais com dois terminais de input e dois de output, que realizam uma operação definida sobre o presente e o passado do potencial de input, mas para o qual não temos necessariamente qualquer informação da estrutura pela qual se realiza a operação. A caixa branca será uma rede similar na qual construímos uma relação entre os potenciais de input e output de acordo com um plano estrutural definido para assegurar uma relação input-output previamente determinada.

Não só é possível determinar os coeficientes de cada caixa branca que constitui uma parte aditiva da representação equivalente da caixa preta uma a uma, mas também é possível determinar essas quantidades simultaneamente. É até possível, mediante o emprego de dispositivos apropriados de feedback, fazer com que cada uma das caixas brancas se ajuste automaticamente por si ao nível correspondente ao seu coeficiente no desenvolvimento da caixa preta. Desta maneira podemos construir uma caixa branca múltipla que, quando está devidamente ligada a uma caixa preta e sujeita ao mesmo input randômico, se constituirá automaticamente em um equivalente operacional da caixa preta, ainda que sua estrutura interna possa ser muito diferente.

Essas operações de análise, síntese e autoajustamento automático de caixas brancas à semelhança de caixas pretas podem ser realizadas por outros métodos descritos pelo professor Amar Bose[5] e pelo professor Gabor[6]. Em todos eles, utiliza-se algum processo da prática ou de aprendizagem, pela escolha de inputs adequados para caixas brancas e pretas e pela comparação delas; e em muitos desses processos, inclusive no método do professor Gabor, os dispositivos de multiplicação desempenham importante papel. Conquanto haja numerosas abordagens do problema de multiplicar eletricamente duas funções, a tarefa não é fácil do ponto de vista técnico. De um lado, um bom multiplicador deve atuar sobre um largo intervalo de amplitudes. De outro, deve ser quase tão instantâneo em sua operação que seja acurado para altas frequências. Gabor sustenta que seu multiplicador tem um intervalo de frequência de cerca de mil ciclos. Em sua dissertação inaugural para a cadeira de professor de Eletrotécnica no Colégio Imperial de Ciências e Tecnologia da Universidade de Londres, ele não explicita o intervalo de amplitude sobre o qual seu método de multiplicação é válido, nem o grau de precisão a ser obtido. Espero ansiosamente uma declaração explícita das mencionadas propriedades, de modo a podermos fazer uma boa avaliação do multiplicador para o uso em outras peças do aparelho dele dependentes.

---

5. Amar G. Bose, Nonlinear System Characterization and Optimization, *IRE Transactions on Information Theory,* IT-5, 1959, p. 34-40 (Special supplement to *IRE Transactions*).

6. Dennis Gabor, Electronic Inventions and their Impact on Civilization, *Inaugural Lecture*, London: Imperial College of Science and Technology-University of London, n. 3, mar., 1959.

Todos esses dispositivos em que um aparelho assume uma estrutura ou função específica com base na experiência passada levaram a uma nova atitude muito interessante, tanto na engenharia como na biologia. Na engenharia, dispositivos de caráter similar podem ser empregados, não só para disputar jogos e realizar outros atos propositados, mas para fazê-lo com um contínuo aperfeiçoamento de execução baseado em experiência passada. Discutirei algumas dessas possibilidades no capítulo IX deste livro. Do ponto de vista biológico, dispomos pelo menos de uma analogia do que é, talvez, o fenômeno central da vida. Para que a hereditariedade seja possível e para que as células se multipliquem, é necessário que os componentes da célula portadores da hereditariedade – os chamados genes – sejam capazes de construir à sua própria imagem outras estruturas similares portadoras de hereditariedade. Para nós, portanto, é coisa das mais excitantes estar de posse de meios pelos quais estruturas técnicas possam produzir outras estruturas com função similar às suas próprias. Dedicarei o capítulo X a este aspecto e, em particular, discutirei como sistemas oscilantes de uma dada frequência podem reduzir outros sistemas oscilantes à mesma frequência.

Afirma-se amiúde que a produção de qualquer tipo específico de molécula à imagem das existentes tem analogia com o uso de modelos na engenharia onde podemos empregar um elemento funcional de uma máquina como padrão para a fabricação de outro elemento semelhante. A imagem do modelo é estática e deve haver algum processo pelo qual uma molécula de gene manufature outra. Sugiro, como tentativa, que as frequências – digamos as frequências de espectros moleculares – podem ser os elementos-padrão que transportam a identidade de substâncias biológicas; e a auto-organização de genes pode ser uma manifestação da auto-organização de frequências que discutirei mais tarde.

Já falei das máquinas de aprender de um modo geral. Dedicarei um capítulo a uma discussão mais detalhada destas máquinas e suas potencialidades e de alguns problemas relativos ao seu uso. Aqui, desejo fazer algumas observações de natureza geral.

Como se verá no capítulo I, a noção de máquinas de aprender é tão velha quanto a própria cibernética. Nos prognosticadores antiaéreos que descrevi, as características lineares daquele que é usado em um dado tempo qualquer dependem de longa familiaridade com as estatísticas do conjunto de séries temporais que pretendemos prever. Embora um conhecimento das referidas características possa ser calculado matematicamente de acordo com os princípios que já apresentei, é perfeitamente possível imaginar um computador que elabore essas estatísticas e desenvolva as características para o prognosticador de curta duração, à base de uma experiência já observada pela mesma máquina quando utilizada para a predição e planejada automaticamente. Isso pode ir muito além do prognosticador puramente linear. Nos vários artigos de Kallianpur, Masani, Akutowicz e nos meus próprios[7], desenvolvemos uma teoria de predição não linear que pode, ao menos concebivelmente, ser mecanizada de maneira semelhante, com o uso de observações de longa duração para dar base estatística à predição de curta duração.

A teoria da predição linear e da predição não linear implica alguns critérios do bom ajuste da predição. O critério mais simples – embora de modo algum o único utilizável – é minimizar a média dos quadrados do erro. Isto é empregado de forma particular em conexão com os funcionais do movimento browniano que emprego na construção de aparelhos não lineares, na medida em que os vários termos de meu desenvolvimento apresentam certas propriedades de ortogonalidade. Estas asseguram que a soma parcial de um número finito desses termos seja a melhor simulação do aparelho a ser imitado, o que pode ser feito pelo emprego desses termos, se for mantido o critério da média dos quadrados do erro. O trabalho de Gabor também depende do critério da média dos quadrados do erro, mas de um modo bem mais geral, aplicável às séries temporais obtidas pela experiência.

A noção de máquinas de aprender pode ser estendida muito além de seu emprego para prognosticadores, filtros e outros aparelhos similares. É particularmente importante no estudo e na construção de máquinas que disputam jogos competitivos como o xadrez. Aqui, o trabalho vital foi realizado por Samuel[8] e Watanabe[9] nos laboratórios da International Business Machines Corporation. Como no caso dos filtros e prognosticadores, certas funções de séries temporais são desenvolvidas em termos que possibilitam uma expansão em uma classe bem mais ampla de funções. Essas funções podem apresentar avaliações numéri-

---

7. N. Wiener; P. Masani, The Prediction Theory of Multivariate Stochastic Processes, Parte I, *Acta Mathematica*, n. 98, p. 111-150, 1957; Parte II, n. 99, p. 93-137, 1958. Também N. Wiener; E.J. Akutowicz, The Definition and Ergodic Properties of the Stochartic Adjoint of a Unitary Transformation, *Rendiconti del Circolo Matematico di Palermo*, s. II, v. VI, 1957, p. 205-217.

8. Arthur Lee Samuel, Some Studies in Machine Learning, Using the Game of Checkers, *IBM Journal of Research and Development*, n. 9, 1959, p. 210-229.

9. Satosi Watanabe, Information Theoretical Analysis of Multivariate Correlation, *IBM Journal of Research and Development*, n. 4, 1960, p. 66-82.

cas de quantidades significativas das quais depende a disputa bem-sucedida de um jogo. Por exemplo, compreendem o número de peças de ambos os lados, o comando total dessas peças, sua mobilidade e assim por diante. Quando se começa a usar a máquina, essas várias considerações recebem pesos experimentais, do tipo tentativa: a máquina escolhe o lance admissível, para o qual o peso total será o máximo valor. Até este ponto, a máquina trabalhou com um programa rígido e não desempenhou a função de máquina de aprender.

Às vezes, entretanto, a máquina assume uma tarefa diferente. Tenta expandir uma função, que é 1 para jogos ganhos, 0 para jogos perdidos e talvez 1/2 para jogos empatados, em termos das várias funções que expressam as considerações de que a máquina é capaz de tomar conhecimento. Desta maneira, restabelece os pesos dessas considerações de modo a estar apta a disputar um jogo mais sofisticado. Discutirei algumas propriedades dessas máquinas no capítulo IX, mas devo indicar aqui que as intervenções foram bastante bem-sucedidas, a ponto de a máquina poder derrotar seu programador em dez a vinte horas de aprendizado e penetrar no assunto. Quero também mencionar nesse capítulo algo do trabalho feito com máquinas similares, projetadas para provar teoremas geométricos e estimular, em limitada extensão, a lógica de indução.

Todo esse trabalho é parte da teoria e prática da programação da programação, que foi largamente estudada no Laboratório de Sistemas Eletrônicos do MIT. Viu-se aqui que, a menos que seja empregado algum dispositivo de aprendizado, a programação de uma máquina rigidamente padronizada é em si tarefa muito difícil e que há urgente necessidade de dispositivos para programar essa programação.

Já que o conceito de máquinas de aprender é aplicável àquelas máquinas que nós mesmos fizemos, esse conceito é também relevante para aquelas outras máquinas vivas, que chamamos animais, de tal modo que temos a possibilidade de lançar nova luz sobre a cibernética biológica. Desejo salientar aqui, entre uma variedade de pesquisas correntes, um livro de Stanley-Jones sobre a Kibernética (observem a ortografia) dos sistemas vivos[10]. Os autores devotam grande atenção àqueles feedbacks que mantêm o nível operativo do sistema nervoso, bem como aos outros feedbacks que respondem a estímulos especiais. Uma

---

10. Douglas Stanley-Jones; K. Stanley-Jones, *Kybernetic of Natural Systems, A Study in Patterns of Control,* London/Burlington: Elsevier Science/Pergamon, 1960.

vez que a combinação do nível do sistema com as respostas particulares é em larga medida multiplicativa, é também não linear e envolve considerações do tipo que já expusemos. Esse campo está muito ativo no momento e espero que se intensifique ainda mais no futuro próximo.

Os métodos das máquinas de memória e das máquinas que se multiplicam a si próprias, apresentados até agora, são em boa parte, embora não inteiramente, os que dependem de aparelhos de um alto grau de especificidade, ou do que podemos chamar aparelhos de cópia heliográfica. Os aspectos fisiológicos do mesmo processo devem ser mais bem adaptados às técnicas especiais dos organismos vivos em que as cópias heliográficas são substituídas por um processo menos específico, mas um processo em que o sistema se organiza a si mesmo. O capítulo X deste livro dedica-se a um exemplo, uma amostra de um processo auto-organizador, ou seja, um processo pelo qual frequências estreitas e altamente específicas são formadas nas ondas cerebrais. É, portanto, em grande medida, a contraparte fisiológica do capítulo anterior, onde discuto processos similares em mais de uma base de aparelhos modelo. A existência de frequências agudas em ondas cerebrais e as teorias que expus para explicar como elas se originam, o que podem fazer e como podem ser usadas na medicina representam, a meu ver, importante e nova abertura em fisiologia. Ideias análogas podem ser utilizadas em muitos outros pontos na fisiologia e podem dar real contribuição ao estudo dos fundamentos dos fenômenos vitais. Neste campo, o que apresento é mais um programa do que o trabalho já feito, mas é um programa em que deposito grandes esperanças.

Não foi meu intuito, nem na primeira nem na presente edição, fazer deste livro um compêndio de tudo quanto foi realizado em cibernética. Nem meus interesses nem minha capacidade se situam nesta direção. Meu propósito é expressar e ampliar minhas ideias sobre a matéria, e mostrar algumas das ideias e reflexões filosóficas que me levaram inicialmente a entrar nesse domínio e que continuaram a interessar-me em sua evolução. Assim, trata-se de um livro extremamente pessoal, que dedica muito espaço àqueles desenvolvimentos em que estive eu mesmo interessado, e relativamente pouco àqueles em que não trabalhei pessoalmente.

Contei com valiosa ajuda de muitos na revisão deste livro. Devo expressar meu reconhecimento em particular à cooperação da Srta. Constance D. Boyd da MIT Press, do dr. Shikao Ikehara do Instituto de Tecnologia de Tóquio, do dr. Yuk Wing Lee do Departamento de Eletrotécnica do MIT, e do dr. Gordon Raisbeck dos Bell Telephone Laboratories. Também, na redação dos novos capítulos, e em particular nos cálculos do capítulo X, em que considerei o caso de sistemas auto-organizadores que se manifestam no estudo do eletroencefalograma, desejo registrar a ajuda que recebi de meus alunos, John C. Kotelly e Charles E. Robinson, e especialmente a contribuição do dr. John S. Barlow do Massachusetts General Hospital. O índice foi feito por James W. Davis.

Não fosse o meticuloso cuidado e a devoção de todos estes, eu não teria tido nem a coragem nem a precisão necessárias para publicar uma edição nova e corrigida.

NORBERT WIENER
Cambridge, Massachusetts.

Primeira parte

EDIÇÃO ORIGINAL – 1948

INTRODUÇÃO

Este livro representa o resultado, depois de mais de uma década, de um programa de trabalho empreendido em conjunto com o dr. Arturo Rosenblueth, então na Escola de Medicina da Universidade de Harvard e agora no Instituto Nacional de Cardiologia do México. Naqueles dias, o dr. Rosenblueth, que era colega e colaborador do falecido dr. Walter B. Cannon, dirigia uma série mensal de encontros para debates sobre método científico. Os participantes, em sua maioria, eram jovens cientistas da Escola de Medicina de Harvard e nós nos reuníamos para jantar em torno de uma mesa redonda no Vanderbilt Hall. A conversação era animada e desimpedida. Não era um lugar onde alguém fosse encorajado a fazer questão de sua dignidade, ou tivesse possibilidade de fazê-lo. Após a refeição, alguém – do nosso grupo ou convidado – lia um trabalho sobre algum tópico científico, em geral onde a primeira consideração, ou pelo menos a mais importante, tratasse de problemas de metodologia. O orador tinha de sofrer uma crítica aguda, bem-humorada, porém implacável. Era uma perfeita catarse para ideias malcozidas, autocrítica insuficiente, autoconfiança exagerada e ostentação. Quem não conseguia aguentar o repuxo não voltava, mas, entre os antigos *habitués* desses encontros, mais de um de nós sente que eles constituíram uma importante e permanente contribuição ao nosso desenvolvimento científico.

Nem todos os participantes eram físicos ou médicos pesquisadores. Um membro muito constante, e de grande ajuda em nossas discussões, foi o dr. Manuel Sandoval Vallarta, mexicano como o dr. Rosenblueth e professor de Física no MIT, que esteve entre os meus primeiros alunos quando ingressei no Instituto após a Primeira Guerra Mundial. O dr. Vallarta costumava trazer alguns de seus colegas do MIT para estes debates, e foi num deles que encontrei pela primeira vez o dr. Rosenblueth. Havia muito, eu estava interessado no método científico e participara, mesmo, dos seminários que Josiah Royce dera em Harvard, sobre o assunto, de 1911 a 1913. Além disso, julgou-se essencial a presença de alguém que pudesse examinar criticamente questões matemáticas. Tornei-me assim membro ativo do grupo até que o dr. Rosenblueth foi chamado ao México em 1944 e a confusão geral da guerra pôs fim à série de encontros.

Por muitos anos, o dr. Rosenblueth e eu partilháramos da convicção de que as áreas mais fecundas para o desenvolvimento das ciências eram aquelas que foram negligenciadas como terra-de-ninguém entre os vários campos estabelecidos. Desde Leibniz, talvez não tenha existido um homem que dispusesse do pleno domínio de toda a atividade intelectual de seus dias. Desde aquele tempo, a ciência tornou-se cada vez mais tarefa de especialistas, em campos que tendem a estreitar-se progressivamente. Há um século, pode não ter havido um Leibniz, mas havia um Gauss, um Faraday e um Darwin. Hoje existem poucos estudiosos que se podem denominar matemáticos ou físicos ou biólogos sem restrição. Um homem pode ser um especialista em topologia ou em acústica ou em coleópteros. Ele estará impregnado do jargão de sua matéria e conhecerá toda a sua literatura e as respectivas ramificações, porém, muito frequentemente, considerará o tema vizinho como algo da alçada de seu colega que está três portas adiante no corredor e julgará qualquer interesse dele em seu campo como uma intromissão injustificável.

Tais setores especializados não cessam de crescer e invadir novos territórios. O resultado assemelha-se ao que aconteceu quando as terras do Oregon foram invadidas simultaneamente por colonizadores americanos, britânicos, mexicanos e russos – um inextrincável emaranhado de exploração, nomenclatura e leis. Há campos de trabalho científico, como veremos no corpo deste livro, que foram explorados desde os diferentes lados da matemática pura, estatística, eletrotécnica e neurofisiologia; em que cada noção isolada recebe de cada grupo um nome diferente, e em que um importante trabalho é triplicado ou quadruplicado, enquanto outro igualmente importante é postergado pela impossibilidade de encontrar, num dado setor, resultados que talvez já se tenham tornado clássicos no outro.

São estas regiões fronteiriças da ciência que oferecem as mais ricas oportunidades ao investigador qualificado. São, ao mesmo tempo, as mais refratárias às técnicas aceitas de ataque em massa e de divisão de trabalho. Se a dificuldade de um problema fisiológico é matemática em essência, dez fisiologistas que não conhecem a matemática irão precisamente tão longe, quanto um fisiologista que desconheça a matemática, e não além. Se um fisiologista que não conhece matemática trabalha junto com um matemático que não conhece fisiologia, o primeiro não poderá formular seu problema em termos que o outro possa manipular, e o segundo não será capaz de dar à sua resposta qualquer forma que o primeiro possa entender. O dr. Rosenblueth sempre insistia em que uma exploração apropriada destes espaços brancos do mapa da ciência só seria factível por uma equipe de cientistas, cada qual especialista em seu próprio campo, dotado porém de um conhecimento inteiramente razoável e adequado das áreas de seus vizinhos; habituados todos a atuar em conjunto, a conhecer os hábitos intelectuais mútuos e a reconhecer o significado de uma sugestão do colega antes que ela tenha assumido uma plena expressão formal. O matemático não precisa possuir a habilidade de conduzir um experimento fisiológico, mas deve estar capacitado a entender, a criticar e a sugerir. O fisiologista não precisa estar apto a provar determinado teorema matemático, mas deve estar em condições de captar sua significação fisiológica e dizer ao matemático o que deve procurar. Sonhamos durante anos com uma instituição de cientistas independentes, que trabalhassem juntos num desses sertões da ciência, não como subordinados a algum alto funcionário executivo, mas associados pelo desejo, de fato, pela necessidade espiritual, de entender a região como um todo, e de emprestar um ao outro a força deste entendimento.

Concordávamos nestes assuntos muito antes de escolhermos o campo de nossas investigações conjuntas e as nossas partes respectivas nelas. O fator decisivo neste novo passo foi a guerra. Eu sabia há muito tempo que, se surgisse uma emergência nacional, minha função nela seria determinada em grande parte por duas coisas: meu íntimo contato com o programa de computadores desenvolvido pelo dr. Vannevar Bush e o meu próprio trabalho conjunto com o dr. Yuk Wing Lee no projeto de redes elétricas. De fato, ambas se mostraram importantes. No verão de 1940, dediquei grande parcela de minha atenção ao desenvolvimento de computadores para a solução de equações derivadas parciais. Havia muito, eu estava interessado nelas e convencido de que o seu principal problema, em contraste com as equações diferenciais ordinárias, tão bem abordadas pelo dr. Bush em seu analisador diferencial, era o da representação de funções de mais de uma variável. Estava persuadido também de que o processo de escaneamento, tal como é empregado na televisão, dava a resposta a este problema e, na realidade, de que a televisão estava destinada a ser mais útil à engenharia pela introdução de tais técnicas novas do que como indústria independente.

Era claro que qualquer processo de escaneamento devia aumentar grandemente o número de dados com que se operava, comparado ao número de dados de um problema de equações diferenciais ordinárias. A fim de obter resultados razoáveis em tempo razoável, tornou-se necessário, pois, impulsionar ao máximo a velocidade dos processos elementares e evitar uma interrupção do fluxo de tais processos através de passos essencialmente mais morosos. Fez-se igualmente necessário realizar os processos individuais com tão elevado grau de exatidão, de modo que a enorme repetição dos processos elementares não produzisse um erro cumulativo tão grande que rebentasse toda precisão. Destarte, foram sugeridos os seguintes requisitos:

1. Que o aparelho central de somar e multiplicar do computador seja numérico, como na máquina de somar comum, e não em uma base de medida, como no analisador diferencial de Bush.

2. Que tais mecanismos, que são, em essência, dispositivos de comutação, dependessem não de engrenagens ou relés mecânicos, mas de válvulas, de modo a assegurar uma ação mais rápida.

3. Que, conforme a diretriz adotada em alguns instrumentos existentes nos Bell Telephone Laboratories seria provavelmente mais econômico adotar para eles a escala binária para adição e multiplicação do que a escala decimal.

4. Que a sequência inteira das operações fosse disposta na própria máquina, de modo a não haver intervenção humana desde o momento do input dos dados até a extração final dos resultados, e que todas as decisões lógicas necessárias para tanto fossem construídas dentro da própria máquina.

5. Que a máquina contivesse um aparelho para o armazenamento de dados, que os registrasse rapidamente, os guardasse firmemente até as emendas, lesse-as com rapidez, emendasse os dados com rapidez para que o novo material ficasse, a seguir, imediatamente disponível para o armazenamento.

Tais recomendações, junto com as sugestões tentativas a fim de realizá-las, foram enviadas ao dr. Vannevar Bush para o seu possível uso na guerra. Naquele estágio dos preparativos bélicos, não pareciam ter suficiente prioridade para torná-las merecedoras de um trabalho imediato. Não obstante, todas elas representam ideias que foram incorporadas nos modernos computadores ultrarrápidos. Todas estas noções condiziam muito com o espírito do pensamento da época, e não desejo nem por um momento reivindicar algo como de exclusiva responsabilidade por sua introdução. Todavia, elas se mostraram úteis e alimento a esperança de que o meu memorando haja exercido algum efeito em popularizá-las entre os engenheiros. De qualquer modo, como veremos no corpo do presente livro, são, todas elas, ideias que apresentam interesse em conexão com o estudo do sistema nervoso.

Este trabalho foi assim adiado e, embora não se mostrasse infecundo, não conduziu a mim, nem o dr. Rosenblueth a qualquer projeto imediato. Nossa real colaboração resultou de outro projeto, empreendido igualmente para os fins da última guerra. No início do conflito, o prestígio alemão na aeronáutica e a posição defensiva da Inglaterra chamaram a atenção de muitos cientistas para o aperfeiçoamento da artilharia antiaérea. Mesmo antes da guerra, ficara claro que a velocidade do avião tornou obsoletos todos os métodos clássicos sobre a orientação de fogo, e que era necessário construir no interior do aparelho de controle um dispositivo para realizar todas as computações requeridas. Estas se tornavam tanto mais difíceis quanto era fato que, ao contrário de todos os alvos antes encontrados, um avião desenvolve uma velocidade que constitui parte bastante apreciável da velocidade do míssil utilizado para abatê-lo. Por conseguinte, é muitíssimo importante disparar o projétil não contra o alvo, mas de tal maneira que o projétil e o alvo possam juntar-se no espaço em algum momento futuro. Cumpre-nos, pois, descobrir algum método de predizer a futura posição do aeroplano.

O método mais simples é extrapolar o curso atual do avião ao longo de uma linha reta. Muita coisa o recomenda. Quanto mais um aeroplano se esquiva e faz curvas em voo, menor a sua velocidade efetiva, menos tempo dispõe para cumprir sua missão e mais tempo permanece na região perigosa. Em condições sempre iguais, o avião voará em um curso tão reto quanto possível. Entretanto, no momento em que explode a primeira granada, outras coisas *não* são iguais, e o piloto provavelmente fará ziguezague, acrobacias ou alguma outra ação para evadir-se.

Se esta ação dependesse inteiramente da vontade do piloto, e ele fizesse o tipo de uso inteligente de suas chances que antecipamos para um bom jogador de pôquer, por exemplo, o aviador teria tanta oportunidade de modificar sua esperada posição antes da chegada de um projétil que as possibilidades de atingi-lo não seriam muito grandes, exceto talvez no caso de uma barragem de fogo demasiado destrutiva. De outro lado, o piloto *não* tem uma possibilidade inteiramente livre de manobrar à sua vontade. Pois, primeiro encontra-se em um aparelho que se desloca a uma velocidade extraordinariamente alta, e qualquer desvio demasiado repentino de sua rota produzirá uma aceleração que o deixará inconsciente e poderá desintegrar o aeroplano. Além disso, ele só pode governar o avião movendo suas superfícies (aerofólios) de controle, e o novo regime de fluxo estabelecido exige um pequeno tempo para desenvolver-se. Mesmo quando plenamente desenvolvido, apenas muda a aceleração do avião, e tal mudança de aceleração deve ser convertida, primeiro em mudança de velocidade e depois em mudança de posição, até efetivar-se. Ademais, um aviador sob a tensão do combate dificilmente tem condições espirituais de empenhar-se em qualquer comportamento voluntário muito complicado e desimpedido, e é bastante provável que siga o padrão de atividade em que foi treinado.

Tudo isso tornava digna de atenção uma pesquisa da predição curvilínea de voo, quer os resultados se mostrassem favoráveis ou desfavoráveis ao uso real de um aparelho de controle que envolvesse tal predição curvilínea. Predizer o futuro de uma curva é efetuar certa operação sobre seu passado. O verdadeiro operador de predição ou prognosticador não pode ser concebido por qualquer dispositivo passível de construção; mas há certos operadores que apresentam determinada semelhança com este e são, de fato, concebíveis por dispositivos que podemos construir. Sugeri ao professor Samuel Caldwell, do MIT, que os referidos operadores pareciam dignos de serem postos à prova, e ele propôs imediatamente que os puséssemos à prova no analisador diferencial do dr. Bush, usando-o como um modelo já pronto do desejado aparelho de controle de fogo. Nós o fizemos e os resultados serão discutidos no corpo do presente livro. De qualquer modo, vi-me empenhado em um projeto bélico, em que o sr. Julian H. Bigelow e eu éramos parceiros na pesquisa da teoria da predição e da construção de engenhos para incorporar tais teorias.

Veremos que, pela segunda vez, eu fora envolvido no estudo de um sistema eletromecânico destinado a usurpar uma função especificamente humana – no primeiro caso, a execução de um complicado padrão de computação e, no segundo, a predição do futuro. Neste último, não deveríamos evitar a discussão do desempenho de certas funções humanas. Em alguns aparelhos de controle de fogo, é verdade, o impulso original para efetuar a pontaria é dado diretamente pelo radar, porém o mais comum é que haja um apontador humano do canhão ou outro dispositivo de artilharia ou ambos juntos no sistema de controle de fogo, e atuando como parte essencial deste. É fundamental conhecer suas características, a fim de incorporá-las matematicamente nas máquinas sob seu controle. Além do mais, seu alvo, o avião, também obedece ao controle humano e é bom saber quais são as suas características de desempenho.

O sr. Bigelow e eu chegamos à conclusão de que um fator da mais extrema importância na atividade voluntária é o que os técnicos de controle denominam feedback. Discutirei isto em pormenor nos devidos capítulos. Basta dizer por hora que, quando desejamos que um movimento obedeça a um dado padrão, a diferença entre este padrão e o movimento realmente efetuado é usada como novo input, isto é, um novo input para levar a parte regulada a mover-se de maneira a aproximar o seu movimento daquele fornecido pelo padrão. Por exemplo, um tipo de mecanismo de pilotagem de navio leva a indicação da roda do leme a um ressalto da cana, que regula as válvulas do dispositivo de governo de maneira a mover a cana do leme de um jeito tal que fecha as mencionadas válvulas. Assim, a cana gira a fim de trazer a meia-nau à outra ponta do ressalto regulador da válvula, registrando, destarte, a posição angular da roda como a posição angular da cana. Evidentemente, qualquer atrito ou outra força de retardamento que atrapalhe o movimento da cana aumentará, de um lado, a admissão de vapor nas válvulas e diminuí-lo-á, de outro, de forma a aumentar o torque tendente a trazer a cana à posição desejada. Assim, o sistema de feedback tende a tornar o desempenho do mecanismo de pilotagem relativamente independente da carga.

De outra parte, sob certas condições de retardamento etc., um feedback demasiado brusco fará com que o leme passe além do limite, seguindo-se um feedback no sentido oposto, o que levará o leme a ultrapassar mais ainda o limite, até que o dispositivo de pilotagem entre em selvagem oscilação ou *vibração fraca* e desande completamente. Em um livro como o de MacColl[1], encontramos uma discussão muito precisa do feedback, das condições em que é vantajoso e das condições em que se verifica o seu colapso. Trata-se, de um fenômeno que entendemos cabalmente de um ponto de vista quantitativo.

Pois bem, suponhamos que eu levante uma lapiseira. Para isso, preciso mover certos músculos. Entretanto, todos nós, à exceção de uns pou-

---

1. LeRoy Archibald MacColl, *Fundamental Theory of Servomechanisms*, New York: Van Nostrand, 1946.

cos peritos anatomistas, não sabemos o que são tais músculos; e mesmo entre os anatomistas, há poucos, se houver algum, capazes de realizar o ato por vontade consciente em sequência à contração de cada músculo envolvido. Pelo contrário, o que queremos é *levantar a lapiseira.* Uma vez determinados a isto, nosso movimento se processa de tal maneira que podemos dizer grosso modo que a porção pela qual a lapiseira ainda não foi levantada é diminuída a cada estágio. Esta parte da ação não decorre em plena consciência.

Para realizar uma ação de uma forma específica, deve haver uma mensagem, consciente ou inconsciente, ao sistema nervoso sobre a porção pela qual deixamos de erguer a lapiseira a cada instante. Se nossa vista estiver fixada no objeto, essa mensagem pode ser visual, pelo menos em parte, porém, em geral, é mais cinestésica, ou, usando um termo ora em voga, proprioceptiva. Caso faltem as sensações proprioceptivas e não as substituirmos por um substituto visual ou equivalente, seremos incapazes de efetuar o ato de erguer a lapiseira, e ver-nos-emos num estado que se conhece pelo nome de *ataxia.* Este tipo de ataxia é familiar na forma de sífilis do sistema nervoso central conhecido como *tabes dorsalis,* em que o sentido cinestésico conduzido pelos nervos espinhais encontra-se mais ou menos destruído.

Um feedback excessivo, porém, pode constituir possivelmente uma séria desvantagem para a atividade organizada quanto um feedback defeituoso. Em vista desta possibilidade, o sr. Bigelow e eu propusemos ao dr. Rosenblueth uma questão muito específica. Existe alguma condição patológica em que o paciente, ao tentar realizar algum ato voluntário como o de levantar uma lapiseira, erre o alvo e entre em oscilação incontrolável? O dr. Rosenblueth respondeu-nos imediatamente que existe uma condição desta ordem muito conhecida, denominada tremor, e que amiúde está associada à lesão no cerebelo.

Encontramos assim uma das mais significativas confirmações da nossa hipótese quanto à natureza de pelo menos alguma atividade voluntária. Cumpre notar que nosso ponto de vista transcendia consideravelmente aquele que vigora entre os neurofisiologistas. O sistema nervoso central não mais aparece como um órgão autossuficiente, recebendo inputs provenientes dos sentidos e descarregando-os nos músculos. Pelo contrário, algumas de suas atividades mais características são explicáveis apenas como processos circulares, que emergem do sistema nervoso para os músculos e voltam a entrar no sistema nervoso pelos órgãos dos sentidos, sejam eles proprioceptores ou órgãos dos sentidos especiais. Isso nos pareceu assinalar um novo passo no estudo daquela parte da neurofisiologia que se preocupa não só com os processos elementares de nervos e sinapses, mas com o desempenho do sistema nervoso como um todo integrado.

Nós três julgamos que este novo ponto de vista merecia um artigo, que escrevemos e publicamos[2]. O dr. Rosenblueth e eu previmos que o artigo só poderia ser uma proposta de programa para um amplo corpo de trabalho experimental, e decidimos que, se alguma vez lográssemos realizar o nosso plano de um instituto intercientífico, este tema poderia ser um centro quase ideal da nossa atividade.

No plano da engenharia de comunicação, já então ficara claro para o sr. Bigelow e para mim que os problemas da técnica da engenharia de controle e da comunicação eram inseparáveis, e que eles se centravam não em torno da técnica de engenharia elétrica, mas em torno da noção bem mais fundamental de mensagem, fosse ela transmitida por meio elétrico, mecânico ou nervoso. A mensagem é uma sequência discreta ou contínua de eventos mensuráveis distribuídos no tempo – precisamente o que os estatísticos chamam séries temporais. A predição do futuro de uma mensagem faz-se por uma espécie de operador sobre o seu passado, seja este concebido por um esquema de computação matemática ou por um aparelho mecânico ou elétrico. Nessa conexão, verificamos que os mecanismos ideais de predição que contemplamos inicialmente eram acometidos de dois tipos de erros, de natureza quase antagônica, enquanto o aparelho de predição que planejamos inicialmente podia ser feito de modo a antecipar uma curva extremamente lisa para qualquer grau desejado de aproximação, tal apuro de comportamento era sempre alcançado à custa de uma crescente sensibilidade. Quanto melhor fosse o aparelho para ondas lisas, tanto mais entraria em oscilação por pequenos desvios de lisura, e tanto mais demorariam a extinguirem-se essas oscilações. Assim, a boa predição de uma onda lisa parecia requerer um aparelho mais delicado e sensível do que a melhor predição possível de uma curva irregular, e a escolha do aparelho particular a ser empregado em um caso específico dependeria da natureza estatística do fenômeno a ser previsto. Este par interatuante de tipos de erro parecia ter algo em comum com os problemas contrastantes da medida da posição e do momento, encontrados na mecânica quântica de Heisenberg, tal como a descreve o seu Princípio de Incerteza.

---

2. Arturo Rosenblueth; N. Wiener; Julian Bigelau, Behavior, Purpose, and Teleology, *Philosophy of Science,* v. 10, 1943, p. 18-24.

Uma vez compreendido claramente que a solução do problema da predição ótima seria obtenível apenas por um apelo à estatística das séries temporais a prever, não foi difícil converter o que originalmente parecia constituir um óbice na teoria da predição no que era na realidade um instrumento eficiente para resolver o problema da predição. Pressupondo a estatística de uma série temporal, tornou-se possível derivar uma expressão explícita para o erro da média dos quadrados da predição, mediante uma dada técnica e para uma dada conduta. Tendo isto, poderíamos transferir o problema da predição para a determinação de um operador específico que reduziria a um mínimo uma quantidade positiva específica dependente do referido operador. Problemas de minimização deste tipo pertencem a um ramo conhecido de matemática: o do cálculo de variações, e este possui uma técnica conhecida. Por meio dela estávamos capacitados a conseguir a melhor solução explícita do problema de prever o futuro de uma série temporal, dada sua natureza estatística e, mais ainda, alcançar a realização física desta solução mediante um aparelho passível de ser construído.

Realizado isto, ao menos um problema de engenharia do projeto tomou um aspecto completamente novo. Em geral, a engenharia do projeto era considerada mais uma arte do que uma ciência. Reduzindo um problema desta sorte a um princípio de minimização, havíamos estabelecido o assunto em bases bem mais científicas. Ocorreu-nos não ser este um caso isolado, mas haver toda uma região no trabalho de engenharia em que problemas de projetos similares seriam solúveis pelos métodos do cálculo de variações.

Atacamos e resolvemos outros problemas análogos pelos mesmos métodos. Entre eles, o do projeto de filtros de onda. Muitas vezes achamos uma mensagem contaminada por estranhas perturbações que chamamos *ruído de fundo*. Defrontamo-nos então com o problema de restaurar a mensagem original, ou a mensagem sob um avanço de fase, ou a mensagem modificada por certo retardo, por um operador aplicado à mensagem corrompida. O projeto otimizado deste operador e do aparelho mediante o qual é concebido, depende da natureza estatística da mensagem e do ruído, em separado ou em conjunto. Substituímos, então, o projeto dos processos de filtros de onda, que eram anteriormente de natureza empírica e até acidental, por processos com uma total justificação científica.

Assim procedendo, fizemos de um projeto de engenharia de comunicação uma ciência estatística, um ramo da mecânica estatística. A noção de mecânica estatística andou na verdade invadindo, por mais de um século, todos os ramos da ciência. Veremos que esta prevalência da mecânica estatística na física moderna tem uma significação das mais vitais para a interpretação da natureza do tempo. No caso da engenharia da comunicação, entretanto, o significado do elemento estatístico é imediatamente evidente. A transmissão de informação é impossível salvo como uma transmissão de alternativas. Se for o caso de transmitir uma única contingência, então é possível enviá-la da maneira mais eficiente e com o mínimo de transtorno pelo envio de nenhuma mensagem. O telégrafo e o telefone só podem desincumbir-se de suas funções se as mensagens que transmitem são continuamente variadas de um modo não totalmente determinado por seu passado, e só podem ser efetivamente projetadas se a variação das referidas mensagens obedece a alguma espécie de regularidade estatística.

A fim de cobrir este aspecto da engenharia de comunicação, tínhamos de desenvolver uma teoria estatística da *quantidade de informação,* em que a unidade desta quantidade de informação era aquela transmitida como uma decisão única entre alternativas igualmente prováveis. Esta ideia ocorreu ao mesmo tempo a vários autores, entre os quais o estatístico R. A. Fisher, o dr. Shannon dos Bell Telephone Laboratories e o autor deste livro. O motivo que levou Fisher a estudar o assunto reside na teoria estatística clássica; o de Shannon, no problema da codificação da informação e o do autor, na questão do ruído e da mensagem nos filtros elétricos. Seja observado de passagem que algumas de minhas especulações neste sentido se prendem ao trabalho anterior de Kolmogorov[3], na Rússia, embora parte considerável de meu trabalho fosse realizada antes que a obra da escola russa me chamasse a atenção.

A noção de quantidade de informação liga-se muito naturalmente a uma noção clássica em mecânica estatística: a de *entropia.* Assim como a quantidade de informação em um sistema é a medida de seu grau de organização, a entropia de um sistema é a medida de seu grau de desorganização; e uma é simplesmente a negativa da outra. Esse ponto de vista nos conduz a certas considerações sobre a segunda lei da termodinâmica, e ao estudo da possibilidade dos chamados demônios de Maxwell. Questões deste tipo surgem independentemente no estudo das enzimas e outros catalisadores, e seu estudo são essenciais para o entendimento adequado de fenômenos tão fundamentais da matéria viva como o meta-

---

3. Andrei Nikolaiévski Kolmogorov, Interpolation und Extrapolation von stationären zufallingen Folgen, *Bull. Acad. Sci. U.S.S.R.*, Serie, Mathematics, n. 5, 1941, p. 3-14.

bolismo e a reprodução. O terceiro fenômeno fundamental da vida, o da irritabilidade, pertence ao domínio da teoria da comunicação e cai sob o grupo de ideia que estivemos discutindo[4].

Assim, há pelo menos quatro anos, o grupo de cientistas à volta do dr. Rosenblueth e de mim mesmo já estava cônscio da unidade essencial do conjunto de problemas centrados na comunicação, no controle e na mecânica estatística, seja na máquina ou no tecido vivo. De outro lado, fomos seriamente estorvados pela falta de unidade da literatura relativa a esses domínios e pela ausência de qualquer terminologia comum, ou mesmo de um nome único para o campo. Após muita ponderação, concluímos que toda terminologia existente apresentava uma propensão demasiado grande para um ou outro lado e não poderia servir tão bem quanto deveria ao futuro desenvolvimento do campo; e como acontece com muita frequência com os cientistas, fomos forçados a cunhar pelo menos uma expressão artificial neogrega para preencher a lacuna. Decidimos designar o campo inteiro da teoria de comunicação e controle, seja na máquina ou no animal, com o nome de *Cibernética*, que formamos do grego χυβερνήτης ou *timoneiro*. Ao escolher este termo, quisemos reconhecer que o primeiro trabalho significativo sobre mecanismos de feedback foi um artigo acerca de reguladores, publicado por Clerk Maxwell em 1868[5], e que *governor* (regulador) é derivado de uma corruptela latina de χυβερνήτης. Desejávamos também referir ao fato de que os engenhos de pilotagem de um navio são na verdade uma das primeiras e mais bem desenvolvidas formas de mecanismos de feedback.

Embora a palavra *cibernética* date tão somente do verão de 1947, julgamos conveniente usá-la com respeito a épocas anteriores da evolução no campo. Desde 1942, pouco mais ou menos, o desenvolvimento do assunto avançava em várias frentes. Primeiro, as ideias do artigo conjunto de Bigelow, Rosenblueth e Wiener foram propagadas pelo dr. Rosenblueth numa reunião efetuada em Nova York em 1942, sob os auspícios da Fundação Josiah Macy, e devotada aos problemas da inibição no sistema nervoso central. Entre os presentes, encontrava-se o dr. Warren McCulloch, da Escola de Medicina da Universidade de Illinóis,

---

4. Erwin Schrödinger, *What is Life?* Cambridge: Cambridge University Press, 1945.

5. James Clerk Maxwell, *Proceedings of the London Mathematical Society*, London, v. 16, 1868, p. 270-283.

que já mantivera contato com o dr. Rosenblueth e comigo, e que estava interessado no estudo da organização do córtex cerebral.

Neste ponto entra um elemento que ocorre repetidamente na história da cibernética – a influência da lógica matemática. Se eu fosse escolher na história da ciência um santo patrono para a cibernética, elegeria Leibniz. A filosofia de Leibniz concentra-se em dois conceitos intimamente relacionados – o de um simbolismo universal e de um cálculo de raciocínio. Destes descendem a notação matemática e a lógica simbólica da atualidade. Pois bem, assim como o cálculo da aritmética presta-se a uma mecanização que vai do ábaco e da máquina de calcular de mesa às ultrarrápidas máquinas de computar dos nossos dias, do mesmo modo o *calculus ratiocinator* de Leibniz contém os germes da *machina ratiocinatrix,* a máquina de raciocinar. Na verdade, o próprio Leibniz, como o seu predecessor Pascal, estava interessado na construção de máquinas de calcular em metal. Isso não é nada surpreendente, pois, o mesmo impulso intelectual que levou ao desenvolvimento da lógica matemática conduzisse ao mesmo tempo à mecanização ideal ou real dos processos de pensamento.

Uma demonstração matemática que podemos acompanhar é aquela que pode ser escrita em um número finito de símbolos. Tais símbolos, de fato, podem recorrer à noção de infinito, mas tal recurso é aquele que nos permite somar em um número finito de estágios, como no caso da indução matemática, em que provamos um teorema dependente de um parâmetro n para $n = 0$, e também provamos que o caso $n + 1$ decorre do caso n, estabelecendo assim o teorema para todos os valores positivos de n. Além disso, as regras de operação de nosso mecanismo dedutivo devem ser finitas em número, embora pareçam ser de outra maneira, através de uma referência ao conceito de infinitude que, por sua vez, pode ser estabelecido em termos finitos. Em suma, tornou-se inteiramente evidente, seja para os nominalistas como Hilbert, seja para os intuicionistas como Weyl, que o desenvolvimento de uma teoria lógico-matemática está sujeito às mesmas espécies de restrições das que limitam o rendimento de uma máquina de computação, um computador. Como veremos mais tarde, é mesmo possível interpretar desta maneira os paradoxos de Cantor e de Russell.

Eu mesmo, ex-aluno de Russell, devo muito a sua influência. O dr. Shannon escolheu, para tese de doutoramento no MIT, a aplicação das técnicas da álgebra booleana de classes ao estudo de sistema de chaveamento na eletrotécnica. Turing, talvez o primeiro dentre os que estudaram as possibilidades lógicas da máquina como um experimento intelectual, serviu ao governo britânico durante a guerra, trabalhando no campo da eletrônica e encontra-se agora incumbido do programa que o Laboratório Nacional de Física de Teddington empreendeu a fim de desenvolver computadores de tipo moderno.

Outro jovem migrante do campo da lógica matemática para o da cibernética é Walter Pitts. Foi aluno de Carnap em Chicago e esteve também em contato com o professor Rashevsky e sua escola de biofísicos. Note-se de passagem que este grupo muito contribuiu para dirigir a atenção de espíritos de formação matemática para as possibilidades das ciências biológicas, embora pudesse parecer a alguns de nós que eles se deixavam dominar em demasia pelos problemas de energia e potencial, e pelos métodos da física clássica para efetuar o melhor trabalho possível no estudo de sistemas, como o sistema nervoso, que estão longe de serem fechados energeticamente.

O sr. Pitts teve a boa sorte de cair sob a influência de McCulloch e os dois começaram a trabalhar muito cedo em problemas relativos à união de fibras nervosas por sinapses em sistemas com dadas propriedades globais. Independentemente de Shannon, haviam usado a técnica da lógica matemática para a discussão do que eram, no fim de contas, problemas de comutação. Acrescentaram elementos que não se salientavam no trabalho anterior de Shannon, embora certamente tivessem sido inspirados pelas ideias de Turing[6]: o uso do tempo como um parâmetro, a consideração de redes contendo ciclos, e de processos sinápticos e outros retardadores.

No verão de 1943, encontrei o dr. J. Lettvin, do Boston City Hospital, que estava muito interessado em assuntos relativos aos mecanismos nervosos. Era um amigo próximo do sr. Pitts e me pôs em contato com seu trabalho[7]. Induziu Pitts a vir a Boston e conhecer ao dr. Rosenblueth e a mim. Recebemo-lo em nosso grupo. Pitts entrou para o MIT no outono de 1943, para trabalhar comigo e fortalecer sua base matemática para o estudo da nova ciência da cibernética, que naquela época já havia nascido, mas ainda não fora batizada.

Naquele tempo, o sr. Pitts já se achava totalmente familiarizado com a lógica matemática e a neurofisiologia, mas não tivera a oportuni-

---

6. Alan Mathison Turing, On Computable Numbers, with an Application to the Entscheidungsproblem. *Proceedings of the London Mathematical Society*, London, s. 2, v. 42, 1936, p. 230-265.

7. Warren S. McCulloch, e Walter H. Pitts, A Logical Calculus of the Ideas Immanent in Nervous Activity, *Bull. Math Biophys*, v. 5, 1943, p. 115-133.

dade de estabelecer muitos contatos no campo da engenharia. Em particular, não conhecia a obra do dr. Shannon e não tinha muita experiência com as possibilidades da eletrônica. Ficou muito interessado quando lhe mostrei exemplos de modernas válvulas e expliquei-lhe que eram os meios ideais para realizar no metal os equivalentes de seus sistemas e circuitos neurais. Desde aquele tempo, tornou-se claro a nós que as máquinas de computar ultrarrápidas, dependendo como dependem de dispositivos de comutação consecutiva, devem representar quase um modelo ideal dos problemas que surgem no sistema nervoso. O caráter tudo-ou-nada da descarga dos neurônios é precisamente análogo à única escolha feita ao determinar um dígito na escala binária, que muitos de nós já mirávamos como a base mais satisfatória de um projeto de computador. A sinapse não é mais do que um mecanismo para determinar se certa combinação de outputs de outros elementos selecionados atuará ou não como um estímulo adequado para a descarga do elemento seguinte, e deve ter seu análogo preciso no computador. O problema de interpretar a natureza e as variedades de memória no animal tem seu paralelo no problema de construir memórias artificiais para a máquina.

Nesta época, a construção de computadores mostrara ser bem mais importante ao esforço de guerra do que poderia indicar a opinião inicial do dr. Bush, e progredia em vários centros em direções não muito diversas das que sugerira o meu informe anterior. Harvard, Aberdeen Proving Ground e a Universidade da Pensilvânia já se dedicavam à construção de tais máquinas, e o Instituto de Estudos Avançados de Princeton e o MIT preparavam-se para entrar logo no mesmo terreno. Neste programa houve um progresso gradual da montagem mecânica para a montagem elétrica, da escala decimal para a escala binária, do relé mecânico para o relé elétrico, da operação dirigida humanamente para a operação dirigida automaticamente; em suma, cada nova máquina estava mais do que a anterior, de acordo com o memorando que eu enviara ao dr. Bush. Havia um contínuo vaivém dos interessados nestes campos. Tivemos oportunidade de participar nossas ideias a nossos colegas, em particular ao dr. Aiken de Harvard, ao dr. Von Neumann, do Instituto de Estudos Avançados de Princeton, e ao dr. Goldstine, das máquinas Eniac e Edvac, na Universidade da Pensilvânia. Em toda a parte deparamo-nos com uma acolhida simpática, e o vocabulário dos engenheiros em breve se contaminou com os termos do neurofisiologista e do psicólogo.

A esta altura do processo, o dr. Von Neumann e eu julgamos conveniente efetuar uma reunião de todos os interessados no que chamamos agora cibernética, e este encontro se deu em Princeton no fim do inverno de 1943-1944. Engenheiros, fisiologistas e matemáticos estavam todos representados. Foi impossível contar com o dr. Rosenblueth, pois acabara de aceitar um convite para assumir a direção dos laboratórios de fisiologia do Instituto Nacional de Cardiologia do México, mas o dr. McCulloch e o dr. Lorente de Nó, do Instituto Rockefeller, representaram os fisiologistas. O dr. Aiken não pode comparecer; entretanto, o dr. Goldstine estava entre um grupo de vários projetistas de computadores que participaram da reunião, enquanto o dr. Von Neumann, o sr. Pitts e eu éramos os matemáticos. Os fisiologistas fizeram uma apresentação conjunta dos problemas da cibernética do ponto de vista deles; similarmente, os projetistas de computadores expuseram seus métodos e objetivos. Ao fim do conclave, todos estavam convictos de que havia uma base substancial comum de ideias entre os pesquisadores de diferentes domínios, de que as pessoas em cada grupo já podiam empregar noções que haviam sido mais bem desenvolvidas pelos outros, e de que era preciso algum esforço a fim de chegar a um vocabulário comum.

Bem antes disto, o grupo de pesquisa de guerra, conduzido pelo dr. Warren Weaver, publicara um documento, primeiro secreto e depois restrito, a respeito do meu trabalho e do sr. Bigelow sobre prognosticadores e filtros de ondas. Descobriu-se que as condições do fogo antiaéreo não justificavam o projeto de um aparelho especial para predição curvilínea, mas os princípios se mostraram sólidos e práticos, e foram usados pelo governo com propósitos moderadores, e em muitos campos de trabalho correlatos. Em particular, ficou evidenciado que o tipo de equação integral a que se reduz o problema do cálculo de variações emerge nos problemas de guia de onda e muitos outros de interesse na matemática aplicada. Assim, de uma maneira ou de outra, o fim da guerra viu que as ideias da teoria da predição e as da abordagem estatística para a engenharia da comunicação se tornaram familiares a grande parte dos estatísticos e engenheiros de comunicação dos Estados Unidos e da Grã-Bretanha. Viu também o meu relatório ao governo, ora esgotado, e um considerável número de artigos expositivos da autoria de Levinson[8], Wallman, Daniell, Phillips e outros escritos preenchendo a lacuna. Eu mesmo estivera preparando, durante vários anos, um longo trabalho matemático expositivo a fim de registrar de modo permanente o trabalho que eu realizara, mas circunstâncias parcialmente alheias ao

---

8. Norman Levinson, *Journal Mathematics and Physics*, v. 25, p. 261-278; v. 26, p. 110-119, Cambridge, 1947.

meu controle impediram sua pronta publicação. Por fim, após uma reunião conjunta da Sociedade Americana de Matemática e do Instituto de Matemática Estatística, efetuada em Nova York, no verão de 1947, e dedicada ao estudo do processo estocástico de um ponto de vista intimamente vinculado à cibernética, eu passei tudo o que redigira de meu manuscrito ao professor Doob, da Universidade de Illinóis, a fim de que ele o desenvolvesse segundo sua notação e as suas ideias em forma de livro para a série dos Mathematical Surveys da Sociedade Americana de Matemática. Eu já havia desenvolvido parte de meu trabalho no curso de preleções no departamento de matemática do MIT, no verão de 1945. Já então, meu ex-aluno e colaborador[9], dr. Y. W. Lee retornara da China. Neste outono de 1947, ministrava um curso sobre novos métodos para o projeto de filtros de ondas e aparelhos similares no departamento de engenharia elétrica do MIT, e tinha planos de elaborar o material destas aulas sob a forma de livro. Ao mesmo tempo, aquele documento oficial esgotado está em reimpressão[10].

Como afirmei antes, o dr. Rosenblueth regressou ao México por volta do início de 1944. Na primavera de 1945, recebi um convite da Sociedade Mexicana de Matemática para participar da reunião que se realizaria no mês de junho, em Guadalajara. O convite foi reforçado pela Comissão Instigadora e Coordenadora da Investigação Científica, sob a chefia do dr. Manuel Sandoval Vallarta, de quem já falei. O dr. Rosenblueth convidou-me a partilhar com ele uma pesquisa científica, e o Instituto Nacional de Cardiologia, sob a direção do dr. Ignacio Chávez, ofereceu-me sua hospitalidade.

Fiquei dez semanas no México naquela época. O dr. Rosenblueth e eu decidimos continuar uma linha de trabalho que já fora discutida com o dr. Walter B. Cannon, que também se encontrava, na época, com o dr. Rosenblueth, numa visita que infelizmente veio a ser a última. Este trabalho tratava da relação entre, de um lado, as contrações tônicas, clônica e fásica na epilepsia e, de outro, o espasmo tônico, a batida e a fibrilação do coração. Sentimos que o músculo cardíaco representava um tecido irritável tão útil à pesquisa dos mecanismos de condução como tecido nervoso, e, mais ainda, que as anastomoses e decussações das fibras do músculo cardíaco nos ofereciam um fenômeno mais sim-

---

9. Yuk Wing. Lee, *Journal Mathematics and Physics*, v. 11, Cambridge, 1932, p. 261-278.

10. N. Wiener, *Extrapolation, Interpolation, and Smoothing of Stationary Time Series*, New York: Technology Press of MIT/ John Wiley & Sons, 1949.

ples do que o problema da sinapse nervosa. Ficamos também profundamente gratos ao dr. Chávez por sua hospitalidade incondicional e, embora a política do Instituto jamais fosse restringir o dr. Rosenblueth à investigação do coração, sentimo-nos agradecidos por ter uma oportunidade de contribuir ao seu principal propósito.

Nossa pesquisa enveredou por duas direções: o estudo dos fenômenos da condutividade e latência em meios condutores uniformes de duas ou mais dimensões, e o estudo estatístico das propriedades condutoras de redes randômicas de fibras condutoras. A primeira nos levou aos rudimentos de uma teoria da taquicardia, e a segunda, a certo entendimento possível da fibrilação. Ambas as linhas de trabalho foram desenvolvidas num artigo[11] que publicamos e, embora nos dois casos os nossos resultados anteriores houvessem mostrado a necessidade de considerável soma de revisão e suplementação, o trabalho acerca da taquicardia está sendo revisto pelo sr. Oliver G. Selfridge do MIT, enquanto a técnica estatística empregada no estudo das redes do músculo cardíaco foi estendida ao tratamento de redes neurais pelo sr. Walter Pitts, então bolsista da Fundação John Simon Guggenheim. O trabalho experimental prossegue com o dr. Rosenblueth ajudado pelo dr. F. García Ramos do Instituto Nacional de Cardiologia e da Escola de Medicina do Exército Mexicano.

No encontro de Guadalajara da Sociedade Mexicana de Matemática, o dr. Rosenblueth e eu apresentamos alguns de nossos resultados. Já havíamos chegado à conclusão de que nossos planos anteriores de colaboração se haviam mostrado praticáveis. Fomos bastante afortunados em ter a oportunidade de expor os nossos resultados a um auditório maior. Na primavera de 1946, o dr. McCulloch acertou com a Fundação Josiah Macy a organização da primeira de uma série de conferências a serem realizadas em Nova York e consagrados aos problemas do feedback. Estas conferências, conduzidas segundo a forma tradicional da Macy, foram elaboradas com a máxima eficiência pelo dr. Frank Fremont-Smith, que as estruturou em nome da Fundação. A ideia foi reunir um grupo de tamanho modesto, não mais de vinte, de pesquisadores em vários campos correlatos, e mantê-los juntos dois dias sucessivos, durante o dia inteiro, em séries de apresentações informais de artigos,

11. N. Wiener; A. Rosenblueth, The Mathematical Formulation of the Problem of Conduction of Impulses in a Network of Connected Excitable Elements, Specifically in Cardiac Muscle, *Archivos del Instituto Cardiologia de México,* v. 16, 1946, p. 205-265.

discussões e refeições, até que tivessem a oportunidade de eliminar suas diferenças e avançar rumo a um pensamento comum. O núcleo de nossos encontros foi o grupo que se reuniu em Princeton em 1944, mas os doutores McCulloch e Fremont-Smith enxergaram corretamente as implicações psicológicas e sociológicas do tema e cooptaram no grupo certo número de destacados psicólogos, sociólogos e antropólogos. A necessidade de incluir psicólogos se fez evidente desde o início. Quem estuda o sistema nervoso não pode se esquecer da mente, e quem estuda a mente não pode esquecer o sistema nervoso. Boa parte da psicologia do passado mostrou nada mais ser, na realidade, do que a fisiologia dos órgãos de sentido especial; e todo o peso do corpo de ideias que a cibernética está introduzindo na psicologia refere-se à fisiologia e à anatomia das áreas corticais altamente especializadas que conectam tais órgãos de sentido especial. Desde o começo, havíamos antecipado que o problema da percepção de *Gestalt,* ou da formação perceptiva de universais, seria desta natureza. Por qual mecanismo reconhecemos um quadrado como um quadrado, sem consideração à sua posição, tamanho e orientação? Para nos assistir em tais matérias e para informá-los do uso possível que se poderia fazer de nossos conceitos por sua assistência, contávamos em nosso meio com psicólogos como o professor Klüver, da Universidade de Chicago, o falecido dr. Kurt Lewin, do MIT e o dr. M. Ericsson, de Nova York.

Quanto à sociologia e à antropologia, é evidente que a importância da informação e da comunicação, considerados como mecanismos de organização, vai além do indivíduo na comunidade. De outro lado, é completamente impossível entender comunidades sociais como as das formigas, sem uma investigação cabal de seus meios de comunicação, e tivemos a sorte de contar nesta matéria com a ajuda do dr. Schneirla. Para os problemas similares de organização humana, procuramos o auxílio dos antropólogos dr. Bateson e dra. Margaret Mead; enquanto o dr. Morgenstern, do Instituto de Estudos Avançados de Princeton, foi nosso conselheiro no significativo campo da organização social pertinente à teoria econômica. Seu importante livro sobre jogos, feito em parceria com o dr. Von Neumann, constitui, diga-se de passagem, um dos estudos mais interessantes de organização social do ponto de vista de métodos intimamente relacionados com o assunto da cibernética, embora distintos dela. O dr. Lewin e outros representavam o que havia de mais recente na teoria da amostragem de opinião e da prática da criação da opinião, e o dr. F.S.C. Northrop estava interessado em analisar a significação filosófica de nosso trabalho.

Esta lista não pretende esgotar todos os nomes de nosso grupo. Ampliamo-lo também de modo a conter mais engenheiros e matemáticos como Bigelow e Savage, mais neuroanatomistas e neurofisiologistas como Von Bonin e Lloyd, e assim por diante. Nossa primeira reunião, realizada na primavera de 1946, foi amplamente devotada a comunicações de teor didático feitas por aqueles que haviam comparecido ao encontro de Princeton, e a uma avaliação geral da importância do campo por todos os presentes. A opinião dos participantes foi de que as ideias subjacentes à cibernética eram assaz importantes e interessantes para autorizar o prosseguimento de nossos encontros a intervalos de seis meses; e de que, antes da próxima reunião plenária, deveríamos realizar outra menor, em benefício dos menos adestrados sob o prisma matemático, a fim de explicar-lhes, na linguagem mais simples possível, a natureza dos conceitos matemáticos implicados.

No verão de 1946, voltei ao México com o amparo da Fundação Rockefeller e a hospitalidade do Instituto Nacional de Cardiologia a fim de continuar o trabalho de colaboração com o dr. Rosenblueth. Desta vez, resolvemos destacar diretamente do feedback um problema do sistema nervoso, e ver o que poderíamos fazer com ele, experimentalmente. Escolhemos um gato para cobaia e o músculo extensor do quadríceps femural para ser estudado. Cortamos a ligadura do músculo, fixamo-lo a uma alavanca sujeita a uma tensão conhecida, e registramos suas contrações isométrica ou isotonicamente. Usamos também um oscilógrafo para registrar as mudanças elétricas simultâneas no próprio músculo. Trabalhamos principalmente com gatos, primeiro descerebrados sob anestesia de éter e depois por uma anestesia espinhal através de uma transecção torácica da medula. Em muitos casos, usou-se a estricnina para aumentar as respostas reflexas. O músculo era carregado até o ponto em que uma pancadinha o lançasse num padrão periódico de contração, que se denomina espasmo clônico (*clono*) na linguagem dos fisiologistas. Observamos esse padrão de contração, prestando atenção à condição fisiológica do gato, à carga sobre o músculo, à frequência da oscilação, ao nível de base da oscilação e à sua amplitude. Tentamos analisá-lo como deveríamos analisar um sistema elétrico ou mecânico que exibisse o mesmo padrão de vibração fraca. Empregamos, por exemplo, os métodos do livro de MacColl acerca dos servomecanismos. Não cabe discutir aqui o pleno significado de nossos resultados, que estamos agora repetindo e preparando para publicação. Entretanto, as seguintes conclusões ficam ou estabelecidas ou muito prováveis: que a frequência de oscilação clônica é bem menos sensível a mudanças das condições de carga do que esperávamos, e que é determinada de modo muito mais aproximado pelas constantes do arco fechado (eferente-nervo)-músculo-(extremidade-cinestésica-do-corpo)-(nervo-aferente)-(sinapse-central)-(nervo eferente) do que por qualquer outra coisa. Este circuito não é sequer um circuito aproximado de operadores lineares, se tomarmos como nossa base de linearidade o número de impulsos transmitidos pelo nervo eferente por segundo, mas parece aproximar-se bem mais se substituirmos o número de impulsos por seu logaritmo. Isso corresponde ao fato de que a forma da envoltória de estimulação do nervo eferente quase não é sinusoidal, mas que o logaritmo desta curva se aproxima bem mais da forma sinusoidal; ao passo que em um sistema oscilante linear com nível constante de energia, a forma da curva de estimulação deve ser sinusoidal em todos os casos, exceto em um conjunto de casos de probabilidade zero. De novo, as noções de facilitação e inibição são muito mais aproximadamente de natureza multiplicativa do que aditiva. Por exemplo, uma inibição completa significa uma multiplicação por zero, e uma inibição parcial significa uma multiplicação por uma pequena quantidade. Tais noções de inibição e facilitação são as que foram usadas[12] na discussão do arco reflexo. Além do mais, a sinapse é um registrador de coincidência, e a fibra de saída somente é estimulada se o número de impulsos que entram em uma pequena soma de tempo ultrapassa certo limiar. Se este limiar é bastante baixo em comparação com o número pleno de sinapses que entram, o mecanismo sináptico serve para multiplicar probabilidades, e que isto possa mesmo ser uma ligação aproximadamente linear é possível apenas em um sistema logarítmico. Esta logaritmicidade aproximada do mecanismo de sinapse alia-se certamente à logaritmicidade aproximada da lei de Weber-Fechner da intensidade de sensação, ainda que a referida lei seja apenas uma primeira aproximação.

O ponto mais impressionante é que nesta base logarítmica, e com os dados obtidos da condução de pulsos singulares através de vários elementos do arco neuromuscular, podemos obter aproximações assaz razoáveis dos períodos reais de vibração clônica, empregando a técnica já desenvolvida pelos servos engenheiros na determinação das frequências das vibração fraca nos sistemas de feedback que falharam. Conseguimos oscilações teóricas de aproximadamente 13,9 por segundo, em casos onde as oscilações observadas variavam entre as frequên-

---

12. Artigos inéditos sobre espasmo clônico do Instituto Nacional de Cardiologia, México.

cias de 7 e 30, mas em geral permaneciam em um intervalo que variava aproximadamente entre 12 e 17. Nas circunstâncias, a concordância é excelente.

A frequência do espasmo clônico não é o único fenômeno importante que podemos observar: há também uma mudança relativamente lenta na tensão basal, e uma mudança ainda mais lenta na amplitude. Esses fenômenos não são de modo algum lineares. Contudo, mudanças suficientemente lentas nas constantes de um sistema oscilante linear podem ser tratadas em primeira aproximação como se fossem infinitamente lentas e como se em cada parte da oscilação o sistema se comportasse como se os seus parâmetros fossem os pertencentes a ela no momento. Trata-se do método conhecido em outros ramos da física como o das perturbações seculares. É possível utilizá-lo para estudar o problema do nível mais baixo e da amplitude do espasmo clônico. Conquanto o trabalho em apreço ainda não esteja terminado, é evidente que ele é possível e promissor. Há forte indício de que, embora a regulação do arco principal no espasmo clônico prove tratar-se de um arco de dois neurônios, a amplificação de impulsos neste arco é variável em um e talvez em mais pontos, e que alguma parte da mencionada amplificação pode ser afetada por processos de multineurônios, lentos, que se desenvolvem bem mais alto no sistema nervoso central do que a coluna espinhal primariamente responsável pela regulação do tempo do espasmo clônico. Esta amplificação variável pode ser afetada pelo nível geral da atividade central, pelo uso de estricnina ou de anestésico, pela descerebração ou por muitas outras causas.

Foram esses os principais resultados apresentados pelo dr. Rosenblueth e por mim na conferência da Macy realizada no outono de 1946, e na reunião da Academia de Ciências de Nova York ocorrida na mesma época com o propósito de difundir as noções de cibernética a um público mais amplo. Embora estivéssemos satisfeitos com nossos resultados, e plenamente convencidos da praticabilidade geral do trabalho nesta direção, sentimos, no entanto, que o período de nossa colaboração fora muito curto, e que nosso trabalho se desenvolvera sob demasiada pressão para que fosse desejável publicá-lo sem ulterior confirmação experimental. Tal confirmação – que naturalmente poderia chegar a uma refutação – é que procuramos agora, no verão e outono de 1947.

A Fundação Rockefeller já concedera ao dr. Rosenblueth uma subvenção para o equipamento de um novo edifício do laboratório no Instituto Nacional de Cardiologia do México. Achamos que já havia chegado o momento de irmos juntos procurar o dr. Warren Weaver, incumbido do departamento de ciências físicas, e o dr. Robert Morison, encarregado do departamento de ciências médicas, a fim de estabelecer as bases de uma colaboração científica de longo prazo, com o fito de prosseguir em nosso programa com um passo mais despreocupado e saudável. Nisto, fomos entusiasticamente apoiados por nossas respectivas instituições. O dr. George Harrison, Reitor de Ciências, foi o principal representante do MIT durante as referidas negociações, enquanto o dr. Ignacio Chávez falou por sua instituição, o Instituto Nacional de Cardiologia do México. No curso das negociações, tornou-se claro que o laboratório central da atividade conjunta devia ficar no Instituto, a fim de evitar a duplicação do equipamento de laboratório, e também favorecer o interesse profundamente real da Fundação Rockefeller no estabelecimento de centros científicos na América Latina. O plano adotado ao final foi de cinco anos, durante os quais eu deveria passar seis meses, ano sim e ano não, no Instituto, enquanto o dr. Rosenblueth deveria passar seis meses dos anos interpostos no instituto. O tempo no México seria devotado à obtenção e elucidação de dados experimentais pertinentes à cibernética, enquanto os anos intermediários seriam consagrados a pesquisas mais teóricas e, acima de tudo, ao dificílimo problema de planejar, para as pessoas desejosas de entrar nesse novo campo, um esquema de treinamento que lhes assegurassem tanto o necessário conhecimento matemático, físico e técnico, como a familiaridade adequada com as técnicas biológicas, psicológicas e médicas.

Na primavera de 1947, o dr. McCulloch e o sr. Pitts fizeram um trabalho de considerável importância cibernética. Ao dr. McCulloch fora dado o problema de projetar um aparelho que permitisse aos cegos ouvirem uma página impressa. A produção de tons variáveis por tipo através da ação de uma fotocélula é uma velha estória, e pode ser realizada por numerosos métodos; o difícil é tornar o padrão do som substancialmente o mesmo quando é dado o padrão das letras, qualquer que seja o tamanho. Trata-se de um análogo definido do problema da percepção da forma, da *Gestalt,* que nos permite reconhecer um quadrado como um quadrado através de um grande número de alterações de tamanho e orientação. O dispositivo do dr. McCulloch envolvia uma leitura seletiva da impressão tipográfica para um conjunto de diferentes ampliações. Semelhante leitura seletiva é realizável automaticamente como um processo de escaneamento. Tal escaneamento, para permitir uma comparação entre uma figura de medida diferente e uma dada figura-padrão de tamanho fixo, era um dispositivo que eu já havia sugerido em uma das conferências da Macy. Um diagrama do aparelho pelo qual se fazia a leitura seletiva foi submetido à consideração do dr. Von Bonin, que perguntou imediatamente: "Isto é um diagrama da quarta camada do córtex visual do cérebro?" Agindo segundo esta sugestão, o dr. McCulloch, com a assistência do sr. Pitts, elaborou uma teoria que ligava a anatomia e a fisiologia do córtex visual, e nesta teoria a operação de escaneamento sobre um conjunto de transformações desempenha papel importante. Isso foi apresentado na primavera de 1947, tanto na conferência da Macy como na reunião da Academia de Ciências de Nova York. Finalmente, este processo de escaneamento implica certo tempo periódico, que corresponde ao que denominamos "tempo de varredura" na televisão comum. Existem várias chaves anatômicas para este tempo ao longo da cadeia de sinapses consecutivas necessárias para perfazer um ciclo de desempenhos. Isto dá um tempo da ordem de um décimo de segundo para um desempenho completo do ciclo de operações que corresponde ao período aproximado do assim chamado "ritmo alfa" do cérebro. Por fim, segundo evidência inteiramente diversa, já foi aventada a hipótese de que o ritmo alfa tenha origem visual e seja importante no processo da percepção da forma.

Na primavera de 1947, recebi um convite para participar de uma conferência matemática, em Nancy, sobre problemas decorrentes da análise harmônica. Aceitei e, em minha viagem de ida e volta, passei um total de três semanas na Inglaterra, a maior parte do tempo como hóspede do meu velho amigo, professor J.B.S. Haldane. Foi uma ótima oportunidade de encontrar a maioria daqueles que faziam trabalhos com computadores ultrarrápidos, especialmente em Manchester e no Laboratório Nacional de Física de Teddington e, acima de tudo, de conversar sobre as ideias fundamentais da cibernética com o sr. Turing em Teddington. Visitei também o Laboratório Psicológico em Cambridge, e me foi dado o ensejo de discutir o trabalho que o professor F.C. Bartlett e sua equipe estavam fazendo com o elemento humano em processos de controle que o envolva. Pude constatar que, na Inglaterra, tanto o interesse como a informação acerca da cibernética eram tão grandes quanto nos Estados Unidos, e a tecnologia era excelente, embora limitada pela menor disponibilidade de fundos. Verifiquei haver muito interesse e compreensão quanto às suas possibilidades em numerosos setores, e os professores Haldane, H. Levy e Bernal consideravam-na, certamente, um dos mais urgentes problemas da agenda da ciência e da filosofia científica. Não constatei, entretanto, um progresso tão grande na unificação do assunto e na ligação dos vários fios da pesquisa como fora feito em casa, nos Estados Unidos.

Na França, o encontro em Nancy sobre análise harmônica abrangia certo número de comunicações que uniam ideias estatísticas e outras da tecnologia de comunicação de maneira inteiramente conforme ao ponto de vista da cibernética. Devo aqui mencionar, em particular, os nomes do sr. Blanc-Lapierre e sr. Loève. Encontrei também considerável interesse pelo assunto da parte de matemáticos, fisiologistas e químico-físicos, sobretudo com respeito a seus aspectos termodinâmicos, na medida em que tocam o problema mais geral da natureza da própria vida. Na realidade, eu discutira o tema em Boston, antes de minha partida, com o professor Szent-Györgyi, o bioquímico húngaro, e suas ideias me pareceram concordar com as minhas.

Um fato, no curso de minha visita à França, merece particular menção. Meu colega, o professor G. de Santillana, do MIT, apresentou-me ao sr. Freymann, da firma Hermann et Cie, que me pediu para escrever o presente livro. Sinto-me especialmente satisfeito em receber sua solicitação, pois o sr. Freymann é mexicano e a redação desta obra, assim como boa parte da pesquisa que a ela conduziu, foi efetuada no México.

Como já dei a entender, uma das diretivas do trabalho, sugeridas a partir do campo de ideias das conferências da Macy, concerne à importância da noção e da técnica de comunicação no sistema social. É verdade, sem dúvida, que o sistema social é uma organização como o indivíduo, que está vinculada por um sistema de comunicação, e que possui uma dinâmica em que processos circulares de tipo feedback desempenham importante papel. Isto é certo, tanto nos campos gerais da antropologia e sociologia como no campo mais específico da economia; e o relevante trabalho, já citado, de Von Neumann e Morgenstern acerca da teoria dos jogos inclui-se neste âmbito de ideias. Com tal base, o dr. Gregory Bateson e a dra. Margaret Mead instaram-me, à vista da natureza premente dos problemas sociológicos e econômicos da presente época de confusão, a devotar grande parte de minhas energias à discussão deste lado da cibernética.

Por mais que eu aprove seu senso da urgência da situação, e por mais que espere que eles e outros pesquisadores competentes venham a estudar problemas desta espécie, que discutirei num capítulo ulterior deste livro, não posso compartilhar seu sentimento de que o referido campo deve ter primazia em minha atenção, nem sua esperança de que se possa progredir suficientemente em tal direção, de modo a exercer um efeito terapêutico nos atuais males da sociedade. Para começar, as principais quantidades que afetam a sociedade não são apenas estatísticas, mas o período sobre o qual as estatísticas se baseiam é excessivamente curto. Não há grande utilidade em amontoar sob uma rubrica os dados econômicos da indústria do aço antes e após a introdução do processo Bessemer, nem em comparar as estatísticas da produção da borracha antes e após o início da indústria automobilística e o cultivo da hévea na Malásia. Tampouco há qualquer aspecto importante em elaborar estatísticas da incidência de doenças venéreas numa única tabela que abranja tanto o período anterior como o posterior à introdução do salvarsan, salvo com o propósito específico de estudar a eficácia, da mencionada droga. Para uma boa estatística da sociedade, necessitamos de longos cursos em *condições essencialmente constantes,* assim como para uma boa resolução da luz é preciso uma lente com grande abertura. A eficácia da abertura de uma lente não cresce de modo apreciável com o aumento de sua abertura nominal, *a menos que a lente seja feita de um material tão homogêneo que a demora da luz em diferentes partes corresponda ao devido valor projetado pela lente a menos de uma pequena parte de um comprimento de onda. Similarmente, a vantagem de longos cursos para estatísticas em condições amplamente variantes é ilusória e espúria.* Assim, as ciências humanas são terrenos de teste muito pobres para uma nova técnica matemática; tão pobres quanto seria a mecânica estatística de um gás para um ser da ordem de tamanho de uma molécula, para quem as flutuações, que ignoramos de um ponto de vista mais amplo, seriam precisamente os casos de maior interesse. Além do mais, à falta de uma rotina razoavelmente segura de técnicas numéricas, o fator de julgamento do perito, ao determinar as estimativas a serem feitas de quantidades sociológicas, antropológicas e econômicas, é tão grande que não constitui campo para um novato que ainda não teve o volume de experiência necessário para formar o especialista. Devo notar de passagem que o moderno aparato da teoria das pequenas amostras, uma vez que ultrapasse a determinação de seus próprios parâmetros especialmente definidos e se torne um método para inferência estatística positiva em novos casos, não me inspira a menor confiança, salvo quando aplicada por um estatístico que conhece explicitamente e sinta implicitamente os principais elementos da dinâmica da situação.

Acabo de falar de um domínio em que minhas expectativas quanto à cibernética acham-se definitivamente diminuídas por uma compreensão das limitações dos dados que podemos esperar obter. Há dois outros campos em que espero, em última análise, realizar algo de prático com a ajuda das ideias cibernéticas, mas estes devem aguardar desenvolvimentos ulteriores. Um deles é o da prótese de um membro perdido ou paralisado. Como vimos na discussão da *Gestalt,* as ideias da tecnologia de comunicação já foram aplicadas por McCulloch ao problema da substituição dos sentidos perdidos, na construção de um instrumento que permite ao cego mediante a audição ler páginas impressas. Aqui, o instrumento sugerido por McCulloch assume de um modo inteiramente explícito, algumas das funções não só do olho como também do córtex visual. Existe uma possibilidade manifesta de fazer algo semelhante no caso para membros artificiais. A perda de um pedaço do membro implica não apenas a perda do suporte puramente passivo da parte faltante ou seu valor como extensão mecânica do coto, e a perda do poder contrátil de seus músculos, mas implica igualmente a perda de todas as sensações cutâneas e cinestésicas nele originadas. As duas primeiras perdas são o que o fabricante de membros artificiais tenta agora substituir. A terceira permaneceu até aqui fora de seu alcance. No caso de uma simples perna postiça, isso não tem importância: o pedaço de madeira que substitui o membro faltante não tem o menor grau de liberdade própria, e o mecanismo cinestésico do coto apresenta-se plenamente adequado para informar sua própria posição e velocidade. Não é o caso de um membro articulado com um joelho e um tornozelo móveis, movimentado pelo paciente com o auxílio de sua musculatura remanescente. Ele não tem uma informação precisa de sua posição e movimento, e isso interfere na firmeza de seu passo num terreno irregular. Não parece haver alguma dificuldade insuperável em equipar as juntas artificiais e a sola do pé artificial com calibradores de tensão ou de pressão, que devem fazer registros elétricos, ou outros, digamos, por meio de vibradores colocados em áreas intactas da pele. O presente membro artificial remove algo da paralisia causada pela amputação, mas deixa a ataxia. Com o uso de receptores adequados, desapareceria também boa parte desta ataxia, e o paciente seria capaz de aprender os reflexos, tais como os que todos empregamos para guiar um carro, que o habilitariam a andar com um passo bem mais seguro. O que dissemos com respeito à perna aplicar-se-ia *a fortiori* ao braço, onde a figura do manequim, familiar a todos os leitores de livros de neurologia, mostra que o sensório perdido numa amputação apenas do polegar é consideravelmente maior do que o sensório perdido mesmo em uma amputação da junta do fêmur com a bacia.

Fiz uma tentativa de levar tais considerações às devidas autoridades, mas até agora não consegui muita coisa. Não sei se as mesmas ideias já haviam emanado de outras fontes, nem se foram experimentadas e julgadas tecnicamente impraticáveis. No caso de não haverem ainda recebido uma cabal consideração prática, deveriam merecê-la no futuro imediato.

Gostaria agora de abordar outro ponto que, segundo creio, é digno de atenção. De há muito é claro para mim que o moderno computador ultrarrápido era em princípio um sistema nervoso central ideal para um aparelho de controle automático; e que seus inputs e outputs não precisavam ter a forma de números ou diagramas, podendo ser, respectivamente, as leituras de órgãos sensoriais artificiais, tais como células fotoelétricas ou termômetros, e o desempenho de motores ou solenoides. Com a ajuda de medidores de tensão ou medidores semelhantes para ler o rendimento desses órgãos motores e informar – "realimentar" – o sistema de controle central como um órgão dos sentidos cinestésico artificial, nós já estaríamos em condições de construir máquinas artificiais de quase todos os graus de perfeição quanto ao rendimento. Ocorrera-me, muito antes de Nagasaki e da consciência pública sobre a bomba atômica, que estávamos em presença de outra potencialidade social de inaudita importância para o bem e para o mal. A fábrica automática e a linha de montagem sem agentes humanos distam de nós apenas na medida em que é limitado por nossa disposição de aplicar tal montante de esforço em sua engenharia quanto foi despendido, por exemplo, no desenvolvimento da técnica do radar na Segunda Guerra Mundial[13].

Já disse que este novo desenvolvimento conta com possibilidades ilimitadas para o bem e para o mal. De um lado, torna o domínio metafórico das máquinas, como foi imaginado por Samuel Butler, um problema dos mais imediatos e não metafóricos. Dá à raça humana uma nova e a mais eficiente coleção de escravos mecânicos para realizar seu labor. Semelhante trabalho mecânico possui a maioria das propriedades econômicas do trabalho escravo, embora, ao contrário deste, não implique os efeitos diretamente desmoralizadores da crueldade humana. Entretanto, qualquer trabalho que aceite as condições de competição com o trabalho escravo aceita as condições deste labor servil e é essencialmente labor servil. A palavra-chave desta proposição *é competição.* Pode ser ótimo para a humanidade que a máquina a desobrigue do trabalho servil e desagradável, mas também pode não o ser. Não sei. Não pode ser bom para estas novas potencialidades o fato de serem avaliadas em termos do mercado, do dinheiro que poupam; e são precisamente os termos mercado aberto e a "quinta liberdade", que se tornaram a pedra de toque do setor da opinião pública americana representada pela Na-

---

13. *Fortune*, n. 32, p. 139-147 (October); p. 163-169 (November), 1945.

tional Association of Manufactures e pelo *Saturday Evening Post.* Digo opinião pública americana, pois, como americano, eu a conheço melhor, mas os mascates não conhecem fronteira nacional.

Talvez eu possa esclarecer o fundo histórico da presente situação se disser que a primeira revolução industrial, a revolução dos "satânicos moinhos sombrios", se deveu à desvalorização do braço humano devido à concorrência da máquina. Não há índice salarial com que um trabalhador braçal dos Estados Unidos possa viver que seja baixo o bastante para competir com o trabalho de uma pá a vapor como uma escavadeira. A moderna revolução industrial é similarmente compelida a desvalorizar o cérebro humano, pelo menos em suas decisões mais simples e mais rotineiras. Por certo, o carpinteiro hábil, o mecânico hábil, o alfaiate hábil sobreviveram em certa medida à primeira revolução industrial, de modo que o cientista experimentado e o administrador experimentado podem sobreviver à segunda. Contudo, realizada a segunda revolução, o ser humano médio de dotes medíocres ou menos ainda, nada terá para vender que valha o dinheiro de algum comprador.

A resposta, sem dúvida, é ter uma sociedade baseada em outros valores humanos que não os da compra ou da venda. Para chegarmos a tal sociedade, necessitamos de muito planejamento e de muita luta, que, no melhor dos casos, podem desenvolver-se no plano das ideias, e do contrário – quem sabe? Julguei, pois, de meu dever passar minha informação e compreensão da posição àqueles que têm interesse ativo nas condições e no futuro do trabalho, isto é, aos sindicatos trabalhistas. Consegui estabelecer contato com uma ou duas pessoas altamente situadas na CIO (chefia do serviço de informação), e elas me escutaram com muita simpatia e inteligência. Além desses indivíduos, nem eu nem eles estavam aptos a ir. Eles eram de opinião, como eu já observara e estava informado, tanto na Inglaterra como nos Estados Unidos, que os sindicatos e o movimento trabalhista se encontram em mãos de um pessoal altamente limitado, otimamente adestrado nos problemas de administração de empresa e disputas relativas a salários e condições de trabalho, mas totalmente despreparado para entrar nas questões políticas, técnicas, sociológicas e econômicas mais amplas que concernem à própria existência do trabalho. As razões são bastante fáceis de vislumbrar: o diretor sindical vem geralmente de uma difícil vida de operário para uma difícil vida de administrador, sem qualquer oportunidade para um adestramento mais amplo; e para os que possuem semelhante treino, a carreira sindical, em geral, não é convidativa; nem, naturalmente, os sindicatos são receptivos a tais pessoas.

Aqueles de nós que contribuíram para a nova ciência da cibernética acham-se, assim, numa posição moral que, para dizer o mínimo, é pouco confortável. Contribuímos para o início de uma nova ciência que, como dissemos, abarca desenvolvimentos técnicos de grandes possibilidades para o bem e para o mal. Só podemos entregá-la ao mundo que nos circunda, e este é o mundo de Belsen e Hiroxima. Não nos é dada sequer uma opção de suprimir esses novos desenvolvimentos técnicos. Pertencem à época, e o máximo que podemos fazer como supressão é pôr o desenvolvimento do assunto em mãos dos mais irresponsáveis e venais de nossos técnicos. O máximo que podemos fazer é cuidar para que o grande público entenda a tendência e o alcance do presente trabalho, e limitar nossos esforços pessoais aos campos, tais como a fisiologia e a psicologia, mais distantes da guerra e da exploração. Como vimos, há os que alimentam a esperança de que o melhor entendimento do homem e da sociedade oferecido por este novo terreno de trabalho possa antecipar e ultrapassar a contribuição incidental que estamos fazendo à concentração de poder (que sempre se concentra, por suas próprias condições de existência, nas mãos dos mais inescrupulosos). Escrevo em 1947, e sou compelido a dizer que se trata de uma esperança muito tênue.

O autor deseja expressar sua gratidão ao sr. Walter Pitts, ao sr. Oliver Selfridge, ao sr. Georges Dubé e ao sr. Frederic Webster por sua ajuda na correção do manuscrito e no preparo do material para a publicação.

Instituto Nacional de Cardiologia,
Cidade do México, novembro de 1947

I. TEMPO NEWTONIANO E BERGSONIANO

Existe uma cantiga familiar a toda criança alemã. Ei-la:

Weisst du, wieviel Sternlein stehen
An dem blauen Himmelszelt?
Weisst du, wieviel Wolken gehen
Weithin über alie Welt?
Gott, der Herr, hat sie gezählet
Dass ihm auch nicht eines fehlet
An der ganzen, grossen Zahl.

W. HEY

Isto significa: "Sabes quantas estrelas estão na tenda azul do céu? Sabes quantas nuvens passam por sobre o mundo todo? Deus nosso Senhor as contou, de modo que não lhe venha a faltar uma só de todo o grande número."

Esta pequena canção é um tema interessante para o filósofo e o historiador da ciência, na medida em que coloca lado a lado duas ciências que apresentam como única semelhança o fato de lidar com os céus acima de nós, mas que em quase todos os outros aspectos oferecem um extremo contraste. A astronomia é a mais velha das ciências, enquanto a meteorologia encontra-se entre as mais jovens a merecer esse nome. Os fenômenos astronômicos mais familiares são previsíveis por vários séculos, ao passo que uma exata previsão do tempo para o dia de amanhã em geral não é fácil e em muitos lugares é na verdade assaz grosseira.

Voltando ao poema, a resposta à primeira questão é que, dentro de limites, sabemos quantas estrelas existem. Em primeiro lugar, salvo incertezas menores concernentes a estrelas duplas e variáveis, uma estrela é um objeto definido, eminentemente adequado à contagem e à catalogação; e se um *Durchmusterung* humano das estrelas – como chamamos a estes catálogos – se interrompe para estrelas menos intensas, abaixo de certa magnitude, não há nada demasiado repugnante para nós na ideia de um *Durchmusterung* divino que vá mais além.

Por outro lado, se você pedir a um meteorologista que lhe dê um *Durchmusterung* semelhante das nuvens, ele talvez venha a rir-lhe na cara, ou poderá quiçá explicar-lhe pacientemente que em toda a linguagem da meteorologia não existe uma coisa como nuvem, definida como um objeto munido de uma identidade quase permanente; e se existir, ele não tem meios para contá-las e, de fato, tampouco está interessado nisso. Um meteorologista com inclinações topológicas poderia talvez definir uma nuvem como uma região relacionada do espaço, na qual a densidade do conteúdo de água no estado sólido ou líquido excede de certa quantidade, mas esta definição não teria nenhum valor para quem quer que seja e, no máximo, representaria um estado extremamente transitório. O que de fato interessa ao meteorologista é alguma afirmação estatística como esta: "Boston: 17 de janeiro de 1950: Céu 38% nublado; cúmulos-cirros".

Há, sem dúvida, um ramo da astronomia que lida com aquilo que se pode denominar meteorologia cósmica: o estudo das galáxias, nebulosas, conglomerados de estrelas e suas estatísticas, tal como foi desenvolvido, por exemplo, por Chandrasekhar; mas é um ramo muito novo da astronomia, mais novo ainda que a própria meteorologia, e de algum modo está fora da tradição da astronomia clássica. Esta tradição, excetuando-se os seus aspectos *Durchmusterung,* puramente classificatórios, preocupava-se originalmente mais com o sistema solar do que com o mundo das estrelas fixas. É principalmente a astronomia do sistema solar que está, sobretudo, associada aos nomes de Copérnico, Kepler, Galileu e Newton, e que foi a nutriz da física moderna.

Trata-se, na verdade, de uma ciência idealmente simples. Mesmo antes da existência de qualquer teoria dinâmica adequada, até nos distantes tempos dos babilônios, já se compreendia que os eclipses ocorriam em ciclos regulares previsíveis, estendendo-se para diante e para trás no tempo. Compreendia-se que o próprio tempo poderia ser mais bem medido pelo movimento das estrelas nos seus cursos do que por qualquer outro modo. O padrão de todos os eventos no sistema solar era a revolução de uma roda ou de uma série de rodas, quer na forma da teoria ptolemaica dos epiciclos, ou na copernicana das órbitas e, de certo modo, em tais teorias, o futuro repete o passado. A música das esferas é um palíndromo, e o livro de astronomia reza o mesmo, para diante e para trás; não há diferença, exceto nas direções e posições iniciais, entre o movimento de um planetário que gira para frente e um outro movido em sentido contrário. Finalmente, quando Newton reduziu tudo isso a um conjunto formal de postulados e a uma mecânica fechada, as leis fundamentais desta mecânica permaneceram inalteradas pela transformação da variável de tempo *t* em sua negativa.

Assim, se tivéssemos de fazer um filme dos planetas, com uma aceleração tal que revelasse um quadro perceptível de atividade, e o projetássemos em sentido contrário, ainda obteríamos um quadro possível dos planetas de acordo com a mecânica newtoniana. Por outro lado, se tivéssemos de tomar uma sequência fotográfica da turbulência de uma nuvem tempestuosa e a invertêssemos, ela pareceria completamente errada. Veríamos correntes de ar descendentes onde esperamos correntes ascendentes, turbulências de textura cada vez mais grosseira, relâmpagos que precederiam as mudanças de nuvens que usualmente as antecederiam invés de segui-las, e assim por diante indefinidamente.

Qual é a diferença entre a situação astronômica e a meteorológica que provoca todos estes contrastes e, em particular, a diferença entre a aparente reversibilidade do tempo astronômico e a aparente irreversibilidade do tempo meteorológico? Em primeiro lugar, o sistema meteorológico envolve um vasto número de partículas aproximadamente iguais, algumas delas mui estreitamente acopladas umas às outras, enquanto o sistema astronômico do universo solar contém apenas um número relativamente pequeno de partículas, grandemente diversificadas em tamanho e acopladas umas às outras de um modo frouxo o bastante para que efeitos de acoplamentos de segunda ordem não modifiquem o aspecto geral do quadro por nós observado, e efeitos de acoplamentos de ordem muito elevada sejam completamente desprezíveis. Os planetas se movem em condições mais favoráveis ao isolamento de certo conjunto limitado de forças, do que as de qualquer experiência física que possamos manter em laboratório. Comparados com as distâncias entre eles, os planetas, e mesmo o Sol, são como que pontos. Comparados com as deformações elásticas e plásticas que sofrem, os planetas são corpos quase rígidos, ou, quando não, suas forças internas são de qualquer forma relativamente insignificantes no que toca ao movimento relativo de seus centros. O espaço em que se movem é livre quase totalmente de matéria obstrutiva; e, em sua atração mútua, é possível considerar suas massas como constantes, e situadas aproximadamente em seus centros. O desvio da lei da gravidade em relação à lei do inverso do quadrado é mínimo. As posições, velocidades e massas dos corpos do sistema solar são muito bem conhecidas em qualquer momento, e o cálculo de suas posições, futuras e passadas, embora difícil nos pormenores, em princípio é fácil e preciso. Por outro lado, na meteorologia, o número de partículas envolvidas é tão grande que é literalmente impossível um registro acurado de suas posições e velocidades iniciais; e se fosse realmente feito esse registro e calculadas suas posições e velocidades futuras, não teríamos nada mais que uma massa impenetrável de números que necessitariam posteriormente de uma nova e radical interpretação, antes que pudessem ser de qualquer serventia. Os termos "nuvem", "temperatura", "turbulência" etc. se referem todos, não a uma única situação física, mas a uma distribuição de situações possíveis das quais apenas um caso verdadeiro se realiza. Se todas as leituras de todas as estações meteorológicas da Terra fossem tomadas simultaneamente, elas não proporcionariam uma bilionésima parte dos dados necessários para caracterizar o estado real da atmosfera de um ponto de vista newtoniano. Proporcionariam apenas certas constantes, em concordância com uma infinidade de atmosferas diferentes, capazes de fornecer, no máximo, juntamente com certos pressupostos, uma medida sobre o conjunto de possíveis atmosferas como uma distribuição de probabilidades. Utilizando as leis de Newton, ou qualquer outro sistema de leis causais, tudo quanto podemos predizer para qualquer tempo futuro é uma distribuição de probabilidades das constantes do sistema, e mesmo esta previsibilidade se desvanece com o aumento de tempo.

Ora, mesmo num sistema newtoniano, em que o tempo é perfeitamente reversível, questões de probabilidade e predição conduzem a respostas assimétricas como entre passado e futuro, pois as questões a que respondem são assimétricas. Quando monto uma experiência física, trago o sistema sob minha consideração do passado para o presente de tal modo que fixo algumas quantidades, e possuo, pois, um direito razoável de admitir que algumas outras quantidades possuem distribuições estatísticas conhecidas. Observo, então, a distribuição estatística de resultados após um dado tempo. Trata-se de um processo que não posso inverter. Para fazê-lo, seria necessário selecionar uma considerável distribuição de sistemas que, sem a nossa intervenção, acabariam dentro de certos limites estatísticos, e descobrir quais eram as condições antecedentes de um dado tempo anterior. Contudo, para um sistema que parte de uma posição desconhecida e acaba em qualquer intervalo estatístico estritamente definido, é tão rara tal ocorrência que podemos encará-la como um milagre, e não podemos basear nossa técnica experimental na expectativa e na contagem de milagres. Em resumo, encontramo-nos orientados no tempo, e nossa relação para com o futuro é diferente de nossa relação para com o passado. Todas as nossas perguntas são condicionadas por essa assimetria, e todas as respostas que lhes damos igualmente o são.

Uma questão astronômica interessantíssima, relativa à direção do tempo, surge em conexão com o tempo da astrofísica, no qual observamos corpos celestes remotos numa única observação, e na qual parece não haver unidirecionalidade na natureza de nossa experiência. Por que então a termodinâmica unidirecional baseada em observações terrestres experimentais nos coloca em tão boa posição na astrofísica? A resposta é interessante e não muito óbvia. Nossas observações das estrelas são feitas por intermédio da luz, de raios ou partículas emergentes do objeto observado e percebido por nós. Podemos perceber luz incidente, mas não percebemos luz emergente, ou pelo menos a percepção de luz emergente não é conseguida por um experimento tão simples e direto quanto o da luz incidente. A percepção da luz incidente termina no olho ou na chapa fotográfica. Condicionamos estes últimos à recepção de imagens colocando-os em um estado de isolamento durante algum tempo: condicionamos o olho ao escuro para evitar pós-imagens, e envolvemos nossas chapas em papel preto a fim de evitar o halo. É claro que para nós, apenas um olho deste tipo e chapas cobertas de papel preto apresentam alguma utilidade: se fôssemos dados a pré-imagens, poderíamos igualmente ser cegos; e se tivéssemos de pôr as nossas chapas em papel preto depois de usá-las e revelá-las antes de utilizá-las, a fotografia seria, na verdade, uma arte bem difícil. Se for este o caso, podemos ver aquelas estrelas cintilando para nós e para todo o mundo; enquanto, se houver quaisquer estrelas cuja evolução ocorra na direção inversa, elas atrairão radiação de todo o espaço, e mesmo tal atração que parte de nós não será de nenhum modo perceptível, em vista do fato de já conhecermos o nosso próprio passado, mas não o nosso futuro. Assim, a parte do universo que vemos deve ter suas relações passado-futuro, no tocante à emissão de radiação, concordantes com as nossas próprias. O próprio fato de avistarmos uma estrela significa que sua termodinâmica se assemelha à nossa.

Com efeito, constitui um experimento intelectual dos mais interessantes imaginar um ser inteligente cujo tempo corresse em sentido contrário ao nosso. Para um tal ser, toda comunicação conosco seria impossível. Qualquer sinal que ele nos pudesse enviar chegaria até nós com uma corrente lógica de consequentes do seu ponto de vista, e de antecedentes do nosso. Tais antecedentes já integrariam a nossa experiência, e nos serviriam como explicação natural do sinal dele, sem a pressuposição de que um ser inteligente o tivesse enviado. Se ele nos desenhasse um quadrado, veríamos os restos de sua figura como seus precursores, e pareceria constituir a curiosa cristalização – sempre perfeitamente explicável – destes restos. Seu significado pareceria ser tão fortuito quanto são as configurações que percebemos nas montanhas e nos penhascos. O desenho de um quadrado se nos apareceria como uma catástrofe – repentina sem dúvida, porém explicável pelas leis naturais – por meio da qual este quadrado cessaria de existir. Nossa contrapartida teria exatamente ideias similares no que se refere a nós. *Em cada mundo com que podemos nos comunicar, a direção do tempo é uniforme.*

Retornando ao contraste entre a astronomia newtoniana e a meteorologia: a maioria das ciências encontra-se em posição intermediária, mas grande parte está mais próxima da meteorologia do que da astronomia. Como vimos mesmo ela, também, contém uma meteorologia cósmica. Contém também um campo extremamente interessante estudado por Sir George Darwin, e conhecido sob o nome de teoria da evolução das marés*. Dissemos ser possível abordar os movimentos relativos do Sol e dos planetas como movimentos de corpos rígidos, mas não é bem o caso. A Terra, por exemplo, é literalmente cercada por oceanos. A água, que está mais próxima da Lua do que o centro da Terra, é atraída mais fortemente pela Lua do que pela parte sólida da Terra e, a água do lado oposto, menos fortemente atraída. Este efeito relativamente leve puxa a água em dois montes, um sob a Lua e outro oposto à Lua. Numa esfera líquida perfeita, tais montes poderiam seguir a Lua em volta da Terra sem grande dispersão de energia e consequentemente, permaneceriam quase exatamente sob a Lua e opostos a ela. Exerceriam, portanto, uma atração sobre ela que não influenciaria grandemente sua posição angular no espaço. Entretanto, a onda de maré que produzem sobre a Terra fica enredada e retardada nas costas e em mares pouco profundos, como o mar de Bering e o mar da Irlanda. Consequentemente, fica atrás da posição da Lua, e as forças que produzem isto são muito turbu-

* Evolução do tipo ou da forma de marés. (N. da T.)

lentas, forças dissipativas, de caráter muito semelhante às forças encontradas na meteorologia, e necessitam de um tratamento estatístico. Na verdade, a oceanografia pode antes denominar-se a meteorologia da hidrosfera do que da atmosfera.

Estas forças de atrito puxam a Lua para trás em seu curso em volta da Terra, e aceleram a rotação da Terra para frente. Elas tendem a tornar os comprimentos do mês e do dia cada vez mais próximos um do outro. Na verdade, o dia da Lua é o mês, e ela sempre apresenta, aproximadamente, a mesma face para a Terra. Já foi sugerido ser isso o resultado de uma antiga evolução das marés, quando a Lua continha algum material líquido, gasoso ou plástico que cederia sob a atração terrestre e, assim fazendo, dissiparia grandes quantidades de energia. Tal fenômeno de evolução das marés não está restrito a Terra, nem à Lua, mas pode ser observado até certo grau através de todos os sistemas gravitacionais. Em eras passadas, isso teria modificado seriamente a face do sistema solar, embora em algo como os tempos históricos, tal modificação seja ligeira comparada ao movimento de "corpo rígido" dos planetas do sistema solar.

Assim, mesmo a astronomia gravitacional envolve processos de fricção decrescentes. Não há uma única ciência que esteja precisamente conforme ao estrito padrão newtoniano. As ciências biológicas com certeza partilham em grande porção fenômenos unidirecionais. O nascimento não constitui o reverso exato da morte, nem o anabolismo – a construção dos tecidos – é o reverso exato do catabolismo – a destruição dos tecidos. A divisão das células não segue um padrão simétrico no tempo, tampouco o segue a união de células germinativas para formar um ovo fecundado. O indivíduo é uma flecha apontada através do tempo em uma direção, e a raça é igualmente dirigida do passado para o futuro.

O registro da paleontologia indica uma tendência definida a longo prazo, por mais interrompida e complicada que ela seja, do simples ao complexo. Em meados do século XIX, esta tendência tornou-se evidente a todos os cientistas de espírito honestamente aberto, e não é por acaso que o problema da descoberta de seus mecanismos foi levado avante, e através do mesmo grande passo, por dois homens que trabalhavam aproximadamente na mesma época: Charles Darwin e Alfred Wallace. Este passo significou a compreensão de que uma variação meramente fortuita dos indivíduos de uma espécie poderia ser burilada na forma de um progresso mais ou menos unidirecional ou de algumas poucas direções para cada linha, quer pelos graus variáveis de viabilidade das diversas mutações, quer do ponto de vista do indivíduo ou da raça. Um cachorro mutante sem pernas certamente definharia, enquanto um lagarto magro e comprido que desenvolveu o mecanismo de se arrastar sobre as costelas poderia ter melhor oportunidade de sobrevivência se tivesse linhas lisas e estivesse livre das projeções estorvadoras de seus membros. Um animal aquático, seja peixe, lagarto ou mamífero, nadará melhor se for dotado de forma fusiforme, de poderosos músculos corporais e de um apêndice posterior que o impulsionará na água; e se, para a sua alimentação, depender da caça a presas rápidas, suas probabilidades de sobrevivência talvez dependam da assunção desta forma.

A evolução darwiniana, portanto, é um mecanismo mediante o qual uma variabilidade mais ou menos fortuita apresenta-se combinada numa configuração definida. O princípio de Darwin ainda é válido hoje, embora tenhamos um conhecimento muito melhor do mecanismo do qual depende. O trabalho de Mendel nos forneceu uma visão mais precisa e descontínua da hereditariedade do que a de Darwin, enquanto a noção de mutação, desde os tempos de Vries, alterou completamente nossa concepção da base estatística da mutação. Estudamos a admirável anatomia do cromossomo e nela localizamos o gene. A lista dos geneticistas modernos é longa e afamada. Vários deles, como Haldane, fizeram do estudo estatístico do mendelismo um instrumento efetivo para o estudo da evolução.

Já mencionamos a evolução das marés de Sir George Darwin, filho de Charles Darwin. Nem a ligação da ideia do filho com a do pai, nem a escolha do nome "evolução" são fortuitas. Na evolução das marés, assim como na origem das espécies, temos um mecanismo pelo qual uma variabilidade fortuita, a dos movimentos randômico das ondas em um mar de marés e das moléculas da água, converte-se por meio de um processo dinâmico em um padrão de desenvolvimento que se lê em uma única direção. A teoria da evolução das marés é definitivamente uma aplicação astronômica do velho Darwin.

O terceiro na dinastia dos Darwin, Sir Charles, é uma das autoridades em mecânica quântica moderna. Tal fato pode ser fortuito, mas representa, contudo, uma invasão maior ainda das ideias estatísticas nas ideias newtonianas. A sucessão de nomes Maxwell-Boltzmann-Gibbs representa uma redução progressiva da termodinâmica à mecânica estatística: isto é, uma redução dos fenômenos concernentes ao calor e à temperatura a fenômenos nos quais se aplica uma mecânica newtoniana a uma situação em que não lidamos com um sistema dinâmico único, mas com uma distribuição estatística de sistemas dinâmicos; e na qual nossas conclusões não são referidas a todos os sistemas dessa distribuição, mas a sua grande maioria. Por volta do ano de 1900, tornou-se aparente que havia algo seriamente errado com a termodinâmica, em particular no concernente à radiação. O éter apresentou muito menos poder de absorver radiações de alta frequência – como provado pela lei de Planck – do que permitia qualquer mecanização existente da teoria da radiação. Planck forneceu uma teoria quase-atômica da radiação – a teoria quântica – que explicava de modo bastante satisfatório estes fenômenos, mas que estava em desacordo com todo o resto da física; e Niels Bohr secundou-o com uma teoria igualmente *ad hoc* do átomo. Assim, Newton e Planck-Bohr formaram, respectivamente, a tese e a antítese de uma antinomia hegeliana. A síntese é a teoria estatística descoberta por Heisenberg, em 1925, na qual a dinâmica newtoniana estatística de Gibbs é substituída por uma teoria estatística muito semelhante à de Newton e Gibbs para fenômenos em larga escala, mas em que a coleção completa dos dados, para o presente e o passado, não basta para prever o futuro mais do que estatisticamente. Não é demais afirmar, portanto, que tanto a astronomia newtoniana, como também a física newtoniana, tornaram-se um quadro dos resultados médios de uma situação estatística e, por conseguinte, um cômputo de um processo evolucionário.

Tal transição de um tempo newtoniano, reversível, para um tempo gibbsiano, irreversível, teve os seus ecos filosóficos. Bergson salientou a diferença entre o tempo reversível da física, no qual nada de novo acontece, e o tempo irreversível da evolução e biologia, nos quais há sempre algo de novo. A compreensão de que a física newtoniana não era a moldura apropriada à biologia constitui talvez o ponto central da velha controvérsia entre vitalismo e mecanicismo, embora isso fosse complicado pelo desejo de conservar, de uma forma ou de outra, pelo menos as sombras da alma e de Deus contra as incursões do materialismo. No fim, como vimos, o vitalismo foi longe demais. Em vez de construir uma parede entre as pretensões da vida e as da física, a parede foi erigida para abranger limites tão amplos que, não só a matéria como a vida, acabaram por se ver a si próprias em seu interior. É verdade que a matéria da nova física não é a matéria de Newton, mas é algo completamente afastado dos desejos antropomorfizantes dos vitalistas. A chance do teórico quântico não é a liberdade ética dos agostinianos, e Tyche é uma amante tão incansável quanto Ananke.

O pensamento de cada época se reflete em sua técnica. Os engenheiros civis do passado eram agrimensores, astrônomos e navegantes;

os do século XVII e primórdios do século XVIII eram relojoeiros e polidores de lentes. Como nos tempos antigos, os artífices faziam seus instrumentos à imagem dos céus. Um relógio nada mais é que um planetário de bolso, que se move por necessidade como o fazem as esferas celestes; e se o atrito e a dissipação de energia têm nele alguma importância, são efeitos a serem superados, de modo que o movimento resultante dos ponteiros deve ser tão periódico e regular quanto possível. O principal resultado técnico desta engenharia, segundo o modelo de Huyghens e Newton, resultou na era da navegação, quando pela primeira vez foi possível computar longitudes com respeitável precisão, e converter o comércio dos grandes oceanos de uma coisa relacionada à chance e à aventura, em um negócio considerado regular. É a engenharia dos mercantilistas.

Ao mercador sucedeu o industrial da manufatura e ao cronômetro, a máquina a vapor. Da máquina Newcomen a vapor até quase os dias de hoje, o campo central da tecnologia tem sido o estudo das máquinas motrizes. O calor converteu-se em energia útil de rotação e de translação, e a física de Newton foi suplementada pela de Rumford, Carnot e Joule. A termodinâmica fez seu aparecimento, uma ciência na qual o tempo é eminentemente irreversível; e embora os primeiros estágios desta ciência pareçam representar uma região do pensamento quase sem contato com a dinâmica de Newton, a teoria da conservação da energia e a ulterior explanação estatística do princípio de Carnot, ou a segunda lei da termodinâmica, ou o princípio da degradação da energia – princípio este que torna dependente das temperaturas de funcionamento da caldeira e do compressor a máxima eficiência obtenível de uma máquina a vapor – tudo isso fundiu a termodinâmica e a dinâmica newtoniana nos aspectos estatísticos e não estatísticos da mesma ciência.

Se o século XVII e o início do XVIII constituem a era dos relógios, e o século XVIII e o XIX a era das máquinas a vapor, os tempos presentes são a era da comunicação e do controle. Há na tecnologia elétrica uma divisão conhecida na Alemanha como a divisão entre a técnica das correntes fortes e a técnica das correntes fracas, e que conhecemos como a distinção entre a engenharia da geração, transmissão e distribuição de energia elétrica e a engenharia de comunicação. É tal divisão que separa a época que acabou de passar da que ora vivemos. De fato, a tecnologia de comunicação pode lidar com correntes de qualquer tamanho e com o movimento de máquinas suficientemente potentes para fazer girar maciças torres de canhão; o que a distingue da outra engenharia que mencionamos acima é que o seu interesse fundamental não é economia de energia, porém a reprodução precisa de um sinal. Este sinal pode ser a leve pancada de uma chave, a ser reproduzida como a batidinha de um receptor telegráfico na outra extremidade; ou pode ser um som transmitido e recebido através do aparelho telefônico; ou pode ser o girar da roda do leme, recebido como a posição angular do timão. Assim, essa tecnologia de comunicação se iniciou com Gauss, Wheatstone e os primeiros telégrafos. Seu primeiro tratamento razoavelmente científico veio pelas mãos de lorde Kelvin, depois que falhou o primeiro cabo transatlântico nos meados do século dezenove; e, a partir dos anos oitenta, foi talvez Heaviside quem fez o máximo para que ela assumisse uma forma moderna. A descoberta do radar e o seu uso na Segunda Grande Guerra, juntamente com as exigências do controle do fogo antiaéreo, trouxeram ao campo um grande número de bem treinados matemáticos e físicos. As maravilhas da máquina de computação automática (computador) pertencem ao mesmo reino de ideias, que certamente nunca foi perseguido de modo tão ativo no passado quanto o é nos dias de hoje.

A qualquer estágio da técnica, desde Dédalo ou Heron de Alexandria, a habilidade do artífice em produzir um simulacro operante de um organismo vivo sempre intrigou o povo. Esse desejo de produzir e de estudar autômatos foi sempre expresso em termos da uma técnica viva da época. Nos dias da magia, tivemos o conceito bizarro e sinistro do Golem, esta figura de barro na qual o Rabi de Praga soprou vida com a blasfêmia do Inefável Nome de Deus. Nos tempos de Newton, o autômato torna-se a caixinha de música com corda, em cuja tampa pequenas efígies rígidas faziam piruetas. No século XIX, o autômato é a glorificada máquina a vapor, queimando algum combustível em vez do glicogênio dos músculos humanos. Finalmente, o autômato atual abre portas por meio de fotocélulas ou aponta canhões para o ponto em que um feixe de radar colhe um avião, ou computa a solução de uma equação diferencial.

Nem o autômato grego e nem o mágico se encontram ao longo das principais linhas de direção do desenvolvimento da máquina moderna, e, tampouco ao que parece, exerceram maior influência sobre o pensamento filosófico sério. É muito diferente o caso dos autômatos de corda. Esta ideia desempenhou um papel assaz genuíno e importante nos primórdios da história da filosofia moderna, embora estejamos mais inclinados a ignorá-los.

Para começar, Descartes considera os animais inferiores como autômatos. Isto para não questionar a atitude cristã ortodoxa segundo a qual os animais não possuíam almas a salvar ou condenar. Precisamente como funcionam estes autômatos vivos é algo que Descartes, ao que me consta, nunca discutiu. Todavia, a importante questão conexa do modo de juntar a alma humana, em sensação e vontade, ao seu meio material, é uma questão que Descartes discute, embora de maneira bastante insatisfatória. Situa esta junção numa parte mediana do cérebro denominada por ele de glândula pineal. Quanto à natureza desta junção – se representava ou não uma ação direta da mente sobre a matéria e da matéria sobre a mente – ele não é nada claro. Provavelmente ele a encara como uma ação direta em ambos os sentidos, mas atribui a validade da experiência humana em sua ação sobre o mundo exterior à bondade e honestidade de Deus.

O papel atribuído a Deus nesta questão é instável. Ou Deus é inteiramente passivo, caso em que é difícil ver como a explanação de Descartes realmente explica algo, ou é um participante ativo, caso em que é difícil ver como a garantia dada por Sua honestidade pode ser algo mais que uma participação ativa no ato da sensação. Deste modo, a cadeia causal dos fenômenos materiais é seguida paralelamente por uma cadeia causal iniciada com o ato de Deus, pelo qual Ele produz em nós experiências correspondentes a uma dada situação material. Uma vez isto assumido, é inteiramente natural atribuir uma correspondência entre a nossa vontade e os efeitos que parece produzir no mundo externo a uma intervenção divina semelhante. Tal é o caminho trilhado pelos ocasionalistas, Geulincx e Malebranche. Em Spinoza, que é de muitas formas o continuador desta escola, a doutrina do Ocasionalismo assume a forma mais razoável de asseverar que a correspondência entre mente e matéria é a de dois atributos autocontidos de Deus; mas Spinoza não pensa dinamicamente, e dá pouca ou nenhuma atenção ao mecanismo desta correspondência.

É desta situação que parte Leibniz, mas Leibniz tem uma mentalidade tão dinâmica quanto é geométrica a de Spinoza. Em primeiro lugar substituiu o par de elementos correspondentes, mente e matéria, por um contínuo de elementos correspondentes: as mônadas. Embora estas sejam concebidas segundo o padrão da alma, elas incluem várias instâncias que não se elevam ao grau de autoconsciência de almas plenas, e que formam parte daquele mundo que Descartes teria atribuído à matéria. Cada uma delas vive no seu próprio universo fechado, com uma cadeia causal perfeita desde a criação ou desde menos infinito no tempo ao futuro indefinidamente remoto; por mais fechados que esses universos sejam, eles se correspondem um ao outro por meio da harmonia preestabelecida de Deus. Leibniz os compara aos relógios que receberam corda de modo a andarem certos desde a criação, por toda a eternidade. Ao contrário dos relógios feitos pelo homem, eles não levados a assincronismos, mas isso se deve ao engenho miraculosamente perfeito do Criador.

Assim Leibniz considera um mundo de autômatos, que, como é natural para um discípulo de Huyghens, ele constrói segundo o modelo da relojoaria. Embora as mônadas reflitam uma à outra, a reflexão não consiste numa transferência da cadeia causal de uma para a outra. Elas são na realidade tão independentes das coisas externas, ou antes, mais independentes do que as figuras que dançam passivamente na tampa de uma caixa de música. Elas não têm qualquer influência efetiva sobre o mundo externo, nem são realmente influenciadas pelo mundo externo. Como Leibniz afirma, elas não têm janelas. A aparente organização do mundo que vemos é algo entre a ficção e o milagre. A mônada é um sistema solar newtoniano em miniatura.

No século XIX, os autômatos que foram construídos pelo homem e os outros autômatos naturais, os animais e as plantas dos materialistas, são estudados a partir de um aspecto muito diferente. A conservação e a degradação da energia constituem os princípios dominantes da época. O organismo vivo é antes de tudo uma máquina a vapor, queimando glicose ou glicogênio ou amido, gorduras, proteínas em dióxido de carbono, água e ureia. O equilíbrio metabólico é que constitui o centro da atenção; e se as baixas temperaturas de trabalho do músculo animal atraem a atenção em oposição às altas temperaturas de trabalho de uma máquina a vapor de eficiência similar, tal fato é posto de lado e rapidamente explicado por um contraste entre a energia química do organismo vivo e a energia térmica da máquina a vapor. Todas as noções fundamentais são as associadas com energia, e a principal delas é a da energia potencial. A engenharia do corpo é um ramo da engenharia de geração, distribuição e transmissão de energia elétrica. Mesmo hoje, é este o ponto de vista predominante dos fisiologistas conservadores de mentalidade mais clássica; e a tendência de pensamento de biofísicos como Rashevsky e sua escola testemunham sua contínua vitalidade.

Hoje em dia, começamos a compreender que o corpo está muito longe de ser um sistema conservativo, e que suas partes componentes trabalham num meio onde a potência disponível é muito menos limitada do que a julgávamos. A válvula eletrônica provou-nos que um sistema com uma fonte externa de energia, na sua maior parte gasta, pode ser um meio muito eficaz para realizar operações desejadas, especialmente se trabalhar em um nível baixo de energia. Estamos começando a ver que elementos importantes como os neurônios, os átomos do complexo nervoso de nosso corpo, efetuam o seu trabalho sob as mesmas condições que as válvulas eletrônicas, com sua força relativamente pequena alimentada a partir do exterior pela circulação, e que a escrituração mais importante para descrever a sua função não é a da energia. Em suma, o estudo mais recente dos autômatos, sejam de metal ou de carne e osso, é um ramo da tecnologia da comunicação e suas noções cardeais são as de mensagem, quantidade de distúrbio ou "ruído" – um termo tomado da tecnologia telefônica – quantidade de informação, técnica de codificação, e assim por diante.

Numa teoria deste tipo, lidamos com autômatos efetivamente acoplados ao mundo exterior, não apenas por seu fluxo de energia, seu metabolismo, mas também por um fluxo de impressões, de mensagens que chegam, e das ações de mensagens que saem. Os órgãos pelos quais as impressões são recebidas são os equivalentes dos órgãos sensoriais animais e humanos. Compreendem as células fotoelétricas e outros receptores de luz; sistemas de radares, que recebem suas próprias ondas curtas hertzianas; registros de potencial de hidrogênio, que podem ser chamados provadores; termômetros; medidores de pressão de vários tipos; microfones; e assim por diante. Os efetores podem ser motores elétricos ou solenoides ou serpentinas de calefação ou outros instrumentos de espécies muito diversas. Entre o receptor ou órgão sensorial e o efetor encontram-se conjuntos intermediários de elementos, cuja função é recombinar as impressões entrantes numa forma tal a produzir um tipo desejado de respostas nos efetores. A informação alimentada neste sistema central de controle conterá muito amiúde informação relativa ao funcionamento dos próprios efetores. Entre outras coisas, isso corresponde aos órgãos cinestésicos e outros proprioceptores do sistema humano, pois também temos órgãos que registram a posição de uma junta ou o grau de contração de um músculo etc. Além do mais, a informação recebida pelo autômato não precisa ser utilizada imediatamente, mas pode ser retardada ou armazenada de modo a tornar-se disponível em algum tempo futuro. É o análogo da memória. Finalmente, durante o funcionamento do autômato, suas próprias regras de operação são suscetíveis de mudanças com base nos dados que atravessaram os seus receptores no passado, e isso não difere do processo de aprendizagem.

As máquinas a que ora nos referimos não constituem o sonho do sensacionalista nem a esperança de algum tempo futuro. Elas já existem como os termostatos, os sistemas de giroscópios automáticos de pilotagem de navios e os mísseis autopropelidos – especialmente os que procuram o seu alvo – os sistemas de controle de fogo antiaéreo, as destilarias de petróleo controladas automaticamente, as máquinas ultrarrápidas de computação, e similares. Estas máquinas começaram a ser usadas muito antes da guerra – na verdade, mesmo o velho regulador da máquina a vapor encontra-se entre elas – mas a grande mecanização da Segunda Guerra Mundial deu-lhes pleno *status*, e a necessidade de manipular uma energia extremamente perigosa como a energia atômica leva-las-á provavelmente a um grau ainda mais alto de desenvolvimento. Raramente passa-se um mês sem que apareça um novo livro sobre estes chamados mecanismos de controle, ou servomecanismos, e a nossa época é verdadeiramente a era do servomecanismo, assim como o século XIX foi a era da máquina a vapor ou o século XVIII, a era do relógio.

Em síntese: os numerosos autômatos da era atual ligam-se ao mundo exterior tanto na recepção de impressões como no desempenho de ações. Contêm órgãos sensoriais, efetores, e o equivalente de um sistema nervoso para integrar a transferência de informação de um para outro. Prestam-se bem à descrição em termos fisiológicos. E quase um milagre que possam ser submetidos a uma teoria com os mecanismos da fisiologia.

A relação desses mecanismos com o tempo exige um estudo cuidadoso. É claro, sem dúvida, que a relação input-output é consecutiva no tempo e envolve uma ordem do passado para o futuro, definida. O que talvez não seja tão claro é que a teoria dos autômatos sensíveis é estatística. Raramente nos interessamos pelo desempenho de uma máquina de tecnologia de comunicação de um só input. Para funcionar de modo adequado, deve proporcionar um desempenho satisfatório para toda uma classe de inputs, e isso significa um desempenho estatístico satisfatório para a classe de inputs que estatisticamente espera receber. Deste modo, sua teoria pertence mais à mecânica estatística de Gibbs do que à mecânica clássica de Newton. Estudaremos isso com mais detalhes no capítulo dedicado à teoria da comunicação.

Assim, o autômato moderno existe no mesmo tipo de tempo bergsoniano como o organismo vivo; e, portanto, não há razão nas considerações de Bergson para que o modo essencial de funcionamento do organismo vivo não seja o mesmo que o do autômato deste tipo. O vitalismo triunfou em tal medida que até mecanismos correspondem à estrutura temporal do vitalismo; mas, como dissemos, tal vitória é uma completa derrota, pois de qualquer ponto de vista que possua a mínima relação com a moralidade ou a religião, a nova mecânica é tão plenamente mecanicista quanto à velha. Caso caiba chamar o novo ponto de vista de materialista, é em grande parte uma questão de palavras: a ascendência da matéria caracteriza uma fase da física do século XIX bem mais do que a da era presente, e o "materialismo" veio a ser pouco mais do que um sinônimo descuidado de "mecanismo". De fato, toda controvérsia mecanicista-vitalista foi relegada ao limbo de questões mal colocadas.

II. GRUPOS E MECÂNICA ESTATÍSTICA

Por volta do início do século XX, dois cientistas, um nos Estados Unidos e outro na França, estavam trabalhando segundo linhas que teriam parecido, a cada um, inteiramente desvinculadas, sem que um deles tivesse a mais remota ideia da existência do outro. Em New Haven, Willard Gibbs desenvolvia seu novo ponto de vista em mecânica estatística. Em Paris, Henri Lebesgue rivalizava com a fama de seu mestre Emile Borel pela descoberta de uma teoria revisada e mais poderosa da integração para o uso no estudo de séries trigonométricas. Os dois descobridores eram parecidos por serem, cada um, antes homens de estudo do que de laboratório, mas, a partir deste ponto, suas atitudes globais com respeito à ciência eram diametralmente opostas.

Gibbs, embora matemático, encarava a matemática como subordinada à física. Lebesgue era um analista dos mais puros, um hábil expoente dos modernos padrões extremamente exigentes do rigor matemático, e um escritor cujos trabalhos, na medida em que os conheço, não contêm um único exemplo de problema ou de método oriundos diretamente da física. Não obstante, o trabalho desses dois homens constitui uma só totalidade, onde as questões indagadas por Gibbs encontram a sua resposta, não no seu próprio trabalho, mas na obra de Lebesgue.

A ideia-chave de Gibbs é a seguinte: na dinâmica de Newton, em sua forma original, preocupamo-nos com um sistema individual, com velocidades e momentos iniciais dados, que sofrem variações de acordo com certo sistema de forças, sob as leis de Newton que ligam força e aceleração. Na vasta maioria de casos práticos, todavia, estamos longe de conhecer todas as velocidades e momentos iniciais. Caso admitamos certa distribuição inicial das posições e momentos não completamente conhecidos do sistema, isso determinará de um modo totalmente newtoniano a distribuição dos momentos e posições em qualquer tempo futuro. Então será possível fazer afirmações sobre tais distribuições, e algumas delas terão o caráter de asserções segundo as quais o sistema futuro terá certas características com probabilidade igual a um, ou certas características com probabilidade zero.

Probabilidades um e zero são noções que incluem completa certeza e completa impossibilidade, mas incluem também muita coisa mais. Se eu atirar contra um alvo um projétil com dimensões de um ponto, a chance de eu atingir qualquer ponto específico sobre o alvo será em geral zero, embora não seja impossível que eu o atinja; e, na verdade, em cada caso específico devo de fato atingir algum ponto específico, que constitui um evento de probabilidade zero. Assim, um evento de probabilidade um, a de eu atingir *algum* ponto, pode ser constituído de uma reunião de instâncias de probabilidade zero.

Não obstante, um dos processos que é utilizado na técnica da mecânica estatística de Gibbs, – embora usado implicitamente, e Gibbs em parte alguma estava claramente cônscio disso – é a resolução de uma contingência complexa numa sequência infinita de contingências mais especiais – uma primeira, uma segunda, uma terceira, e assim por diante – cada qual tendo uma probabilidade conhecida; e a expressão da probabilidade desta contingência maior como a soma das probabilidades das contingências mais especiais, que formam uma sequência infinita. Assim, *não podemos* somar probabilidades em todos os casos concebíveis, para obter uma probabilidade do evento total – pois a soma de qualquer número de zeros é zero – ao passo que *podemos* somá-las se houver um primeiro, um segundo, um terceiro membro e assim por diante, formando uma sequência de contingências na qual cada termo possui uma posição definida dada por um inteiro positivo.

A distinção entre esses dois casos envolve antes considerações sutis relativas à natureza dos conjuntos de instâncias, e Gibbs, embora um matemático pujante, nunca foi muito sutil. Pode uma classe ser infinita e ainda assim essencialmente diferente com respeito à multiplicidade de outra classe infinita, como a dos inteiros positivos? Este problema foi resolvido nos fins do século dezenove por Georg Cantor, e a resposta é "Sim". Se considerarmos todas as frações decimais distintas, exatas ou não exatas, entre 0 e 1, com número finito ou não de algarismos decimais, sabe-se que elas não podem ser arranjadas segundo a ordem 1, 2, 3, – embora, apesar de suficientemente estranho, todas as frações decimais exatas possam ser assim ordenadas. Deste modo, a distinção exigida pela mecânica estatística de Gibbs em face disso não é impossível. O serviço que Lebesgue prestou à teoria de Gibbs foi mostrar que as exigências implícitas da mecânica estatística, relativas às contingências de probabilidade zero e à soma das probabilidades de contingências podem realmente ser encontradas e que a teoria de Gibbs não envolve contradições.

A pesquisa de Lebesgue, contudo, não se baseava diretamente nas necessidades da mecânica estatística, mas naquilo que parecia ser uma teoria muito diferente, a teoria das séries trigonométricas. Isto remonta à física de ondas e vibrações do século XVIII, e à, então, controvertida questão da generalidade dos conjuntos de movimentos de um sistema linear que podem ser sintetizados a partir das simples vibrações do sistema – em outros termos, a partir daquelas vibrações, para as quais a passagem do tempo simplesmente multiplica os desvios do sistema do equilíbrio de uma quantidade, positiva ou negativa, dependente apenas do tempo e não da posição. Assim, uma função particular é expressa como a soma de uma série. Nestas séries, os coeficientes são expressos como médias do produto da função a ser representada, multiplicados por uma dada função-peso. A teoria toda depende das propriedades da média de uma série, em termos da média de um termo individual. Observe que a média de uma quantidade que vale 1 sobre um intervalo de 0 até *A*, e 0 de *A* até 1, é *A*, e pode ser encarada como a probabilidade de que o ponto aleatório possa estar no intervalo que vai de 0 até *A*, se soubermos que está entre 0 e 1. Em outras palavras, a teoria exigida para a média de uma série aproxima-se bastante da teoria exigida para uma discussão adequada de probabilidades compostas de uma sequência infinita de casos. Daí por que Lebesgue, resolvendo o seu próprio problema, também resolveu o de Gibbs.

As distribuições particulares discutidas por Gibbs têm uma interpretação dinâmica. Se considerarmos certa espécie muito geral de sistema dinâmico conservativo com *N* graus de liberdade, verificamos que as suas coordenadas de posição e velocidade podem ser reduzidas a um conjunto especial de 2*N* coordenadas, *N* das quais são chamadas coordenadas de posição generalizadas e *N*, de momentos generalizados. Estas determinam um espaço 2*N*-dimensional e definem um volume 2*N*-dimensional; e se tomarmos qualquer região deste espaço e permitirmos que os pontos fluam no curso do tempo, fato que modifica cada conjunto de 2*N* coordenadas em um novo conjunto dependente do tempo decorrido, a variação contínua dos limites da região não modificará seu volume $2N$-dimensional. Em geral, para conjuntos não tão simplesmente definidos como tais regiões, a noção de volume gera um sistema de medida do tipo Lebesgue. Neste sistema de medida, e nos sistemas dinâmicos conservativos que são transformados de modo a manter esta medida constante, há outra entidade avaliada numericamente que também permanece constante: a energia. Se todos os corpos no sistema atuam apenas um sobre o outro e não existem forças vinculadas a posições e orientações fixas no espaço, há duas outras expressões que também permanecem constantes. Ambas são vetores: a quantidade de movimento e o momento da quantidade de movimento do sistema como um todo. Eles não são difíceis de serem eliminados, de modo que o sistema é substituído por um sistema com menos graus de liberdade.

Em sistemas altamente especializados, pode haver outras quantidades não determinadas pela energia, pela quantidade de movimento e pelo momento da quantidade de movimento, que não variam enquanto o sistema se desenvolve. Contudo, sabemos que sistemas em que existe outra quantidade invariante, dependente das coordenadas iniciais e das quantidades de movimento de um sistema dinâmico, e suficientemente regular para estar sujeita ao sistema de integração baseado na medida de Lebesgue, eles são deveras muito raros num sentido absolutamente preciso[1]. Em sistemas isentos de outras quantidades invariantes, podemos fixar as coordenadas correspondentes à energia, à quantidade de movimento e ao momento total da quantidade de movimento, e no espaço das coordenadas restantes, a medida determinada pelas coordenadas de posição e da quantidade de movimento determinam por sua vez uma espécie de submedida, exatamente como a medida no espaço determinará a área de uma superfície bidimensional a partir de uma família de superfícies bidimensionais. Por exemplo, se a nossa família for a das esferas concêntricas, então o volume entre duas esferas concêntricas próximas, quando normalizadas tomando-se como 1 o volume total da região entre as duas esferas, dará no limite uma medida de área sobre a superfície de uma esfera.

Tomemos então esta nova medida numa região no espaço de fase para o qual são determinados a energia, a quantidade de movimento total, e o momento total da quantidade de movimento, e suponhamos que não haja no sistema outras quantidades mensuráveis invariantes. Suponhamos que seja constante a medida desta região restrita, ou como

1. J.C. Oxtoby; S.M. Ulam, Measure-Preserving Homeomorphisms and Metrical Transitivity, *Annals of Mathematics*, s. 2, v. 42, 1941, p. 874-920.

podemos torná-la igual a 1 por uma mudança de escala. Como a nossa medida foi obtida a partir de uma medida invariante no tempo, de um modo invariante no tempo, ela própria será invariante. Chamaremos esta medida de *medida de fase,* e as médias tomadas com respeito a ela de *médias de fase.*

Entretanto, qualquer quantidade que varie no tempo pode também possuir uma *média no tempo.* Se, por exemplo, $f(t)$ depende de t, sua média no tempo para o passado será:

$$\lim_{T \to \infty} \frac{1}{T} \int_{-T}^{0} f(t)\, dt \tag{2.01}$$

e a sua média no tempo para o futuro será

$$\lim_{T \to \infty} \frac{1}{T} \int_{0}^{T} f(t)\, dt \tag{2.02}$$

Na mecânica estatística de Gibbs, ocorrem tanto médias no tempo como médias no espaço. Foi uma ideia brilhante de Gibbs tentar provar que esses dois tipos de médias eram, em certo sentido, os mesmos. Quanto à noção de que estes dois tipos de médias estavam relacionados, Gibbs estava perfeitamente certo; e quanto ao método pelo qual tentou mostrar esta relação, estava absoluta e irremediavelmente errado. Contudo, quase não se podia censurá-lo por isto. Mesmo na época de sua morte, a fama da integral de Lebesgue apenas começava a penetrar na América. Por mais quinze anos, constituiu uma curiosidade de museu, apenas útil para provar aos jovens matemáticos as necessidades e possibilidades do rigor. Um matemático tão importante como W. F. Osgood[2] nada teria a fazer com ela até o dia de sua morte. Somente por volta de 1930, um grupo de matemáticos – Koopman, Von Neumann, Birkhoff[3] – estabeleceu finalmente os fundamentos apropriados da mecânica estatística de Gibbs. Mais adiante, veremos quais foram estes fundamentos no estudo da teoria ergódica.

O próprio Gibbs pensava que, num sistema do qual foram removidos todos os invariantes como coordenadas extras, quase todas as traje-

---

2. Não obstante, alguns dos primeiros trabalhos de Osgood representaram importante passo na direção da integral de Lebesgue.

3. Eberhard Hopf, *Ergodentheorie*, Berlin: Springer, 1937. (Col. Ergebnisse der Mathematik und ihrer Grenzgebiete, s. 2, v. 5,)

tórias de pontos no espaço de fase passavam por todas as coordenadas em tal espaço. Esta hipótese, ele chamou de *hipótese ergódica,* das palavras gregas ἔργου, "trabalho", e ὅδός, "caminho". Pois bem, em primeiro lugar, como Plancherel e outros provaram, não há caso significativo onde tal hipótese seja verdadeira. Nenhuma trajetória diferenciável pode cobrir uma área no plano, mesmo que possua comprimento infinito. Os seguidores de Gibbs, inclusive no fim talvez o próprio Gibbs, viam isso de uma maneira vaga, e substituíram esta hipótese por uma hipótese *quase-ergódica,* que simplesmente assevera que, no curso do tempo, um sistema passa em geral indefinidamente próximo de cada ponto na região do espaço de fase determinado pelos invariantes conhecidos. Não há dificuldade lógica quanto à veracidade deste fato: apenas, é de todo inadequado para as conclusões nas quais Gibbs se baseia. Esta hipótese nada afirma sobre o tempo relativo que o sistema gasta nas vizinhanças de cada ponto.

Além das noções de *média e* de *medida* – a média sobre um universo de uma função que vale 1 sobre um conjunto a ser mensurado e 0 no restante – que eram acima de tudo urgentemente necessárias, para dar sentido à teoria de Gibbs, a fim de apreciar o significado real da teoria ergódica, precisamos de uma análise mais exata da noção de *invariante,* bem como da noção de *grupo de transformação.* Tais noções eram certamente familiares a Gibbs, como o demonstra o seu estudo da análise vetorial. Todavia, é possível afirmar que ele não ponderou o pleno valor filosófico delas. Tal como seu contemporâneo Heaviside, Gibbs é um daqueles cientistas cuja argúcia físicomatemática sobrepuja, amiúde, a sua lógica, e eles estão geralmente certos, embora muitas vezes sejam incapazes de explicar como e por quê.

Para a existência de qualquer ciência, é necessário que existam fenômenos que não se apresentem isolados. Num mundo governado por uma sucessão de milagres realizados por um Deus irracional e sujeito a caprichos repentinos, seríamos forçados a esperar cada nova catástrofe em um estado de passividade perplexa. Temos um quadro de um mundo assim no jogo de croqué de *Alice no País das Maravilhas;* onde os tacos são flamingos; as bolas, ouriços que se desenrolam calmamente e se ocupam de seus próprios assuntos; os arcos, soldados dos baralhos, igualmente sujeitos a uma ação locomotora de sua própria iniciativa; e as regras são os decretos da impertinente e imprevisível Rainha de Copas.

A essência de uma regra efetiva para um jogo ou uma lei útil da física é que ela seja estabelecida de antemão, e que se aplique a mais de um caso. Idealmente, deverá representar uma propriedade do sistema discutido que permanece a mesma sob o fluxo de circunstâncias particulares. No caso mais simples, trata-se de uma propriedade que é *invariante* para um conjunto de *transformações* ao qual o sistema está sujeito. Somos levados assim a noções de *transformação, grupo de transformação* e de *invariante.*

Uma transformação de um sistema consiste em alguma alteração na qual cada elemento passa a ser outro. A modificação do sistema solar que ocorre na transição entre o tempo t_1 e o tempo t_2 é uma transformação dos conjuntos de coordenadas dos planetas. A transformação similar em sua coordenada quando deslocamos sua origem, ou sujeitamos nossos eixos geométricos a uma rotação, é uma transformação. A mudança que ocorre na escala quando examinamos um preparo sob o efeito de ampliação de um microscópio é igualmente uma transformação.

Se uma transformação B segue uma transformação A, o resultado é outra transformação, conhecida como *o produto ou resultante BA.* Observe-se que, em geral, ela depende da ordem de A e de B. Assim, se A é a transformação que leva a coordenada x para a coordenada y, e y para $-x$, enquanto z não varia; ao passo que B leva x para z, z para $-x$, enquanto y não se altera; então BA levará x para y, y para $-z$ e z para $-x$; enquanto AB levará x para z, y para $-x$ e z para $-y$. Se AB e BA forem os mesmos, diremos que A e B são *permutáveis.*

Algumas vezes, mas nem sempre, a transformação A não só levará cada elemento do sistema para um elemento, mas terá a propriedade de que cada elemento ser o resultado da transformação de um elemento. Neste caso, há uma única transformação A^{-1} tal que tanto AA^{-1} como $A^{-1}A$ constituem transformações especiais que denominamos I, *transformação identidade,* que transforma cada elemento em si próprio. Neste caso chamamos A^{-1} de *inverso* de A. É claro que A é o inverso de A^{-1}, que I é seu próprio inverso, e que o inverso de AB é $B^{-1} A^{-1}$.

Há certos conjuntos de transformações em que toda transformação pertencente ao conjunto possui um inverso, igualmente pertencente ao conjunto; e onde a resultante de duas transformações quaisquer, cada qual pertencente ao conjunto, pertence também ao conjunto. Tais conjuntos são conhecidos como *grupos de transformação.* O conjunto de todas as translações ao longo de uma reta, ou em um plano, ou em um espaço tridimensional, é um grupo de transformação; e ainda mais, é um grupo de transformação de tipo especial conhecido como *abeliano,* em que duas transformações quaisquer do grupo são permutáveis. O conjunto das rotações em torno de um ponto, e de todos os movimentos de um corpo rígido no espaço, são grupos não abelianos.

Suponhamos que se tenha alguma quantidade afixada a todos os elementos transformados por um grupo de transformação. Se tal quantidade não mudar quando cada elemento muda pela mesma transformação do grupo, qualquer que seja esta transformação, tal quantidade será denominada um *invariante do grupo.* Há várias espécies destes invariantes de grupo, dois dos quais são especialmente importantes para os nossos objetivos.

Os primeiros são os assim chamados *invariantes lineares.* Sejam os elementos transformados por um grupo abeliano termos que representaremos por x, e seja $f(x)$ uma função de valores complexos desses elementos, com certas propriedades adequadas de continuidade ou integrabilidade. Então, se Tx simboliza o elemento resultante da aplicação da transformação T ao elemento x, e se $f(x)$ é uma função de valor absoluto 1, tal que

$$f(Tx) = \alpha(T)f(x) \tag{2.03}$$

e onde $\alpha(T)$ *é* um número de valor absoluto 1 que depende apenas de T, diremos então que $f(x)$ é *um caráter* do grupo. Trata-se de um invariante do grupo em um sentido levemente generalizado. Se $f(x)$ *e* $g(x)$ são caracteres do grupo, certamente $f(x)g(x)$ também o será, bem como $[f(x)]^{-1}$. Se pudermos representar qualquer função $h(x)$ definida sobre o grupo como uma combinação linear dos caracteres do grupo, em alguma forma tal como:

$$h(x) = \sum A_k f_k(x) \tag{2.04}$$

em que $f_k(x)$ é um caráter do grupo, e $\alpha_k(T)$ é portador da mesma relação para com $f_k(x)$ como que $\alpha(T)$ para *com* $f(x)$ na Eq. 2.03, então

$$h(Tx) = \sum A_k a_k(T) f_k(x) \tag{2.05}$$

Assim, se pudermos desenvolver $h(x)$ em termos de um conjunto de caracteres de grupo, será possível desenvolver $h(Tx)$ para todo T em termos dos caracteres.

Vimos que os caracteres de um grupo geram outros caracteres por multiplicação e inversão, e pode-se ver similarmente que a constante 1 é um caráter. A multiplicação por um caráter de grupo gera, assim, um grupo de transformação dos próprios caracteres de grupo em si próprio, que é conhecido como o *grupo caráter* do grupo de origem.

Se o grupo de origem é o grupo da translação na reta infinita, de modo que o operador T muda x em $x + T$, a Eq. 2.03 torna-se

$$f(x + T) = \alpha(T)f(x) \qquad (2.06)$$

que será satisfeita se $f(x) = e^{i\lambda x}$, $\alpha(T) = e^{i\lambda T}$. Os caracteres serão as funções $e^{i\lambda x}$, e o grupo caráter será o grupo das translações que mudam λ em $\lambda + \tau$, possuindo assim a mesma estrutura que o grupo original. Tal não será o caso quando o grupo de origem consistir de rotações em torno de um círculo. Neste caso, o operador T muda x em um número entre 0 e 2π, diferindo de $x + T$ por um múltiplo inteiro de 2π, e, enquanto a Eq. 2.06 for válida, temos a condição extra segundo a qual

$$\alpha(T + 2\pi) = \alpha(T) \qquad (2.07)$$

Se pusermos agora $f(x) = e^{i\lambda x}$ como anteriormente, obteremos

$$e^{i2i\pi\lambda} = 1 \qquad (2.08)$$

significando que λ deve ser um inteiro real positivo, negativo ou nulo. Assim, o grupo caráter corresponde às translações dos números inteiros reais. Se, por outro lado, o grupo de origem é o das translações dos inteiros, x e T na Eq 2.05 estão confinados aos valores inteiros, e $e^{i\lambda x}$ envolve apenas o número entre 0 e 2π que difere de λ por um múltiplo inteiro de 2π. Assim, o grupo caráter é essencialmente o grupo das rotações em torno de um círculo.

Em qualquer grupo caráter, para um dado caráter f, *os* valores de $\alpha(T)$ se distribuem de tal modo que a distribuição não se altera quando multiplicados por $\alpha(S)$, para qualquer elemento S do grupo. Isto é, se houver qualquer base razoável para tirar uma média destes valores que não são afetados pela transformação do grupo por multiplicação de cada transformação por uma transformação fixa dentre as suas transformações, ou $\alpha(T)$ é sempre 1, ou esta média é invariante quando multiplicada por algum número que não seja 1, e deve ser zero. Pode-se concluir daí que a média do produto de qualquer caráter pelo seu conjugado (que também será um caráter) terá o valor 1, e que a média do produto de qualquer caráter pelo conjugado de outro caráter terá o valor 0. Em outros termos, se pudermos expressar $h(x)$ como na Eq. 2.04, teremos

$$A_k = \text{média}\ [h(x)\overline{f_k(x)}] \qquad (2.09)$$

No caso do grupo das rotações sobre um círculo, isto nos dá diretamente que se

$$f(x) = \sum a_n e^{inx} \qquad (2.10)$$

então

$$a_n = \frac{1}{2\pi}\int_0^{2\pi} f(x)e^{-inx}\,dx \qquad (2.11)$$

e o resultado para translações ao longo da reta infinita está intimamente relacionado com o fato de que, se em um sentido apropriado

$$f(x) = \int_{-\infty}^{\infty} \alpha(\lambda)e^{i\lambda x}\,d\lambda \qquad (2.12)$$

então, em certo sentido

$$a(\lambda) = \frac{1}{2\pi}\int_{-\infty}^{\infty} f(x)e^{-i\lambda x}\,dx \qquad (2.13)$$

Estes resultados foram aqui apresentados de modo grosseiro e sem um claro estabelecimento de suas condições de validade. Para uma apresentação mais precisa da teoria, o leitor deverá consultar a seguinte referência indicada na nota em sobrescrito[4].

Além da teoria dos invariantes lineares de um grupo, há também a teoria geral de seus invariantes métricos. Estes são os sistemas de medida de Lebesgue que não sofrem qualquer variação quando os objetos transformados pelo grupo são permutados pelos operadores do grupo. Nesta conexão, cumpre citar a interessante teoria da medida de grupo, devida a Haar[5]. Como vimos, cada grupo é por si uma coleção de objetos que são permutados quando multiplicados pelas operações do próprio grupo. Como tal, podem possuir uma medida invariante. Haar provou que certa classe de grupos, um tanto ampla, possui uma medida invariante univocamente determinada, definível em termos da estrutura do próprio grupo.

---

4. N. Wiener, *The Fourier Integral and Certain of its Aplications*, Cambridge: Cambridge University Press/Dover, 1933;

5. A. Haar, Der Massbegriff in der Theorie der Kontinuierlichen Gruppen, *Annals of Mathematich*, s. 2, v. 34, p. 147-169, 1933.

A aplicação mais importante da teoria dos invariantes métricos de um grupo de transformações é mostrar a justificação daquela intervariabilidade das médias de fase e das médias de tempo que, como já vimos, Gibbs tentou estabelecer em vão. A base sobre a qual isto foi conseguido é conhecida como a teoria ergódica.

Os teoremas ergódicos comuns partem de um conjunto *E*, que podemos considerar como de medida 1, transformado em si próprio por uma transformação *T* que conserve a medida, ou por um grupo de transformações T^λ que preservem a medida, onde $-\infty < \lambda < \infty$ é onde

$$T^\lambda . T^\mu = T^{\lambda+\mu} \tag{2.14}$$

A teoria ergódica ocupa-se com funções $f(x)$ de valores complexos dos elementos *x* de *E*. Em todos os casos, $f(x)$ é considerada como mensurável em *x*, e se estamos trabalhando com um grupo contínuo de transformações, $f(T^\lambda x)$ é tomada como mensurável em *x* e λ simultaneamente.

No teorema da média ergódica de Koopman e Von Neumann, $f(x)$ é considerada como pertencente à classe L^2; isto é,

$$\int_E |f(x)|^2 dx < \infty \tag{2.15}$$

O teorema então assevera que

$$f_N(x) = \frac{1}{N+1} \sum_{n=0}^{N} f(T^n x) \tag{2.16}$$

ou

$$f_A(x) = \frac{1}{A} \int_0^A f(T^\lambda x)\, d\lambda \tag{2.17}$$

conforme o caso, converge na média para um limite $f^*(x)$ quando $N \to \infty$ *ou* $A \to \infty$, respectivamente, no sentido de que:

$$\lim_{N\to\infty} \int_E |f^*(x) - f_N(x)|^2\, dx = 0 \tag{2.18}$$

$$\lim_{A\to\infty} \int_E |f^*(x) - f_A(x)|^2\, dx = 0 \tag{2.19}$$

E em "quase toda parte" o teorema ergódico de Birkhoff $f(x)$ é considerado como sendo da classe L; o que significa que

$$\int_E |f(x)|\, dx < \infty \qquad (2.20)$$

As funções $f_N(x)$ e $f_A(x)$ são definidas como nas equações 2.16 e 2.17. O teorema, portanto, enuncia que, exceto para um conjunto de valores de x de medida 0, existem:

$$f^*(x) = \lim_{N\to\infty} f_N\ (x) \qquad (2.21)$$

e

$$f^*(x) = \lim_{A\to\infty} f_A\ (x) \qquad (2.22)$$

Um caso muito interessante é o assim chamado *ergódico ou metricamente transitivo,* em que a transformação T ou o conjunto de transformações T^λ não deixa invariante qualquer conjunto de pontos x que possuem uma medida diferente de 1 ou 0. Neste caso, o conjunto dos valores (para cada um dos dois teoremas ergódicos) para os quais f^* assume em certo intervalou de valor é quase sempre ou 1 ou 0. Isso é impossível a menos que $f^*(x)$ seja quase sempre constante. Portanto o valor que $f^*(x)$ assume é quase sempre

$$\int_0^1 f(x)\, dx \qquad (2.23)$$

Ou seja, no teorema de Koopman, temos o limite na média

$$\underset{N\to\infty}{\text{l.i.m.}}\ \frac{1}{N+1} \sum_{n=0}^{N} f(T^n x) = \int_0^1 f(x)dx \qquad (2.24)$$

e no teorema de Birkhoff, temos

$$\lim_{N\to\infty} \frac{1}{N+1} \sum_{n=0}^{N} f(T^n x) = \int_0^1 f(x)dx \qquad (2.25)$$

exceto para um conjunto de valores de x de medida zero ou probabilidade 0. Para o caso contínuo valem resultados semelhantes. Isto constitui uma justificação adequada para o intercâmbio das médias de fase e das médias de tempo de Gibbs.

Onde a transformação T ou o grupo de transformações $T^{\boxtimes}$ forem não ergódicos, Von Neumann provou, sob condições muito gerais, que é possível reduzi-las a componentes ergódicos. Isto é, exceto para um conjunto de valores de x de medida zero, E pode ser separado em um conjunto de classes E_n finito ou enumerável e um contínuo de classes $E(y)$, tal que uma medida seja estabelecida em cada E_n e $E(y)$, que é invariante para T ou T^{λ} . Tais transformações são todas ergódicas; e se $S(y)$ for a intersecção de S com $E(y)$ e S_n com E_n, então:

$$\underset{E}{\text{medida}}\,(S) = \int \underset{E(y)}{\text{medida}}\,[S(y)]\,dy + \sum \underset{E_n}{\text{medida}}\,(S_n) \qquad (2.26)$$

Em outros termos, toda a teoria da transformação que preserva a medida é redutível à teoria das transformações ergódicas.

A teoria ergódica, como um todo, note-se de passagem, pode ser aplicada a grupos de transformações mais gerais do que aqueles isomórficos ao grupo das translações sobre uma reta. Em particular, a teoria pode ser aplicada ao grupo de translação a n dimensões. O caso tridimensional é fisicamente importante. O análogo espacial do equilíbrio temporal é a homogeneidade espacial, e teorias como a dos gases, líquidos e sólidos homogêneos, dependem da aplicação da teoria ergódica tridimensional. Incidentalmente, um grupo não ergódico de transformações de translação em três dimensões aparece como um conjunto de translações de uma mistura de estados distintos, tais que um ou outro existe em um dado tempo, e não uma mistura de ambos.

Uma das noções cardeais da mecânica estatística, que também recebe aplicação na termodinâmica clássica, é a da *entropia.* Primariamente, trata-se de uma propriedade de regiões no espaço de fase e expressa o logaritmo de sua medida de probabilidade. Por exemplo, consideremos a dinâmica de n partículas dentro de uma garrafa, dividida em duas partes, A e B. Se m partículas estão em A, *e* $n - m$ em B teremos caracterizado a região no espaço de fase, e haverá certa medida de probabilidade. O logaritmo é a entropia da distribuição: m partículas em A, $n - m$ em B. O sistema gastará a maior parte de seu tempo num estado próximo ao da maior entropia, no sentido de que, para a maior parte do tempo, aproximadamente m_1 partículas estarão em A, aproximadamente $n - m_1$, em B, onde a probabilidade da combinação m_1 em A *e* $n - m_1$ em B é um máximo. Para sistemas com grande número de partículas e estados dentro dos limites da discriminação prática, isto significa que, se tomamos um estado que não o de entropia máxima e observamos o que lhe sucede, a entropia quase sempre cresce.

Nos problemas comuns de termodinâmica da máquina a vapor, lidamos com condições nas quais temos um grosseiro equilíbrio térmico em amplas regiões como no cilindro de uma máquina a vapor. Os estados para os quais estudamos a entropia são estados que envolvem entropia máxima para uma dada temperatura e volume, para um número pequeno de regiões de volumes dados e a uma dada temperatura assumida. Mesmo as mais refinadas discussões de máquinas térmicas, particularmente de máquinas térmicas como a turbina, na qual o gás se expande de um modo mais complicado do que em um cilindro, tais condições não mudam de maneira muito radical. Podemos ainda falar de temperaturas locais, com uma aproximação bastante razoável, mesmo que nenhuma temperatura esteja determinada de modo preciso, exceto em um estado de equilíbrio e por métodos que envolvem este equilíbrio. Entretanto, na matéria viva, perdemos muito mesmo desta grosseira homogeneidade. A estrutura de um tecido proteico como aparece ao microscópio eletrônico tem alto grau de precisão e textura muito delicada. E a sua fisiologia tem certamente uma textura muito delicada também. O grau de sutileza é bem maior do que o da escala espaço-e-tempo do termômetro comum e, portanto, as temperaturas lidas pelos termômetros comuns nos tecidos vivos são médias grosseiras e não as verdadeiras temperaturas da termodinâmica. A mecânica estatística de Gibbs pode constituir perfeitamente um modelo bastante adequado do que ocorre no corpo; o quadro sugerido pela máquina a vapor comum certamente não o é. A eficiência térmica da ação muscular não significa quase nada, e certamente não significa o que parece significar.

Uma ideia muito importante na mecânica estatística é a do demônio de Maxwell. Suponhamos um gás no qual as partículas se movem por toda a parte, com uma distribuição de velocidade em equilíbrio estatístico para uma dada temperatura. Para um gás perfeito, esta é a distribuição de Maxwell. Suponha que este gás esteja contido em um recipiente rígido atravessado por uma parede, contendo uma abertura fechada por uma pequena porta, operada por um porteiro, ou um demônio antropomórfico ou um mecanismo de precisão. Quando uma partícula de velocidade maior do que a da média se aproxima da porta pelo compartimento A, ou uma partícula de velocidade menor do que a da média se aproxima da porta pelo compartimento *B*, o porteiro abre a porta, e a partícula a transpõe; mas, quando uma partícula de velocidade menor do que a da média se aproxima pelo compartimento *A* ou uma partícula de velocidade maior do que a da média se aproxima pelo compartimento B, a porta é fechada. Neste sentido, a concentração de partículas de alta velocidade aumenta no compartimento B e decresce no compartimento A. Isso produz um aparente decréscimo na entropia; de modo que, se os dois compartimentos forem agora ligados por uma máquina a vapor, poderíamos obter uma máquina de moto-perpétuo da segunda espécie.

É mais simples repelir a questão colocada pelo demônio de Maxwell do que respondê-la. Nada é mais fácil do que negar a possibilidade de tais seres ou estruturas. De fato, verificaremos que, no sentido mais estrito, os demônios de Maxwell não podem existir num sistema em equilíbrio, mas, se aceitarmos isso desde o início e, portanto, não tentarmos demonstrá-lo, perderemos uma admirável oportunidade de aprender algo sobre a entropia e sobre os possíveis sistemas físicos, químicos e biológicos.

Para que um demônio de Maxwell atue, ele deve receber informações de partículas que se aproximam quanto à sua velocidade e ao ponto de impacto na parede. Envolvam ou não tais impulsos uma transferência de energia, deverão envolver um acoplamento do demônio e do gás. Ora, a lei do incremento da entropia se aplica a um sistema completamente isolado, mas não se aplica a uma parte não isolada de tal sistema. Por conseguinte, a única entropia que nos interessa é a do sistema gás-demônio, e não a do gás sozinho. A entropia do gás é simplesmente um termo na entropia total do sistema mais amplo. Podemos encontrar termos que incluam geralmente o demônio que contribui para esta entropia total?

Podemos com certeza. O demônio só pode atuar após receber informação, e esta informação, como veremos no capítulo seguinte, representa uma entropia negativa. A informação deve ser transportada por algum processo físico, digamos alguma forma de radiação. Pode muito bem suceder que esta informação seja levada a um nível muito baixo de energia, e que a transferência de energia entre partícula e demônio seja por um tempo considerável muito menos significativa do que a transferência de informação. Entretanto, na mecânica quântica, é impossível obter qualquer informação que dê a posição ou a quantidade de movimento de uma partícula, muito menos os dois juntos, sem um efeito positivo sobre a energia da partícula examinada, a menos de um mínimo que depende da frequência da luz utilizada para o exame. Assim, todo acoplamento é estritamente um acoplamento que envolve energia, e um sistema em equilíbrio estatístico está em equilíbrio tanto em assuntos relativos à entropia como nos relativos à energia. A longo prazo, o demônio de Maxwell está por si próprio sujeito a um movimento randômico correspondente à temperatura de seu meio e, como afirma Leibniz a respeito de algumas de suas mônadas, ele recebe um grande número de pequenas impressões, até cair "numa certa vertigem", e ficar incapacitado de claras percepções. De fato, cessa de atuar como um demônio de Maxwell.

No entanto, pode haver um intervalo de tempo completamente apreciável antes de o demônio ser descondicionado, e é possível prolongar este tempo de tal maneira que podemos falar de uma fase ativa do demônio como metaestável. Não há razão para supor que demônios metaestáveis não existam de fato; na verdade, pode muito bem acontecer que as enzimas sejam demônios metaestáveis de Maxwell, a entropia decrescendo, talvez não pela separação entre partículas rápidas e lentas, mas devido a algum outro processo equivalente. Podemos encarar perfeitamente os organismos vivos, tais como o próprio Homem, sob esta luz. Certamente, a enzima e o organismo vivo são metastáveis análogos: o estado estável de uma enzima deve ser descondicionado, e o estado estável de um organismo vivo deve ser morto. Todos os catalisadores estão em última análise envenenados: modificam graus de reação, mas não o equilíbrio verdadeiro. Entretanto, catalisadores e homem possuem do mesmo modo suficientes estados definidos de metaestabilidade para fazer jus ao reconhecimento destes estados como condições relativamente permanentes.

Não quero encerrar este capítulo sem indicar que a teoria ergódica é um assunto consideravelmente mais amplo do que indicamos acima. Há certos desenvolvimentos modernos da teoria ergódica em que a medida a ser mantida invariante sob um conjunto de transformações é definida diretamente pelo próprio conjunto em vez de ser admitida de antemão. Refiro-me especialmente ao trabalho de Krylov e Bogoliubov, e a alguns trabalhos de Hurewicz e da escola japonesa.

O próximo capítulo é dedicado à mecânica estatística das séries temporais. Trata-se de outro campo no qual as condições estão muito afastadas da mecânica estatística das máquinas a vapor e que é assim muito mais adequado para servir como modelo do que ocorre no organismo vivo.

III. SÉRIES TEMPORAIS, INFORMAÇÃO E COMUNICAÇÃO

Há uma enorme classe de fenômenos nos quais o que se observa é uma quantidade numérica, ou uma sequência de quantidades numéricas, distribuídas no tempo. A temperatura registrada por um termômetro de registro contínuo, ou os fechamentos das cotações de uma ação na bolsa de ações, tomados dia a dia, ou o conjunto completo de dados publicados diariamente pelo Instituto de Meteorologia, constituem todos eles séries temporais, contínuas ou discretas, simples ou múltiplas. Tais séries temporais apresentam uma variação relativamente lenta, e são todas adequadas a um tratamento que utiliza a computação manual ou instrumentos numéricos comuns tais como réguas de cálculo e máquinas de calcular. Seu estudo pertence à parte mais convencional da teoria estatística.

O que em geral não se compreende é por que as sequências de voltagens rapidamente variantes em uma linha de telefone, em um circuito de televisão ou em uma determinada peça de um aparelho de radar, pertencem, a igual título, ao campo da estatística e das séries temporais, embora o instrumento através do qual as sequências são combinadas e modificadas deva em geral ser muito rápido em sua ação e deva, de fato, estar apto a fornecer resultados *pari passu* com as rapidíssimas alterações do input. Tais peças do aparelho – receptores de telefone, filtros de onda, dispositivos automáticos de codificação de som como o Vocoder da Bell Telephone Laboratories, redes de modulação de frequência e seus receptores correspondentes – são todas, em essência, dispositivos aritméticos de pronta ação, correspondentes ao conjunto das máquinas de calcular e dispositivos organizadores de horários e cronogramas, e do conjunto dos computadores do laboratório de estatística. A engenhosidade necessária para seu uso era de antemão parte integrante delas, tal como o é nos visores automáticos e nos disparadores de um sistema de controle de fogo antiaéreo, e pelas mesmas razões. A cadeia de operação deve trabalhar muito depressa para dar margem a quaisquer elos humanos.

Todos, séries temporais e instrumentos que lidam com elas, seja no laboratório de computação ou no circuito de telefone, devem ocupar-se com registro, conservação, transmissão e uso da informação. O que é esta informação, e como é medida? Uma das formas mais simples e mais unitárias de informação é o registro de uma escolha entre duas simples alternativas igualmente prováveis, das quais uma ou a outra é certo que ocorra – uma escolha, por exemplo, entre cara e coroa no lance de uma moeda. Denominaremos uma única escolha deste tipo de *decisão.* Se então inquirimos sobre a quantidade de informação numa medida perfeitamente precisa de uma quantidade sabidamente situada entre A e B, que pode estar em qualquer lugar deste intervalo com uma probabilidade uniforme *a priori,* veremos que se tomarmos $A = 0$ e $B = 1$, e representarmos a quantidade numa escala binária pelo número binário infinito, $a_1 a_2 a_3 \ldots a_n \ldots$, onde $a_1, a_2 \ldots$, cada um tem o valor 0 ou 1, então o número de escolhas feitas e a consequente quantidade de informação será infinita. No caso

$$. a_1 \, a_2 \, a_3 \ldots a_n \ldots = \frac{1}{2} a_1 + \frac{1}{2^2} a_2 + \ \ldots \ + \frac{1}{2^n} a_n + \ldots \qquad (3.01)$$

Todavia, nenhuma medida que de fato realizamos se efetua com perfeita precisão. Se a medida possui um erro uniformemente distribuído sobre um intervalo de comprimento $b_1 \, b_2 \ldots b_n \ldots$, onde b_k é o primeiro dígito não igual a zero, veremos que todas as decisões de a_1 até a_{k-1}, e possivelmente até a_k, são significativas, enquanto todas as decisões ulteriores não o são. O número de decisões efetuadas não está certamente longe do

$$-\log_2 . \, b_1 \, b_2 \ldots b_n \ldots \qquad (3.02)$$

e tomaremos esta quantidade como a fórmula precisa para a quantidade de informação e sua definição.

Podemos entender isto do seguinte modo: sabemos *a priori* que uma variável está entre 0 e 1, e *a posteriori* que ela está no intervalo

(a,b) dentro de $(0,1)$. Portanto, a quantidade de informação que obtemos de nosso conhecimento *a posteriori* é:

$$-\log_2 \frac{\text{medida de } (a,b)}{\text{medida de } (0,1)} \qquad (3.03)$$

Entretanto, consideremos agora o caso em que o nosso conhecimento *a priori* é que a probabilidade de certa quantidade estar entre x e $x + dx$ seja $f_1(x)\,dx$, e de que a probabilidade *a posteriori* seja $f_2(x)\,dx$. Quanto de informação nova nos dará a nossa probabilidade *a posteriori*?

Este problema consiste, em essência, associar uma largura às regiões sob as curvas $y = f_1(x)$ e $y = f_2(x)$. Deve-se notar que estamos admitindo aqui que a variável possui uma equipartição fundamental: isto é, os nossos resultados não são em geral os mesmos se substituímos x por x^3 ou por qualquer outra função de x. Como $f_1(x)$ é a densidade de probabilidade, teremos

$$\int_{-\infty}^{\infty} f_1(x)\,dx = 1 \qquad (3.04)$$

de modo que a média do logaritmo da largura da região sob $f_1(x)$ pode ser considerado como uma espécie de média da altura do logaritmo da recíproca de $f_1(x)$. Assim, uma medida[1] razoável da quantidade de informação associada à curva $f_1(x)$ será:

$$\int_{-\infty}^{\infty} [\log_2 f_1(x)]\, f_1(x)\,dx \qquad (3.05)$$

A grandeza que aqui definimos como quantidade de informação é o valor negativo da quantidade usualmente definida como entropia em situações similares. A definição que estamos dando não é a de R. A. Fisher para problemas estatísticos, embora se trate de uma definição estatística, e possa ser utilizada para substituir a definição de Fisher na técnica da estatística.

Em particular, se $f_1(x)$ é constante no intervalo (a,b) e zero fora dele,

$$\int_{-\infty}^{\infty} [\log_2 f_1(x)]\, f_1(x)\,dx = \frac{b-a}{b-a}\log_2 \frac{1}{b-a} = \log_2 \frac{1}{b-a} \qquad (3.06)$$

---

1. Aqui o autor usa uma comunicação pessoal que lhe forneceu J. von Neumann.

Usando isto para comparar a informação de que um ponto está na região (0,1) com a informação de que está na região (a, b), obtemos para a medida da diferença

$$\log_2 \frac{1}{b-a} - \log_2 1 = \log_2 \frac{1}{b-a} \tag{3.07}$$

A definição que demos para a quantidade de informação é aplicável quando a variável x é substituída por uma variável que varie em duas ou mais dimensões. No caso bidimensional, $f(x, y)$ é uma função tal que

$$\int_{-\infty}^{\infty} dx \int_{-\infty}^{\infty} dy\, f_1(x,y) = 1 \tag{3.08}$$

e a quantidade de informação vale

$$\int_{-\infty}^{\infty} dx \int_{-\infty}^{\infty} dy\, f_1(x,y) \log_2 f_1(x,y) \tag{3.081}$$

Observe-se que se $f_1(x,y)$ é da forma $\phi(x)\,\psi(y)$ e

$$\int_{-\infty}^{\infty} \phi(x)\, dx = \int_{-\infty}^{\infty} \psi(y)\, dy = 1 \tag{3.082}$$

então

$$\int_{-\infty}^{\infty} dx \int_{-\infty}^{\infty} dx\, \phi(x)\psi(y) = 1 \tag{3.083}$$

e

$$\int_{-\infty}^{\infty} dx \int_{-\infty}^{\infty} dy\, f_1(x,y) \log_2 f_1(x,y) = \int_{-\infty}^{\infty} dx\, \phi(x) \log_2 \phi(x) + \int_{-\infty}^{\infty} dy\, \psi(y) \log_2 \psi(y) \tag{3.084}$$

e a quantidade de informação de fontes independentes é aditiva.

Um problema interessante é o de determinar a informação ganha ao se fixar uma ou mais variáveis no problema. Por exemplo, suponhamos que uma variável u esteja entre x e $x+dx$ com probabilidade exp (–$x^2/2a$) $dx/\sqrt{2\pi a}$, enquanto uma variável v esteja entre os mesmos dois limites com uma probabilidade exp ($-x^2/2b$) $dx/\sqrt{2\pi b}$. Quanto de informação ganharemos com respeito a u se soubermos que $u+v=w$? Neste caso, é claro que $u = w-v$, onde w é fixo. Assumimos que são independentes as distribuições *a priori* de u e de v. Então a distribuição *a posteriore* de u é proporcional a

$$\exp\left(-\frac{x^2}{2a}\right)\exp\left[-\frac{(w-x)^2}{2b}\right] = c_1 \exp\left[-(x-c_2)^2\left(\frac{a+b}{2ab}\right)\right] \quad (3.09)$$

em que c_1 e c_2 são constantes. Ambas desaparecem na fórmula para o ganho em informação dado ao se fixar w.

O excesso de informação relativo a x quando conhecemos w como sendo aquela que temos por antecipação com o valor de

$$\frac{1}{\sqrt{2\pi\,[ab/(a+b)]}}\int_{-\infty}^{\infty}\left\{\exp\left[-(x-c_2)^2\left(\frac{a+b}{2ab}\right)\right]\right\}$$
$$\times\left[-\frac{1}{2}\log_2 2\pi\left(\frac{ab}{a+b}\right)\right] - (x-c_2)^2\left[\left(\frac{a+b}{2ab}\right)\right]\log_2 e\Bigg]\,dx$$
$$-\frac{1}{\sqrt{2\pi a}}\int_{-\infty}^{\infty}\left[\exp\left(-\frac{x^2}{2a}\right)\right]\left(-\frac{1}{2}\log_2 2\pi a - \frac{x^2}{2a}\log_2 e\right)dx$$
$$= \frac{1}{2}\log_2\left(\frac{a+b}{b}\right) \quad (3.091)$$

Observe-se que esta expressão (Eq. .091) é positiva, e que independe de w. É a metade do logaritmo da razão da soma da média dos quadrados de u e de v para com a média do quadrado de v. Se v possui apenas um pequeno intervalo de variação, a quantidade de informação relativa a u for grande devido ao conhecimento que u + v fornece, a expressão torna-se infinita quando b vai para 0.

Podemos considerar este resultado sob a seguinte luz: seja u uma mensagem e v um ruído. Então, a informação transportada por uma mensagem precisa na ausência de ruído é infinita. Na presença de ruído, todavia, esta quantidade de informação é finita, e se aproxima de 0 muito depressa à medida que o ruído aumenta de intensidade.

Dissemos que a quantidade de informação, sendo o logaritmo negativo de uma quantidade que podemos considerar como uma probabilidade, é essencialmente uma entropia negativa. É interessante provar que, na média, ela possui as propriedades que associamos com uma entropia.

Sejam ϕ (x) e ψ (x) duas densidades de probabilidades; então $[\phi(x) + \psi(x)]/2$ é também uma densidade de probabilidade. Portanto

$$\int_{-\infty}^{\infty}\frac{\phi(x)+\psi(x)}{2}\log\frac{\phi(x)+\psi(x)}{2}\,dx$$
$$\leqslant \int_{-\infty}^{\infty}\frac{\phi(x)}{2}\log\phi(x)\,dx + \int_{-\infty}^{\infty}\frac{\psi(x)}{2}\log\psi(x)\,dx \quad (3.10)$$

Isto decorre do fato de que

$$\frac{a+b}{2}\log\frac{a+b}{2} \leqslant \frac{1}{2}(a\log a + b\log b) \qquad (3.11)$$

Em outras palavras, a superposição das regiões sob $\phi(x)$ e $\psi(x)$ reduz a máxima informação pertencente a $\phi(x) + \psi(x)$. Por outro lado, se $\phi(x)$ é a densidade de probabilidade que se anula fora de (a, b),

$$\int_{-\infty}^{\infty} \phi(x) \log \phi(x)\, dx \qquad (3.12)$$

é um mínimo quando $\phi(x) = 1/(b - a)$ em (a, b) e é zero fora. Isto decorre do fato de a curva logarítmica ser convexa para cima:

Ver-se-á, como é esperado, que os processos que perdem informação, são estreitamente análogos aos processos que ganham entropia. Consistem na fusão de regiões de probabilidade que eram originalmente distintas. Por exemplo, se substituímos a distribuição de certa variável pela distribuição de uma função desta variável que assume o mesmo valor para diferentes argumentos, ou se numa função de diversas variáveis permitimos que algumas delas variem livremente no seu intervalo natural de variabilidade, perdemos informação. Nenhuma operação sobre uma mensagem pode ganhar informação na média. Temos aqui uma aplicação precisa da segunda lei da termodinâmica na engenharia das comunicações. Inversamente, a maior especificação de uma situação ambígua, na média, como veremos, ganhará, em geral, informação e nunca a perderá.

Um caso interessante sucede quando temos uma distribuição de probabilidade com uma densidade n-pla $f(x_1, x_2, \ldots, x_n)$ sobre as variáveis $(x_1, x_2, \ldots, x_n)$ e onde temos m variáveis dependentes $y_1, \ldots, y_m$. Quanto de informação se consegue fixando estas m variáveis? Em primeiro lugar, fixemo-las entre os limites y_1^*, $y_1^* + dy_1^*$; …; y_m^*, $y_m^* + dy_m^*$ Tomemos como um novo conjunto de variáveis $x_1, x_2, \ldots, x_{n-m}, y_1, y_2, \ldots, y_m$. Então, sobre o novo conjunto de variáveis, nossa função de distribuição será proporcional a $f(x_1, \ldots, x_n)$ sobre a região R dada por $y_1^* \leqslant y_1 \leqslant y_1^* + dy_1^*, \ldots, y_m^* \leqslant y_m \leqslant y_m^* + dy_m^*$ e 0 fora dela. Deste modo, a quantidade de informação obtida graças à especificação dos y será:

$$\frac{\underbrace{\int dx_1 \ldots \int}_{R} dx_n f(x_1, \ldots, x_n) \log_2 f(x_1, \ldots, x_n)}{\underbrace{\int dx_1 \ldots \int}_{R} dx_n f(x_1, \ldots, x_n)} \tag{3.13}$$

$$= \left\{ \begin{array}{c} -\int_{-\infty}^{\infty} dx_1 \ldots \int_{-\infty}^{\infty} dx_n f(x_1, \ldots, x_n) \log_2 f(x_1, \ldots, x_n) \\ \dfrac{\int_{-\infty}^{\infty} dx_1 \ldots \int_{-\infty}^{\infty} dx_{n-m} \left| J\left(\begin{array}{c} y_1^*, \ldots, y_m^* \\ (x_{n-m+1}, \ldots, x_n) \end{array} \right) \right|^{-1} \times f(x_1, \ldots, x_n) \log_2 f(x_1, \ldots, x_n)}{\int_{-\infty}^{\infty} dx_1 \ldots \int_{-\infty}^{\infty} dx_{n-m} \left| J\left(\begin{array}{c} y_1^*, \ldots, y_m^* \\ (x_{n-m+1}, \ldots, x_n) \end{array} \right) \right|^{-1} f(x_1, \ldots, x_n)} \\ -\int_{-\infty}^{\infty} dx_1 \ldots \int_{-\infty}^{\infty} dx_n f(x_1, \ldots, x_n) \log_2 f(x_1, \ldots, x_n) \end{array} \right\}$$

Intimamente relacionado a esse problema é a generalização daquilo que discutimos na Eq. 3.13; no caso que acabamos de discutir, é saber o quanto a mais temos de informação com relação apenas às variáveis $x_1, \ldots, x_{n-m}$? Aqui a densidade de probabilidade *a priori* destas variáveis é

$$\int_{-\infty}^{\infty} dx_{n-m+1} \ldots \int_{-\infty}^{\infty} dx_n f(x_1, \ldots, x_n) \tag{3.14}$$

e a densidade de probabilidade não normalizada depois de fixados os y^* vale:

$$\sum \left| J\left(\begin{array}{c} y_1^*, \ldots, y_m^* \\ (x_{n-m+1}, \ldots, x_n) \end{array} \right) \right|^{-1} f(x_1, \ldots, x_n) \tag{3.141}$$

em que Σ é tomado sobre todos os conjuntos de pontos $(x_{n-m+1}, \ldots, x_n)$ correspondentes a um dado conjunto de y^*. Nesta base, podemos facilmente escrever a solução de nosso problema, embora seja um tanto comprida. Tomando-se o conjunto $(x_1, \ldots, x_{n-m})$ como sendo uma mensagem generalizada, o conjunto $(x_{n-m+1}, \ldots, x_m)$ como sendo um ruído generalizado, e os y^* como sendo uma mensagem adulterada generalizada, verificamos que fornecemos a solução de uma generalização do problema da Expressão 3.141.

Temos, assim, no mínimo, uma solução formal de uma generalização do problema mensagem-ruído que já enunciamos. Um conjunto de observações depende de modo arbitrário de um conjunto de mensagens e ruídos com uma conhecida distribuição combinada. Desejamos apurar quantas informações tais observações fornecem com respeito apenas à mensagem. Trata-se de um problema central da engenharia da comunicação. Habilita-nos a avaliar sistemas diferentes, tais como modulação de amplitude, modulação de frequência ou modulação de fase, na medida em que diz respeito à sua eficiência na transmissão de informação. Trata-se de um problema técnico e inadequado a uma discussão pormenorizada nos quadros deste trabalho; todavia, cabem algumas observações. Em primeiro lugar, pode-se provar que, com a definição de informação aqui dada, com uma "estática" randômica no éter equidistribuído em frequência na medida em que se refere à potência, e com uma mensagem restrita a um intervalo definido de frequência e a uma definida potência de output para este intervalo, nenhum meio de transmissão de informação é mais eficiente do que a modulação de amplitude, embora outros meios possam ser igualmente eficientes. Por outro lado, a informação transmitida por estes meios não se encontra necessariamente na forma mais adequada à recepção por ouvido ou por qualquer outro receptor dado. No caso, as características específicas do ouvido e de outros receptores devem ser consideradas pelo emprego de uma teoria bastante similar à que acabamos de desenvolver. Em geral, o uso eficiente da modulação de amplitude ou de qualquer outra forma de modulação deve ser suplementado pelo uso de dispositivos de codificação adequados para transformar a informação recebida numa forma conveniente à recepção pelos receptores humanos ou ao uso pelos receptores mecânicos. Similarmente, a mensagem original deve ser codificada para a máxima compreensão na transmissão. Tal problema foi enfrentado, em parte pelo menos, no projeto do sistema Vocoder dos Bell Telephone Laboratories, e a correspondente e relevante teoria geral foi apresentada de uma forma muito satisfatória pelo dr. C. Shannon, pesquisador destes laboratórios.

É o bastante para a definição e técnica da mensuração da informação. Discutiremos agora o modo pelo qual a informação pode ser apresentada numa forma homogênea no tempo. Cabe notar que a maioria dos telefones e outros dispositivos de comunicação não se ligam realmente a uma origem particular no tempo. Há, na verdade, uma operação que parece contradizer tal fato, mas que na realidade não o faz. Trata-se da operação de modulação. Esta, na sua forma mais simples, converte uma mensagem $f(t)$ em outra da forma $f(t)$ sen$(at + b)$. Se, no entanto, encararmos o fator $sen(at + b)$ como uma mensagem extra colocada no aparelho, veremos que a situação se incluirá sob o nosso enunciado geral. A mensagem extra, que chamaremos *portador*, nada adiciona à taxa na qual o sistema está transportando informação. Toda a informação nela contida é transmitida em um intervalo de tempo arbitrariamente pequeno, e por isso nada de novo é dito.

Uma mensagem homogênea no tempo, ou, como os estatísticos a denominam, uma *série temporal* que está em equilíbrio estatístico, é assim uma função univalente ou um conjunto de funções do tempo que forma um de uma reunião de tais conjuntos com uma bem definida distribuição de probabilidade, não alterada pela variação de começo ao fim de t para $t + \tau$. Isto é, o grupo de transformações que consiste dos operadores T^{λ} que transformam $f(t)$ em $f(t + \lambda)$ deixa invariante a probabilidade do conjunto. O grupo satisfaz as propriedades tais que

$$T^{\lambda}\,[T^{\mu} f(t)] = T^{\mu+\lambda} f(t) \qquad \begin{Bmatrix} (-\infty < \lambda < \infty) \\ (-\infty < \mu < \infty) \end{Bmatrix} \tag{3.15}$$

Segue-se daí que, se $\phi\,[f(t)]$ for um "funcional" de $f(t)$ – ou seja, um número que depende de toda a história de $f(t)$ – e se a média de $f(t)$ sobre todo o conjunto for finita, estaremos em condições de usar o teorema ergódico de Birkhoff citado no capítulo anterior, e chegar à conclusão de que, exceto para um conjunto de valores de $f(t)$ de probabilidade zero, existe a média no tempo de $\phi\,[f(t)]$, ou em símbolos,

$$\lim_{A\to\infty} \frac{1}{A}\int_0^A \phi[f(t+\tau)]\,d\tau = \lim_{A\to\infty} \frac{1}{A}\int_{-A}^0 \phi[f(t+\tau)]\,d\tau \tag{3.16}$$

Aqui há mesmo algo mais que isto. Estabelecemos no capítulo anterior outro teorema de caráter ergódico, devido a Von Neumann, o qual enuncia que, exceto para um conjunto de elementos de probabilidade zero, qualquer elemento pertencente a um sistema que vai para si próprio sob um grupo de transformações preservadoras da medida como a Eq. 3.15 pertence a um subconjunto (que pode ser o conjunto inteiro) que vai para si próprio sob a mesma transformação, que tem uma medida definida sobre si mesma e também é invariante sob a transformação, e que possui a ulterior propriedade de que qualquer porção deste subconjunto cuja medida é preservada sob o grupo de transformações ou tem a máxima medida do subconjunto, ou medida zero. Se retirarmos todos os elementos exceto aqueles de um subconjunto assim, e usarmos a sua medida apropriada, verificaremos que a média no tempo (Eq. 3.16) é em quase todos os casos a média de $\phi[f(t)]$ sobre todo o espaço das funções $f(t)$; a denominada *média de fase*. Destarte, no caso de tal conjunto de funções $f(t)$, exceto em um conjunto de casos de probabilidade zero, podemos deduzir a média de qualquer parâmetro estatístico do conjunto – na verdade podemos deduzir simultaneamente qualquer conjunto enumerável de tais parâmetros do conjunto – a partir do registro de qualquer uma das componentes da série temporal, usando uma média no tempo em vez de uma média de fase. Além do mais, necessitamos conhecer apenas o passado de quase todas as séries temporais da classe. Em outros termos, dada a história inteira até o presente de uma série temporal que sabemos pertencer a um conjunto em equilíbrio estatístico, poderemos calcular com erro provável zero o conjunto inteiro de parâmetros estatísticos de um conjunto em equilíbrio estatístico, ao qual pertence esta série temporal. Até aqui, formulamos isto para séries temporais simples; é igualmente verdade, todavia, para séries temporais múltiplas, nas quais temos diversas quantidades variando simultaneamente em vez de uma única quantidade que varia.

Estamos agora em condições de discutir vários problemas concernentes às séries temporais. Delimitaremos a nossa atenção àqueles casos onde todo o passado de uma série temporal pode ser dado em termos de um conjunto enumerável de quantidades. Por exemplo, para uma ampla classe inteiramente de funções $f(t)$ $(-\infty < t < \infty)$, determinamos plenamente f quando conhecemos o conjunto completo de quantidades

$$a_n = \int_{-\infty}^{0} e^t t^n f(t)\, dt \qquad (n = 0, 1, 2, \ldots) \tag{3.17}$$

Agora, seja A alguma função dos valores de t no futuro, isto é, para argumentos maiores do que 0. Então, podemos determinar distribuições simultâneas de $(a_0, a_1, \ldots, an, A)$ do passado de quase toda série temporal simples se o conjunto dos f's for tomado no seu sentido mais estrito possível. Em particular, se $a_0, \ldots, a_n$ forem todos dados, podemos determinar a distribuição de A. Apelamos aqui ao conhecido teorema de Nikodym acerca das probabilidades condicionais. O mesmo teorema nos assegurará que tal distribuição, em circunstâncias muito gerais, tenderá para um limite quando $n \to \infty$ e esse limite fornecerá todo o conhecimento existente relativo à distribuição de qualquer quantidade futura. Podemos determinar, similarmente, a distribuição simultânea de valores de qualquer conjunto de quantidades futuras, ou qualquer conjunto de quantidades que dependam tanto do passado como do futuro, uma vez conhecido o passado. Se então tivermos dado qualquer interpretação adequada ao "*melhor* valor" de qualquer desses parâmetros estatísticos ou conjunto de parâmetros estatísticos – no sentido, talvez, de uma média, mediana ou moda – podemos calculá-lo a partir de uma distribuição conhecida, e obter uma predição para encontrar qualquer critério desejado de boa predição. Podemos computar o mérito da predição, usando qualquer base estatística desejada deste mérito – erro da média dos quadrados, erro máximo, erro absoluto médio, e assim por diante. Podemos computar a quantidade de informação relativa a qualquer parâmetro estatístico ou conjunto de parâmetros estatísticos, que a fixação do passado nos fornece. Podemos mesmo computar a quantidade total de informação que um conhecimento do passado nos fornecerá de todo o futuro além de certo ponto; embora quando esse ponto é o presente, conheceremos em geral o último a partir do passado, e o nosso conhecimento do presente conterá uma quantidade infinita de informação.

Outra situação interessante é a de uma série temporal múltipla, na qual conhecemos de modo preciso apenas os passados de algumas componentes. A distribuição de qualquer quantidade, que envolva mais do que estes passados, pode ser estudada por meios muito similares àqueles já sugeridos. Em particular, podemos desejar conhecer a distribuição de um valor de outra componente, ou um conjunto de valores de outras componentes, em algum ponto do tempo, passado, presente ou futuro. O problema geral do filtro de onda pertence a esta classe. Temos uma mensagem, conjuntamente com um ruído, combinada de algum modo com uma mensagem alterada, cujo passado conhecemos. Também conhecemos a distribuição estatística conjunta da mensagem e do ruído como séries temporais. Queremos saber qual a distribuição dos valores da mensagem em algum tempo dado, passado, presente ou futuro. Procuramos então um operador no passado da mensagem alterada, que transmitirá *melhor* esta mensagem verdadeira, em algum sentido estatístico dado. Podemos inquirir sobre a estimativa estatística de alguma medida do erro de nosso conhecimento da mensagem. Finalmente, podemos perguntar acerca da quantidade de informação que possuímos referente à mensagem.

Há um conjunto de séries temporais que é particularmente simples e central. Trata-se de um conjunto associado ao movimento browniano. O movimento browniano é o movimento de uma partícula dentro de um gás, impelida pelos impactos randômicos com outras partículas em um estado de agitação térmica. A teoria foi desenvolvida por muitos autores, entre os quais Einstein, Smoluchowski, Perrin, e o autor[2].

---

2. Raymond Edward A.C. Paley; Norbert Wiener, *Fourier Transforms in the Complex Domain*, New York: American Mathematical Society, New York, 1934. (Colloquium Publications, v. 19)

A menos que desçamos na escala do tempo para intervalos tão pequenos que os impactos individuais das partículas, uma contra a outra, sejam discerníveis, o movimento apresenta uma curiosa qualidade de indiferenciabilidade. O movimento quadrático médio em uma dada direção em um dado tempo é proporcional à duração deste tempo, e os movimentos em tempos sucessivos são completamente não correlatos. Isto está estreitamente de acordo com as observações físicas. Se normalizarmos a escala do movimento browniano para ajustá-lo à escala temporal, e considerarmos apenas uma coordenada x do movimento, e se tomarmos $x(t)$ igual a 0 para $t = 0$, então a probabilidade de que, se $0 \leqslant t_1 \leqslant t_2 \leqslant \ldots \leqslant t_n$, as partículas estejam entre x_1 e $x_1 + dx_1$, no instante t_1,, ..., entre x_n e $x_n + dx_n$ no instante t_n, é

$$\frac{\exp\left[-\frac{x_1^2}{2t_1}-\frac{(x_2-x_1)^2}{2(t_2-t_1)}-\ldots-\frac{(x_n-x_{n-1})^2}{2(t_n-t_{n-1})}\right]}{\sqrt{|(2\pi)^n t_1(t_2-t_1)\ldots(t_n-t_{n-1})|}}\,dx_1\ldots dx_n \tag{3.18}$$

Com base no sistema de probabilidade correspondente a isto, que não é ambíguo, podemos fazer com que o conjunto de trajetórias correspondentes aos possíveis movimentos brownianos diferentes dependa de um parâmetro α, contido entre 0 e 1, de modo tal que cada trajetória seja uma função $x\ (t, \alpha)$ onde x depende do tempo t e do parâmetro de distribuição α, e onde a probabilidade de que uma trajetória esteja em um certo conjunto S é a mesma que a medida do conjunto de valores de α correspondentes às trajetórias em S. Nesta base, todas as trajetórias serão contínuas e não diferenciáveis.

Uma questão muito interessante refere-se à determinação da média com respeito a α de $x(t_1, \alpha) \ldots x(t_n, \alpha)$. Ela será

$$\begin{aligned}\int_0^1 d\alpha\, x(t_1,\alpha)x(t_2,\alpha)\ldots x(tn,\alpha) \qquad (3.19)\\ = (2\pi)^{-n/2}[t_1[(t_2-t_1)\ldots(t_n-t_{n-1})^{-½}\\ \times\int_{-\infty}^{\infty}d\xi_1\ldots\int_{-\infty}^{\infty}d\xi_n\,\xi_1\xi_2\ldots\xi_n\exp\left[-\frac{\xi_1^2}{2t_1}-\frac{(\xi_2-\xi_1)^2}{2(t_2-t_1)}-\ldots\right.\\ \left.-\frac{(\xi_n-\xi_{n-1})^2}{2(t_n-t_{n-1})}\right]\end{aligned}$$

assumindo que $0 \leqslant t_1 \leqslant \ldots \leqslant t_n$. Tomemos

$$\xi_1\ldots\xi_n = \sum A_\kappa \xi_1^{\lambda\kappa,1}(\xi_2-\xi_1)^{\lambda\kappa,2}\ldots(\xi_n-\xi_{n-1})^{\lambda\kappa,n} \tag{3.20}$$

onde $\lambda_{k,1} + \lambda_{k,2} + \ldots + \lambda_{k,n} = n$. O valor da expressão na Eq. 3.19 tornar-se-á

$$\sum A_k(2\pi)^{-n/2}[t_1^{\lambda_{k,1}}(t_2 - t_1)^{\lambda_{k,2}} \ldots (t_n - t_{n-1})^{\lambda_{k,n}}]^{-1/2}$$

$$\times \prod_j \int_{-\infty}^{\infty} d\xi\, \xi^{\lambda k,j} \exp\left[-\frac{\xi^2}{2(t_j - t_{j-1})}\right]$$

$$= \sum A_k \prod_j \frac{1}{\sqrt{2\pi}} \int_{-\infty}^{\infty} \xi^{\lambda k,j_2} \exp\left(-\frac{\xi^2}{2}\right) d\xi\, (t_j - t_{j-1})^{-1/2}$$

$$= \begin{cases} (), \text{ se qualque dos } \lambda k,j \text{ for ímpar} \\ \sum\limits_k A_k \prod\limits_j (\lambda_{k,j} - 1)(\lambda_{k,j} - 3) \ldots 5.3.\, (t_j - t_{j-1})^{-1/2} \end{cases} \tag{3.21}$$

se cada $\lambda_{k,j}$ for par,

$= \sum\limits_k A_k \prod\limits_j$ (número de modos de dividir os termos $\lambda_{k,j}$ em pares) $\times (t_j - t_{j-1})^{1/2}$

$= \sum\limits_k A_k$ (número de modos de dividir n termos em pares cujos elementos pertençam ambos ao mesmo grupo de $\lambda_{k,j}$ termos nos quais λ está separado) $\times (t_j, -t_{j-1})^{1/2}$

$$= \sum_j A_j \sum \prod \int_0^1 d\alpha\, [x(t_k, \alpha) - x(t_{k-1}, \alpha)][x(t_q, \alpha) - x(t_{q-1}, \alpha)$$

Aqui, o primeiro Σ é uma soma sobre j; o segundo, sobre todos os modos de dividir n termos em blocos, respectivamente, de $\lambda_{k,1}, \ldots, \lambda_{k,n}$ números em pares; e o Π é tomado sobre aqueles pares de valores de k e q, em que $\lambda_{k,1}$ dos elementos a serem selecionados de t_k e t_q são t_1, $\lambda_{k,2}$ *são* t_2, e assim por diante. Resulta imediatamente que

$$\int_0^1 d\alpha\, x(t_1, \alpha)x(t_2, \alpha) \ldots x(t_n, \alpha) = \sum \prod \int_0^1 d\alpha\, x(t_j, \alpha)x(t_k, \alpha) \tag{3.22}$$

onde a Σ é tomada sobre todas as partições de $t_1, \ldots, t_n$ em pares distintos, e o Π sobre todos os pares em cada partição. Em outras palavras, quando conhecemos as médias dos produtos de $x(t_j, \alpha)$ pelos pares, conhecemos as médias de todos os polinomiais nessas quantidades, e assim sua distribuição estatística inteira.

Até o presente, consideramos movimentos brownianos $x(t,\alpha)$ em que t é positivo. Se colocarmos

$$\begin{aligned} \xi(t, \alpha, \beta) &= x(t, a) \qquad (t \geqslant 0) \\ \xi(t, \alpha, \beta) &= x(-t, \beta) \qquad (t < 0) \end{aligned} \tag{3.23}$$

em que α e β apresentam distribuições uniformes independentes sobre (0,1), obteremos uma distribuição de $\xi(t, \alpha, \beta,)$ onde t percorre toda a reta infinita real. Há um bem conhecido dispositivo matemático para mapear um quadrado sobre um segmento de reta, de tal modo que a área fica representada por comprimento. Tudo quanto necessitamos é escrever as nossas coordenadas no quadrado em forma decimal:

$$\left.\begin{aligned} \alpha &= .\alpha_1\alpha_2 \ldots \alpha_n \ldots \\ \beta &= .\beta_1\,\beta_2 \ldots \beta_n \ldots \end{aligned}\right\} \tag{3.24}$$

e colocar

$$\gamma = .\alpha_1\beta_1\alpha_2\beta_2 \ldots \alpha_n\beta_n \ldots$$

e obtemos um mapeamento desse tipo que é um a um para quase todos os pontos situados tanto no segmento de reta quanto no quadrado. Usando esta substituição, definimos

$$\xi(t, \gamma) = \xi(t, \alpha, \beta) \tag{3.25}$$

Queremos agora definir

$$\int_{-\infty}^{\infty} K(t) d\xi(t,\gamma) \tag{3.26}$$

O mais óbvio seria defini-la como uma integral de Stieltjes[3], mas ξ é uma função muito irregular de t e não possibilita uma definição deste tipo. Se, todavia, K cai de modo suficientemente rápido a 0 em $\pm\infty$ e for uma função suficientemente lisa, será razoável colocar

$$\int_{-\infty}^{\infty} K(t)\, d\xi\,(t, \gamma) = -\int_{-\infty}^{\infty} K'(t)\xi(t, \gamma)\, dt \tag{3.27}$$

Sob estas circunstâncias, temos formalmente

$$\begin{aligned} &\int_0^1 d\gamma \int_{-\infty}^{\infty} K_1(t)\, d\xi(t, \gamma) \int_{-\infty}^{\infty} K_2(t)\, d\xi(t, \gamma) \\ &\qquad = \int_0^1 d\gamma \int_{-\infty}^{\infty} K_1'(t)\xi(t, \gamma)\, dt \int_{-\infty}^{\infty} K_2'(t)\xi(t, \gamma)\, dt \\ &\qquad = \int_{-\infty}^{\infty} K_1'(s)\, ds \int_{-\infty}^{\infty} K_2'(t)\, dt \int_0^1 \xi(s, \gamma)\xi(s, \gamma)\, d\gamma \end{aligned} \tag{3.28}$$

3. Thomas Joannes Stieltjes, *Annales de la Fac. des Sc. de Toulouse*, 1894, p. 165; Henri Lebesgue, *Leçons sur l'Intégration*, Paris: Gauthier-Villars et Cie, 1928.

Agora, se s e t tiverem sinais opostos,

$$\int_0^1 \xi(s, \gamma)\, \xi(t, \gamma)\, d\gamma = 0 \tag{3.29}$$

mas, se tiverem os mesmos sinais, e $|s| < |t|$,

$$\begin{aligned}
\int_0^1 \xi(s, \gamma)\, \xi(t, \gamma)\, d\gamma &= \int_0^1 x(|s|, \alpha)x(|t|, \alpha)\, d\alpha \\
&= \frac{1}{2\pi\sqrt{|s|(|t| - |s|)}} \int_{-\infty}^{\infty} du \int_{-\infty}^{\infty} d\nu\; u\nu \exp\left[-\frac{u^2}{2|s|} - \frac{(\nu - u)^2}{2(|t| - |s|)}\right] \\
&= \frac{1}{\sqrt{2\pi|s|}} \int_{-\infty}^{\infty} u^2 \exp -\left(\frac{u^2}{2|s|}\right) du \\
&= |s| \frac{1}{\sqrt{2\pi}} \int_{-\infty}^{\infty} u^2 \exp\left(-\frac{u^2}{2}\right) du = |s|
\end{aligned} \tag{3.30}$$

Assim:

$$\begin{aligned}
&\int_0^1 d\gamma \int_{-\infty}^{\infty} K_1(t)\, d\xi(t, \gamma) \int_{-\infty}^{\infty} K_2(t)\, d\xi(t, \gamma) \\
&\quad = -\int_0^{\infty} K_1'(s)\, ds \int_0^s tK_2'(t)\, dt - \int_0^{\infty} K_2'(s)\, ds \int_0^s tK_1'(t)\, dt \\
&\quad + \int_{-\infty}^{0} K_1'(s)\, ds \int_s^0 tK_2'(t)\, dt + \int_{-\infty}^{0} K_2'(s)\, ds \int_s^0 tK_1'(t)\, dt \\
&= -\int_0^{\infty} K_1'(s)\, ds \left[sK_2(s) - \int_0^s K_2(t)\, dt\right] \\
&\quad - \int_0^{\infty} K_2'(s)\, ds \left[sK_1(s) - \int_0^s K_1(t)\, dt\right] \\
&\quad + \int_{-\infty}^{0} K_1'(s)\, ds \left[-sK_2(s) - \int_s^0 K_2(t)\, dt\right] \\
&\quad + \int_{-\infty}^{0} K_2'(s)\, ds \left[-sK_1(s) - \int_s^0 K_1(t)\, dt\right] \\
&= -\int_{-\infty}^{\infty} s d\,[K_1(s)K_2(s)] = \int_{-\infty}^{\infty} K_1(s)K_2(s)\, ds
\end{aligned} \tag{3.31}$$

Em particular,

$$\int_0^1 d\gamma \int_{-\infty}^{\infty} K(t+\tau_1)\, d\xi(t,\gamma) \int_{-\infty}^{\infty} K(t+\tau_2)\, d\xi(t,\gamma)$$

$$= \int_{-\infty}^{\infty} K(s)K(s+\tau_2-\tau_1)\, ds \tag{3.32}$$

Além disso,

$$\int_0^1 d\gamma \prod_{k=1}^{n} \int_{-\infty}^{\infty} K(t+\tau_k)\, d\xi(t,\gamma)$$

$$= \Sigma \prod \int_{-\infty}^{\infty} K(s)\, K(s+\tau_j+\tau_k)\, ds \tag{3.33}$$

em que a soma se estende a todas as partições de $\tau_1, \ldots, \tau_n$ em pares, e o produto é sobre os pares em cada partição.

A expressão

$$\int_{-\infty}^{\infty} K(t+\tau)\, d\xi(\tau,\gamma) = ds\, f(t,\gamma) \tag{3.34}$$

representa um conjunto muito importante de séries temporais na variável t, dependendo de um parâmetro de distribuição γ. Acabamos de mostrar o que adiciona à afirmação de que todos os momentos e, portanto, todos os parâmetros estatísticos desta distribuição dependem da função

$$\phi(\tau) = \int_{-\infty}^{\infty} K(s)K(s+\tau)\, ds$$

$$= \int_{-\infty}^{\infty} K(s+t)K(s+t+\tau)\, ds \tag{3.35}$$

que é a função de autocorrelação do estatístico com retardamento τ. Assim as estatísticas da distribuição de $f(t, \gamma)$ são as mesmas que as estatísticas da distribuição de $f(t + t_1, \gamma)$; e pode-se provar de fato que se

$$f(t+t_1,\gamma) = f(t,\Gamma) \tag{3.36}$$

então a transformação de γ em Γ preserva a medida. Em outros termos, a nossa série temporal $f(t, \gamma)$ está em equilíbrio estatístico.

Além do mais, se considerarmos a média de

$$\left[\int_{-\infty}^{\infty} K(t-\tau)\, d\xi(t,\gamma)\right]^m \left[\int_{-\infty}^{\infty} K(t+\sigma-\tau)\, d\xi(t,\gamma)\right]^n \tag{3.37}$$

ela consistirá precisamente de termos em

$$\int_0^1 d\gamma \left[\int_{-\infty}^{\infty} K(t-\tau)\, d\xi(t,\gamma)\right]^m \int_0^1 d\gamma \left[\int_{-\infty}^{\infty} K(t+\sigma-\tau)\, d\xi(t,\gamma)\right]^n \quad (3.38)$$

juntamente com um número finito de termos que envolvem, como fatores, potências de

$$\int_{-\infty}^{\infty} K(\sigma+\tau)K(\tau)\, d\tau \quad (3.39)$$

e se isto tende a 0 quando $\sigma \to \infty$, a Expressão 3.38 será o limite da Expressão 3.37 nestas circunstâncias. Em outros termos, $f(t, \gamma)$ *e* $f(t + \sigma, \gamma)$ são assintoticamente independentes em suas distribuições quando $\sigma \to \infty$. Por meio de um argumento expresso de forma mais geral, porém inteiramente similar, pode-se provar que a distribuição simultânea de $f(t_1, \gamma), \ldots, f(t_n, \gamma)$ e de $f(\sigma + s_1,), \ldots, f(\sigma + s_m, \gamma)$ tende para a distribuição conjunta do primeiro e segundo conjuntos quando $\sigma \to \infty$. Em outras palavras, qualquer funcional mensurável limitado, ou quantidade dependente de toda a distribuição dos valores da função de t, $f(t, \gamma)$, que podemos escrever na forma $\mathcal{F}[f(t, \gamma)]$deve ter a propriedade

$$\lim_{\sigma\to\infty} \int_0^1 \mathcal{F}[f(t-\gamma)]\, \mathcal{F}[f(t+\sigma,\gamma)]\, d\gamma = \left\{\int_0^1 \mathcal{F}[f(t-\gamma)]\, d\gamma\right\}^2 \quad (3.40)$$

Se agora $\mathcal{F}[f(t, \gamma)]$ for invariante sob uma translação de t, e somente assumir os valores 0 ou 1, teremos

$$\int_0^1 \mathcal{F}[f(t,\gamma)]\, d\gamma = \int_0^1 \left\{\mathcal{F}[f(t,\gamma)]\, d\gamma\right\}^2 \quad (3.41)$$

de modo que o grupo de transformação de $f(t, y)$ em $f(t + \sigma, y)$ *é metricamente transitivo.* Segue-se que se $\mathcal{F}[f(t, \gamma)]$ é qualquer funcional integrável de f como uma função de t, então pelo teorema ergódico

$$\begin{aligned}\int_0^1 \mathcal{F}[f(t,\gamma)]\, d\gamma &= \lim_{T\to\infty} \frac{1}{T}\int_0^T \mathcal{F}[f(t,\gamma)]\, dt \\ &= \lim_{T\to\infty} \frac{1}{T}\int_{-T}^0 \mathcal{F}[f(t,\gamma)]\, dt \quad (3.42)\end{aligned}$$

para todos os valores de y exceto para um conjunto de medida nula. Isto é, podemos quase sempre extrair qualquer parâmetro estatístico de uma série temporal deste tipo e, sem dúvida, qualquer conjunto enumerável de parâmetros estatísticos da história passada de um único exemplo. Realmente, para uma série temporal deste tipo, quando conhecemos

$$\lim_{T\to\infty} \frac{1}{T} \int_{-T}^{0} f(t, \gamma) f(t-\tau, \gamma)\, dt \tag{3.43}$$

também conhecemos $\phi(t)$ em quase cada caso, e temos um conhecimento estatístico completo da série temporal.

Há certas quantidades dependentes de uma série temporal deste tipo que possuem propriedades absolutamente interessantes. Em particular, vale conhecer a média de

$$\exp\left[i \int_{-\infty}^{\infty} K(t)\, d\xi(t, \gamma) \right] \tag{3.44}$$

Formalmente, isto pode ser assim escrito

$$\begin{aligned}
&\int_0^1 dy \sum_{n=0}^{\infty} \frac{i^n}{n!} \left[\int_{-\infty}^{\infty} K(t)\, d\xi(t, \gamma) \right]^n \\
&= \sum_m \frac{(-1)^m}{(2m)!} \left\{ \int_{-\infty}^{\infty} [K(t)]^2\, dt \right\}^m (2m-1)(2m-3)\ldots 5.3.1 \\
&= \sum_m^{\infty} \frac{(-1)^m}{2^m m!} \left\{ \int_{-\infty}^{\infty} [K(t)]^2\, dt \right\}^m \\
&= \exp\left\{ -\frac{1}{2} \int_{-\infty}^{\infty} [K(t)]^2\, dt \right\}
\end{aligned} \tag{3.45}$$

Trata-se de um problema muito interessante tentar construir uma série temporal tão geral quanto possível a partir da série do simples movimento browniano. Em tais construções, o exemplo dos desenvolvimentos de Fourier sugere que expansões como a Expressão 3.44 são blocos de construção convenientes para semelhante propósito. Em particular, investiguemos as séries temporais da forma especial

$$\int_a^b d\lambda \exp\left[i \int_{-\infty}^{\infty} K(t+\tau, \lambda)\, d\xi(\tau, \gamma) \right] \tag{3.46}$$

Suponhamos que se conheça $\xi(\tau, \gamma)$ bem como a Expressão 3.46. Então, como na Eq. 3.45, se $t_1 > t_2$

$$\begin{aligned}
&\int_0^1 d\gamma \exp\left\{ is[\xi(t_1, \gamma) - \xi(t_2, \gamma)] \right\} \\
&\quad \times \int_a^b d\lambda \exp\left[i \int_{-\infty}^{\infty} K(t+\tau, \lambda)\, d\xi(t, \gamma) \right]
\end{aligned}$$

$$= \int_a^b d\lambda \exp\left\{-\frac{1}{2}\int_{-\infty}^{\infty} [K(t+\tau,\lambda)]^2\, dt - \frac{s^2}{2}(t_2 - t_1) - s\int_{t_2}^{t_1} K(t,\lambda)\, dt\right\} \tag{3.47}$$

Se agora multiplicarmos por exp $[s^2 (t_2 - t_1)/2]$, seja $s(t_2 - t_1) = i\sigma$, e fazendo $t_2 \to t_1$, obteremos

$$\int_a^b d\lambda \exp\left\{-\frac{1}{2}\int_{-\infty}^{\infty} [K(t+\tau,\lambda)]^2\, dt - i\sigma K(t_1,\lambda)\right\} \tag{3.48}$$

Tomemos $K(t_1, \lambda)$ e uma nova variável independente μ e resolvamos para λ, obtendo

$$\lambda = Q\,(t_1, \mu) \tag{3.49}$$

Então a Expressão 3.48 torna-se

$$\int_{K(t_1,a)}^{K(t_1,b)} e^{i\mu\sigma}\, d\mu\, \frac{\delta Q(t_1,\mu)}{\delta\mu} \exp\left(-\frac{1}{2}\int_{-\infty}^{\infty} \{K[t+\tau, Q(t_1,\mu)]\}^2\, dt\right) \tag{3.50}$$

A partir disso, por uma transformação de Fourier, podemos determinar

$$\frac{\delta Q(t_1,\mu)}{\delta\mu} \exp\left(-\frac{1}{2}\int_{-\infty}^{\infty} \{K[t+\tau, Q(t_1,\mu)]\}^2\, dt\right) \tag{3.51}$$

como uma função de μ quando μ está entre $K(t_1, a)$ *e* $K(t, b)$. Se integrarmos esta função com respeito a μ, determinaremos

$$\int_a^\lambda d\lambda \exp\left\{-\frac{1}{2}\int_{-\infty}^{\infty} [K(t+\tau,\lambda)]^2\, dt\right\} \tag{3.52}$$

como uma função de $K(t_1, \lambda)$ e t_1. Isto é, há uma função conhecida $F(u, \nu)$, tal que

$$\int_a^\lambda d\lambda \exp\left\{-\frac{1}{2}\int_{-\infty}^{\infty} [K(t+\tau,\lambda)]^2\, dt\right\} = F[K(t_1,\lambda), t_1] \tag{3.53}$$

Como o lado esquerdo desta equação não depende de t_1, podemos escrevê-la como $G(\lambda)$, e por

$$F[K(t_1,\lambda), t_1] = G(\lambda) \tag{3.54}$$

Aqui, F é uma função conhecida, e podemos invertê-la com respeito ao primeiro argumento e por

$$K(t_1, \lambda) = H[G(\lambda), t_1] \tag{3.55}$$

que também é uma função conhecida. Então

$$G(\lambda) = \int_a^\lambda d\lambda \exp\left(-\frac{1}{2}\int_{-\infty}^{\infty}\{H[G(\lambda), t+\tau]\}^2\, dt\right) \tag{3.56}$$

Então a função

$$\exp\left\{-\frac{1}{2}\int_{-\infty}^{\infty}[H(u,t)]^2\, dt\right\} = R(u) \tag{3.57}$$

será uma função conhecida, e

$$\frac{dG}{d\lambda} = R(G) \tag{3.58}$$

Isto é,

$$\frac{dG}{R(G)} = d\lambda \tag{3.59}$$

ou

$$\lambda = \int \frac{dG}{R(G)} + \text{const.} = S(G) + \text{const.} \tag{3.60}$$

Esta constante será dada por

$$G(a) = 0 \tag{3.61}$$

ou

$$a = S(0) + \text{const.} \tag{3.62}$$

É fácil ver que se a for finito, não importa o valor que lhe atribuirmos; pois o nosso operador não se altera se somarmos uma constante a todos os valores de λ. Podemos torná-lo, pois, igual a zero. Assim, determinamos como uma função de G e, portanto, G como uma função de λ. Destarte, pela Equação 3.55, acabamos de determinar $K(t, \lambda)$. Para terminar a determinação da Expressão 3.46, necessitamos apenas saber o valor de b. Este pode ser determinado, entretanto, por uma comparação de

$$\int_a^b d\lambda \exp\left\{-\frac{1}{2}\int_{-\infty}^{\infty}[K(t,\lambda)]^2\, dt\right\} \tag{3.63}$$

com

$$\int_0^1 d\gamma \int_a^b d\lambda \exp\left\{i\int_{-\infty}^{\infty}[K(t,\lambda)]d\xi\,(t,\gamma)\right\} \tag{3.64}$$

Assim, sob certas circunstâncias que ainda precisam ser definitivamente formuladas, se uma série temporal pode ser escrita na forma da Expressão 3.46 e se conhecemos igualmente $\xi(t, \gamma)$ podemos determinar a função $K(t, \lambda)$ na Expressão 3.46 e os números a e b, exceto para uma constante indeterminada aditada a a, λ e b. Não há dificuldade extra se $b = +\infty$, e não é difícil estender o raciocínio para o caso de $a = -\infty$. De fato, resta ainda um bocado de trabalho a fazer para discutir o problema da inversão das funções invertidas quando os resultados não são univalentes e as condições gerais de validade das respectivas expansões. Ainda assim, demos pelo menos um primeiro passo para a solução do problema de reduzir uma ampla classe de séries temporais a uma forma canônica, e isto é da maior importância para a aplicação formal concreta das teorias de predição e de medida da informação, como as que delineamos antes neste capítulo.

Há ainda uma limitação óbvia que deveremos remover desta abordagem da teoria de séries temporais: a necessidade que temos de conhecer $\xi(t, \gamma)$ bem como das séries temporais que estamos expandindo na forma da Expressão 3.46. A questão é a seguinte: sob que circunstâncias é possível representar uma série temporal de conhecidos parâmetros estatísticos como os determinados pelo movimento browniano; ou, no mínimo, como o limite em algum sentido ou outro de séries temporais determinadas por movimentos brownianos? Circunscrever-nos-emos a séries temporais dotadas da propriedade da transitividade métrica, e da propriedade mais forte mesmo, de que, se tomarmos intervalos de comprimento fixo, porém distantes no tempo, as distribuições de quaisquer funcionais dos segmentos da série temporal nestes intervalos aproximam-se da independência à medida que os intervalos retrocedem uns dos outros[4]. A teoria a ser aqui desenvolvida já foi esboçada pelo autor.

Se $K(t)$ for uma função suficientemente contínua, será possível demonstrar que os zeros de

4. Trata-se da propriedade miscigenante de Koopman que é o pressuposto ergódico necessário e suficiente para justificar a mecânica estatística.

$$\int_{-\infty}^{\infty} K(t + \tau)]d\xi\ (\tau, \gamma) \tag{3.65}$$

possuem quase sempre uma densidade definida, devido a um teorema de M. Kac, e que esta densidade pode ficar tão grande quanto desejarmos por uma escolha apropriada de K. Seja K_D selecionado de modo que a sua densidade seja D. Então a sequência de zeros de

$\int_{-\infty}^{\infty} K_D(t + \tau)]d\xi\ (\tau, \gamma)$ de $-\infty$ a ∞ será denominada $Z_n(D, \gamma)$, $-\infty < n < \infty$.

De fato, na enumeração destes zeros, n é determinado a menos de uma constante aditiva inteira.

Agora, seja $T(t, \mu)$ uma série temporal qualquer na variável contínua t, enquanto μ é um parâmetro de distribuição da série temporal, variando uniformemente sobre (0,1). Então, seja

$$T_D(t, \mu, \gamma) = T[t - Z_n(D, \gamma), \mu] \tag{3.66}$$

onde o Z_n considerado é exatamente aquele que precede t. Poder-se-á constatar que para qualquer conjunto finito de valores $t_1, t_2, \ldots t_\nu$ de x a distribuição simultânea de $T_D(t_\kappa, \mu, \gamma)$ ($\kappa = 1, 2, \ldots, \nu$) se aproximará da distribuição simultânea de T para os mesmos t_κ, quando $D \to \infty$, para quase todos os valores de μ. Entretanto, $T_D(t, \mu, \gamma)$ fica completamente determinado por t, μ, D e $\xi(\tau, \gamma)$. Logo, não é inapropriado tentar expressar $T_D(t, \mu, \gamma)$, para um dado D e um dado..., quer diretamente na forma da Expressão 3.46 ou de algo modo ou outro como uma série temporal que possui uma distribuição que é um limite (no sentido frouxo que acabamos de dar) de distribuições dessa forma.

Deve se admitir que se trata de um programa a ser desenvolvido no futuro, mais do que um que podemos considerar já pronto. Todavia, é o programa que, na opinião do autor, oferece a melhor esperança para um tratamento consistente e racional dos muitos problemas associados à predição não linear, à filtragem não linear, às situações não lineares de avaliação de transmissão de informação, e à teoria de gases densos e turbulência. Entre tais problemas, os que mais pressionam talvez sejam aqueles que cobrem a engenharia de comunicação.

Chegamos agora, ao problema da predição para séries temporais da forma da Eq. (3.34). Vemos, que o único parâmetro estatístico independente da série temporal é $\Phi(t)$, como dado pela Eq. (3.35); isto significa que, a única quantidade significativa conectada com $K(t)$ é

$$\int_{-\infty}^{\infty} K(s)\, K(s+t)\, ds \tag{3.67}$$

Aqui, sem dúvida, K é real.

Coloquemos

$$K(s) = \int_{-\infty}^{\infty} k(\omega) e^{i\omega s}\, d\omega \tag{3.68}$$

empregando a transformação de Fourier. Conhecer K (s) é conhecer k (ω), e vice e versa. Então,

$$\frac{1}{2\pi}\int_{-\infty}^{\infty} K(s)\, K(s+\tau)\, ds = \int_{-\infty}^{\infty} k(\omega)k(-\omega)e^{i\omega\tau}\, d\omega \tag{3.69}$$

Assim, o conhecimento de $\Phi(\tau)$ é equivalente ao conhecimento de $k(\omega)\, k(-\omega)$.Entretanto, visto que $K(s)$ é real

$$K(s) = \int_{-\infty}^{\infty} \overline{k(\omega)} e^{-i\omega s}\, d\omega \tag{3.70}$$

de onde $k(\omega) = k(-\omega)$. Assim, $|k(\omega)|^2$ é uma função conhecida, significando que a parte real do log $|k(\omega)|$ é uma função conhecida.

Se escrevermos

$$F(\omega) = \mathscr{R}\{\log[k(\omega)]\} \tag{3.71}$$

então, a determinação de $K(s)$ é equivalente à determinação da parte imaginária de log $k(\omega)$. Esse problema não é determinado a menos que se ponha uma restrição ulterior a $k(\omega)$. O tipo de restrição que devemos por é tal que log $k(s)$ seja analítica e com uma taxa de crescimento suficientemente pequena para ω no semiplano superior. A fim de fazer esta restrição, deve-se assumir que, $k(\omega)$ e $[k(\omega)]^{-1}$ tenham crescimento algébrico no eixo real. Então, $[F(\omega)]^2$ deverá ser uma função par e no máximo logaritmicamente infinita, e o valor principal de Cauchy de

$$G(\omega) = \frac{1}{\pi}\int_{-\infty}^{\infty} \frac{F(u)}{u-\omega}\, du \tag{3.72}$$

existirá. A transformação indicada pela Eq. (3.72), conhecida como transformação de Hilbert, troca cos $\lambda\omega$ em sen $\lambda\omega$ e sen $\lambda\omega$ e sen $\lambda\omega$ em – cos $\lambda\omega$. Assim, $F(\omega) + iG(\omega)$ é uma função da forma

$$\int_{-\infty}^{\infty} e^{i\lambda\omega}\, d[M(\lambda)] \tag{3.73}$$

e satisfaz a condição requerida para log $|k(\omega)|$ no semiplano inferior. Se pusermos agora

$$k(\omega) = \exp\,[F(\omega) + iG(\omega)] \tag{3.74}$$

poder-se-á mostrar que $k(\omega)$ é uma função que, sob condições muito gerais, será tal que K(s), como foi definida na Equação 3.68, se anula para todos os argumentos negativos. Assim,

$$f(t, \gamma) = \int_{-\infty}^{\infty} K(t + \tau)\, d\xi(\tau, \gamma) \tag{3.75}$$

Por outro lado, pode-se provar que é possível escrever $1/\kappa(\omega)$ na forma

$$\lim_{n\to\infty} \int_{-\infty}^{\infty} e^{i\lambda\omega}\, dN_n(\lambda) \tag{3.76}$$

em que os N_n são devidamente determinados; e que isto pode ser feito de tal modo que

$$\xi(\tau, \gamma) = \lim_{n\to\infty} \int_0^{\tau} dt \int_{-t}^{\infty} Q_n(t + \sigma)\, f(\sigma, \gamma)\, d\sigma \tag{3.77}$$

No caso os Q_n devem ter a propriedade formal tal que

$$f(t, \gamma) = \lim_{n\to\infty} \int_{-t}^{\infty} K(t + \tau)\, d\tau \int_{-\tau}^{\infty} Q_n(\tau + \sigma)\, f(\sigma, \gamma)\, d\sigma \tag{3.78}$$

Em geral, teremos

$$\psi(t) = \lim_{n\to\infty} \int_{-t}^{\infty} K(t + \tau)\, d\tau \int_{-\tau}^{\infty} Q_n(\tau + \sigma)\, \psi(\sigma)\, d\sigma \tag{3.79}$$

ou se escrevermos (como na Eq. 3.68)

$$K(s) = \int_{-\infty}^{\infty} k(\omega) e^{i\omega s}\, d\omega$$

$$Q_n(s) = \int_{-\infty}^{\infty} q_n(\omega) e^{i\omega s}\, d\omega$$

$$\psi(s) = \int_{-\infty}^{\infty} \psi(\omega) e^{i\omega s}\, d\omega \tag{3.80}$$

então

$$\psi(\omega) = \lim_{n\to\infty} (2\pi)^{3/2}\, \psi(\omega) q_n(-\,\omega) k(\omega) \tag{3.81}$$

Assim,

$$\lim_{n\to\infty} q_n(-\omega) = \frac{1}{(2\pi)^{3/2}\, k(\omega)} \tag{3.82}$$

Esse resultado será útil à obtenção do operador de predição numa forma que inclui antes a frequência do que o tempo.

Destarte o passado e o presente de $\xi\ (t, y)$, ou propriamente a "diferencial" $d\xi(t, \gamma)$, determina o passado e o presente de $f(t, \gamma)$, e vice-versa.

Agora, se $A > 0$

$$\begin{aligned} f(t, +A, \gamma) &= \int_{-t-A}^{\infty} K(t + A + \tau)\, d\xi(\tau, \gamma) \\ &= \int_{-t-A}^{-t} K(t + A + \tau)\, d\xi(\tau, \gamma) \\ &\quad + \int_{-t}^{\infty} K(t + A + \tau)\, d\xi(\tau, \gamma) \end{aligned} \tag{3.83}$$

Neste caso o primeiro termo da última expressão depende de um intervalo de variação de $d\xi(t, \gamma)$ para o qual um conhecimento de $f(\sigma, \gamma)$ para $\sigma \leqslant t$ nada nos diz, e é inteiramente independente do segundo termo. Seu valor da média de seus quadrados é

$$\int_{-t-A}^{t} [K(t + A + \tau)]^2\, d\tau = \int_{0}^{A} [K(\tau)]^2\, d\tau \tag{3.84}$$

e isso nos diz tudo que há para se saber a seu respeito estatisticamente. Pode-se provar que possui uma distribuição gaussiana com esse valor médio dos quadrados. É o erro da melhor predição possível de $f(t + A, \gamma)$.

A melhor predição possível por sua vez é o último termo da Equação 3.83,

$$\begin{aligned} &\int_{-t}^{\infty} K(t + A + \tau)\, d\xi(\tau, \gamma) \\ &= \lim_{n\to\infty} \int_{-t}^{\infty} K(t + A + \tau)\, d\tau \int_{-\tau}^{\infty} Q_n(\tau + \sigma)\, f(\sigma, \gamma)\, d\sigma \end{aligned} \tag{3.85}$$

Se colocarmos agora

$$k_A(\omega) = \frac{1}{2\pi} \int_0^{\infty} k(t + A) e^{-i\omega t}\, dt \tag{3.86}$$

e aplicarmos o operador da Equação 3.85 a $e^{i\omega t}$, obteremos

$$= \lim_{n\to\infty} \int_{-t}^{\infty} K(t + A + \tau)\, d\tau \int_{-\tau}^{\infty} Q_n(\tau + \sigma)\, e^{i\omega\sigma}\, d\sigma = A(\omega)e^{i\omega t} \quad (3.87)$$

descobriremos (de algum modo como na Equação 3.81) que

$$\begin{aligned} A(\omega) &= \lim_{n\to\infty} (2\pi)^{3/2}\, q_n(-\omega)k_A(\omega) \\ &= k_A(\omega)/k(\omega) \\ &= \frac{1}{2\pi k(\omega)} \int_A^{\infty} e^{-i\omega(t-A)}\, dt \int_{-\infty}^{\infty} k(u)e^{iut}\, du \end{aligned} \quad (3.88)$$

Esta é então a forma da frequência do operador de melhor predição.

O problema da filtragem no caso de séries temporais tal como a Equação 3.34 está intimamente aliado ao problema da predição. Seja a nossa mensagem mais ruidosa da forma

$$m(t) + n(t) = \int_0^{\infty} K(\tau)\, d\xi(t - \tau, \gamma) \quad (3.89)$$

e seja a mensagem da forma

$$m(t) = \int_{-\infty}^{\infty} Q(\tau)\, d\xi(t - \tau, \gamma) + \int_{-\infty}^{\infty} R(\tau)\, d\xi(t - \tau, \delta) \quad (3.90)$$

em que γ e δ estão distribuídos independentemente sobre (0,1). Então a parte previsível de $m(t + a)$ é claramente

$$\int_0^{\infty} Q(\tau + a)\, d\xi(t - \tau, \gamma) \quad (3.901)$$

e o erro médio quadrático da predição vale

$$\int_{-\infty}^{a} [Q(\tau)]^2\, d\tau + \int_{-\infty}^{\infty} [R(\tau)]^2\, d\tau \quad (3.902)$$

Além do mais suponhamos que se conheçam as seguintes quantidades:

$$\begin{aligned} \phi_{22}(t) &= \int_0^1 d\gamma \int_0^1 d\delta\; n(t + \tau)n(\tau) \\ &= \int_{-\infty}^{\infty} [K(|t| + \tau) - Q(|t| + \tau)][K(\tau) - Q(\tau)]\, d\tau \\ &= \int_0^{\infty} [K(|t| + \tau) - Q(|t| + \tau)][K(\tau) - Q(\tau)]\, d\tau \end{aligned}$$

$$+ \int_{-|t|}^{0} [K(|t| + \tau) - Q(|t| + \tau)][- Q(\tau)]\, d\tau$$

$$+ \int_{-\infty}^{-|t|} Q(|t| + \tau) Q(\tau)\, d\tau + \int_{-\infty}^{\infty} R(|t| + \tau) Q(\tau)\, d\tau$$

$$= \int_{0}^{\infty} K(|t| + \tau)\, K(\tau)\, d\tau - \int_{-|t|}^{\infty} R(|t| + \tau) R(\tau)\, d\tau$$

$$+ \int_{-\infty}^{\infty} Q(|t| + \tau) Q(\tau)\, d\tau + \int_{-\infty}^{\infty} R(|t| + \tau) R(\tau)\, d\tau \qquad (3.903)$$

$$\phi_{11}(\tau) = \int_{0}^{1} d\gamma \int_{0}^{1} d\delta\, m(|t| + \tau) m(\tau)$$

$$= \int_{-\infty}^{\infty} Q(|t| + \tau) Q(\tau)\, d\tau + \int_{-\infty}^{\infty} R(|t| + \tau) R(\tau)\, d\tau \qquad (3.904)$$

$$\phi_{12}(\tau) = \int_{0}^{1} d\gamma \int_{0}^{1} d\delta\, m(t + \tau) n(\tau)$$

$$= \int_{0}^{1} d\gamma \int_{0}^{1} d\delta\, m(t + \tau)[m(\tau) + n(\tau)] - \phi_{11}(\tau)$$

$$= \int_{0}^{1} d\gamma \int_{-t}^{\infty} K(\sigma + t)\, d\xi(\tau - \sigma, \gamma) \int_{-t}^{\infty} Q(\tau)\, d\xi(\tau - \sigma, \gamma) - \phi_{11}(\tau)$$

$$= \int_{-i}^{\infty} K(t + \tau) Q(\tau)\, d\tau - \phi_{11}(\tau) \qquad (3.905)$$

As transformadas de Fourier destas três quantidades são, respectivamente,

$$\left.\begin{aligned} \phi_{22}(\omega) &= |k(\omega)|^2 + |q(\omega)|^2 - q(\omega)\overline{k(\omega)} - k(\omega)\overline{q(\omega)} + |r(\omega)|^2 \\ \phi_{11}(\omega) &= |q(\omega)|^2 + |r(\omega)|^2 \\ \phi_{12}(\omega) &= k(\omega)\overline{q(\omega)} - |q(\omega)|^2 - |r(\omega)| \end{aligned}\right\} \qquad (3.906)$$

em que

$$\left.\begin{aligned} k(\omega) &= \frac{1}{2\pi} \int_{0}^{\infty} K(s) e^{-i\omega s}\, ds \\ q(\omega) &= \frac{1}{2\pi} \int_{-\infty}^{\infty} \overline{Q(s)} e^{-i\omega s}\, ds \\ r(\omega) &= \frac{1}{2\pi} \int_{-\infty}^{\infty} R(s) e^{-i\omega s}\, ds \end{aligned}\right\} \qquad (3.907)$$

Isto é,

$$\phi_{11}(\omega) + \phi_{12}(\omega) + \overline{\phi_{12}(\omega)} + \overline{\phi_{22}(\omega)} = |k(\omega)|^2 \tag{3.908}$$

e

$$q(\omega)\overline{k(\omega)} = \phi_{11}(\omega) + \phi_{21}(\omega) \tag{3.909}$$

que por motivos de simetria escrevemos $\phi_{21}(\omega) = \overline{\phi_{12}(\omega)}$. Podemos agora determinar $k(\omega)$ a partir da Equação 3.908, como definimos antes $k(\omega)$ com base na Equação 3.74. Aqui, pomos $\phi(t)$ em vez de $\phi_{11}(t) + \phi_{22}(t) + 2\mathscr{R}[\phi_{12}(t)]$. Isso nos dará

$$q(\omega) = \frac{\phi_{11}(\omega) + \phi_{21}(\omega)}{\overline{k(\omega)}} \tag{3.910}$$

Portanto,

$$Q(t) = \int_{-\infty}^{\infty} \frac{\phi_{11}(\omega) + \phi_{21}(\omega)}{\overline{k(\omega)}} e^{i\omega t}\, d\omega \tag{3.911}$$

e, destarte, a melhor determinação de m(t), com o erro médio quadrático mínimo, é

$$\int_0^{\infty} d\xi(t-\tau, \gamma) = \int_{-\infty}^{\infty} \frac{\phi_{11}(\omega) + \phi_{21}(\omega)}{\overline{k(\omega)}} e^{i\omega(t+a)}\, d\omega \tag{3.912}$$

Combinando isto com a Equação 3.89, e usando um argumento similar àquele pelo qual obtivemos a Equação 3.88, vemos que o operador sobre $m(t) + n(t)$ pelo qual obtemos a "melhor" representação de $m(t + a)$, se o escrevermos na escala de frequência, será

$$\frac{1}{2\pi k(\omega)} \int_a^{\infty} e^{-iw(t-a)}\, dt = \int_{-\infty}^{\infty} \frac{\phi_{11}(u) + \phi_{21}(u)}{\overline{k(u)}} e^{iut}\, du \tag{3.913}$$

Este operador constitui um operador característico que os engenheiros eletricistas conhecem sob o nome de *filtro de onda.* A quantidade a é *o retardo* (*lag*) do filtro. Pode ser ou positivo ou negativo; quando é negativo, $-a$ é conhecido como *avanço.* O aparelho correspondente à Expressão 3.913 pode sempre ser construído com tanto cuidado quanto desejarmos. Os pormenores desta construção interessam mais aos especialistas em eletrotécnica do que ao leitor deste livro. E possível encontrá-los algures[5].

---

5. Referimo-nos especialmente a recentes artigos do dr. Y. W. Lee.

O erro quadrado médio de filtragem (Expressão 3.902) pode ser representado como a soma do erro quadrático médio de filtragem para um retardo infinito:

$$\begin{aligned}\int_{-\infty}^{\infty}[R(\tau)]^2\,d\tau &= \phi_{11}(0) - \int_{-\infty}^{\infty}[Q(\tau)]^2\,d\tau \\ &= \frac{1}{2\pi}\int_{-\infty}^{\infty}\phi_{11}(\omega)\,d\omega - \frac{1}{2\pi}\int_{-\infty}^{\infty}\left|\frac{\phi_{11}(\omega)+\phi_{21}(\omega)}{\overline{k(\omega)}}\right|^2 d\omega \\ &= \frac{1}{2\pi}\int_{-\infty}^{\infty}\left[\phi_{11}(\omega) - \frac{|\phi_{11}(\omega)+\phi_{21}(\omega)|^2}{\phi_{11}(\omega)+\phi_{12}(\omega)+\phi_{21}(\omega)+\phi_{22}(\omega)}\right] d\omega \\ &= \frac{1}{2\pi}\int_{-\infty}^{\infty}\frac{\begin{vmatrix}\phi_{11}(\omega) & \phi_{12}(\omega)\\ \phi_{21}(\omega) & \phi_{22}(\omega)\end{vmatrix}}{\phi_{11}(\omega)+\phi_{12}(\omega)+\phi_{21}(\omega)+\phi_{22}(\omega)}\,d\omega \qquad (3.914)\end{aligned}$$

e uma parte dependente do retardo:

$$\int_{-\infty}^{a}[Q(\tau)]^2\,d\tau = \int_{-\infty}^{a} dt\left|\int_{-\infty}^{\infty}\frac{\phi_{11}(\omega)+\phi_{21}(\omega)}{\overline{k(\omega)}}\,e^{i\omega t}\,d\omega\right|^2 \qquad (3.915)$$

Veremos que o erro quadrático médio de filtração é uma função monotonamente decrescente do retardo.

Outra questão que apresenta interesse no caso de mensagens e ruídos derivados do movimento browniano é o problema da taxa de transmissão de informação. Por questão de simplicidade consideremos o caso onde a mensagem e o ruído são incoerentes, isto é, quando

$$\phi_{12}(\omega) \equiv \phi_{21}(\omega) \equiv 0 \qquad (3.916)$$

Neste caso, consideremos

$$\left.\begin{aligned} m(t) &= \int_{-\infty}^{\infty} M(\tau)\,d\xi(t-\tau,\gamma) \\ n(t) &= \int_{-\infty}^{\infty} N(\tau)\,d\xi(t-\tau,\delta)\end{aligned}\right\} \qquad (3.917)$$

em que γ e δ encontram-se independentemente distribuídos. Suponhamos que se conheça $m(t) + n(t)$ sobre $(-A, A)$; quanto de informação há com relação a $m(t)$? Observe que, heuristicamente, poderíamos esperar que ela não fosse muito diferente da quantidade de informação relativa a

$$\int_{-A}^{A} M(\tau)\, d\xi(t-\tau, \gamma) \tag{3.918}$$

que teríamos se conhecêssemos todos os valores de

$$\int_{-A}^{A} M(\tau)\, d\xi(t-\tau, \gamma) + \int_{-A}^{A} N(\tau)\, d\xi(t-\tau, \delta) \tag{3.919}$$

onde γ e δ possuem distribuições independentes. Pode-se provar, no entanto, que o n-ésimo coeficiente de Fourier da Expressão 3.918 possui uma distribuição gaussiana independente de todos os outros coeficientes de Fourier, e que o seu valor quadrático médio é proporcional a

$$\left| \int_{-A}^{A} M(\tau) \exp\left(i \frac{\pi n \tau}{A}\right) d\tau \right|^2 \tag{3.920}$$

Assim devido a Equação 3.09, a quantidade total de informação disponível com respeito a *M* vale

$$\sum_{n=-\infty}^{\infty} \frac{1}{2} \log_2 \frac{\left| \int_{-A}^{A} M(\tau) \exp\left(i \frac{\pi n \tau}{A}\right) d\tau \right|^2 + \left| \int_{-A}^{A} N(\tau) \exp\left(i \frac{\pi n \tau}{A}\right) d\tau \right|^2}{\left| \int_{-A}^{A} N(\tau) \exp\left(i \frac{\pi n \tau}{A}\right) d\tau \right|^2} \tag{3.921}$$

e a densidade de tempo de comunicação de energia é esta quantidade dividida por *2A*. Se agora $A \to \infty$ a Expressão 3.921 se aproximará de

$$\frac{1}{2\pi} \int_{-\infty}^{\infty} du \log_2 \frac{\left| \int_{-\infty}^{\infty} M(\tau) \exp iu\tau\, d\tau \right|^2 + \left| \int_{-\infty}^{\infty} N(\tau) \exp iu\tau\, d\tau \right|^2}{\left| \int_{-\infty}^{\infty} N(\tau) \exp iu\tau\, d\tau \right|^2} \tag{3.922}$$

Tal é precisamente o resultado que o autor e Shannon já tinham obtido para a taxa de transmissão de informação neste caso. Como veremos, ela depende não apenas da largura da banda de frequência disponível para transmitir a mensagem, mas também do nível de ruído. Como fato consumado, possui uma relação estreita com os audiogramas utilizados para medir a quantidade de audição ou perda de audição em um dado indivíduo. No caso, a abscissa é frequência, a ordenada do limite mais baixo é o logaritmo do limiar de intensidade audível – que podemos chamar de o logaritmo da intensidade do *ruído interno* do sistema receptor – e o limite superior, o logaritmo da intensidade da maior mensagem que o sistema é capaz de manipular. A área entre eles, que é uma quantidade da dimensão da Expressão 3.922, é então considerada como a medida da taxa de transmissão de informação que o ouvido é capaz de cobrir.

A teoria das mensagens que depende linearmente do movimento browniano apresenta muitas variantes importantes. As fórmulas-chave são as Equações 3.88 e 3.914 e a Expressão 3.922, acrescidas, sem dúvida, das necessárias definições para interpretá-las. Há um certo número de variantes desta teoria. Primeiro: a teoria fornece-nos o melhor projeto possível de previsores e de filtros de onda nos casos onde as mensagens e os ruídos representam as respostas de ressonadores lineares aos movimentos brownianos; mas, em casos muito gerais, representam um projeto possível para previsores e filtros. Eles não representam o melhor projeto absoluto possível, mas tornarão o erro médio quadrático de predição e filtragem mínimo na medida em que ele seja dado com aparelhos que realizam operações lineares. Entretanto, haverá geralmente algum aparelho não linear que tem um desempenho ainda melhor do que o de qualquer dispositivo linear.

Depois, as séries temporais constituíram neste caso simples séries temporais, nas quais uma única variável numérica depende do tempo. Há também séries temporais múltiplas, onde um número de variáveis desse tipo depende simultaneamente do tempo; e estas são as que apresentam maior importância na economia, meteorologia e similares. O mapa completo do tempo dos Estados Unidos, tomado dia a dia, constitui uma série temporal dessa espécie. Neste caso devemos desenvolver simultaneamente um número de funções em termos da frequência, e as quantidades quadráticas tais como a Equação 3.35 e os $|k(\omega)|^2$ dos argumentos que seguem a Equação 3.70 são substituídos por fileiras de pares de quantidades, isto *é, matrizes.* O problema da determinação de $k(\omega)$ em termos de $|k(\omega)|^2$, de modo a satisfazer certas condições auxiliares no plano complexo, torna-se muito mais difícil, especialmente porque a multiplicação de matrizes não é uma operação permutável. Todavia, os problemas implicados nesta teoria multidimensional foram resolvidos ao menos em parte por Krein e pelo autor.

A teoria multidimensional representa uma complicação daquela já apresentada. Há outra teoria estreitamente relacionada que é uma simplificação dela. Trata-se da teoria da predição, filtração, e quantidade de informação em séries temporais discretas. Tal série é uma sequência de funções $f_n(\alpha)$ de um parâmetro α, em que n percorre todos os valores inteiros de $-\infty$ até ∞. A quantidade α é como antes o parâmetro de distribuição, e pode ser tomado como percorrendo uniformemente o intervalo (0,1). Dizemos que a série temporal está em *equilíbrio estatístico* quando a variação de n para $n + \nu$ (ν inteiro) equivale a uma transformação que preserva a medida em si própria no intervalo (0,1) percorrido por α.

A teoria das séries temporais discretas é mais simples em muitos aspectos do que a teoria das séries contínuas. É muito mais fácil, por exemplo, fazê-las depender de uma sequência de escolhas independentes. Cada termo (no caso misto) será representável como uma combinação dos termos anteriores com uma quantidade independente de todos os termos anteriores, distribuída uniformemente sobre (0,1), e a sequência destes fatores independentes pode substituir o movimento browniano, que é tão importante no caso contínuo.

Se $f_n(\alpha)$ é uma série no tempo em equilíbrio estatístico, e é metricamente transitiva, seus coeficientes de autocorrelação serão:

$$\phi m = \int_0^1 f_m(\alpha) f_0(\alpha)\, d\alpha \tag{3.923}$$

e deveremos ter

$$\begin{aligned}\phi_m &= \lim_{N\to\infty} \frac{1}{N+1} \sum_0^N f_{k+m}(\alpha) f_k(\alpha) \\ &= \lim_{N\to\infty} \frac{1}{N+1} \sum_0^N f_{-k+m}(\alpha) f_{-k}(\alpha)\end{aligned} \tag{3.924}$$

para quase todos os α. Coloquemos

$$\phi_n = \frac{1}{2\pi} \int_{-n}^{n} \phi(\omega) e^{in\omega}\, d\omega \tag{3.925}$$

ou

$$\phi(\omega) = \sum_{-\infty}^{\infty} \phi_n e^{-in\omega} \tag{3.926}$$

Seja

$$\frac{1}{2} \log \phi(\omega) = \sum_{-\infty}^{\infty} p_n \cos n\omega \tag{3.927}$$

e seja

$$G(\omega) \frac{p_0}{2} = \sum_1^{\infty} p_n e^{in\omega} \tag{3.928}$$

Seja

$$e^{G(\omega)} = k(\omega) \tag{3.929}$$

Então sob condições muito gerais, $k(\omega)$ será o valor-limite sobre o círculo unitário de uma função sem zeros ou singularidades dentro do círculo unitário se ω for o ângulo. Teremos

$$|k(\omega)|^2 = \phi(\omega) \tag{3.930}$$

Se tomarmos agora para a melhor predição linear de f_n (α) com um avanço de ν

$$\sum_0^\infty f_{n-\nu}(\alpha) W_\nu \tag{3.931}$$

encontraremos que

$$\sum_0^\infty W_\mu e^{i\mu\omega} = \frac{1}{2\pi k(\omega)} \sum_{\mu=\nu}^\infty e^{i\omega(\mu-\nu)} \int_{-\pi}^{\pi} k(u) e^{i\mu u}\, du \tag{3.932}$$

Trata-se do análogo da Equação 3.88. Notemos que ao pormos

$$k_\mu = \frac{1}{2\pi} \int_{-\pi}^{\pi} k(u) e^{-i\mu u}\, du \tag{3.933}$$

então

$$\sum_0^\infty W_\mu e^{i\mu\omega} = e^{-i\nu\upsilon} \frac{\sum_\nu^\infty k_\mu e^{i\mu\omega}}{\sum_0^\infty k_\mu e^{i\mu\omega}} = e^{-i\nu\upsilon} \left(1 - \frac{\sum_0^{\nu-1} k_\mu e^{i\mu\omega}}{\sum_0^\infty k_\mu e^{i\mu\omega}} \right) \tag{3.934}$$

Resultará claramente do modo como formamos $k(\omega)$ que em um conjunto muito geral de casos podemos colocar

$$\frac{1}{k(\omega)} = \sum_0^\infty q_\mu e^{i\mu\omega} \tag{3.935}$$

Então a Equação 3.934 torna-se

$$\sum_{0}^{\infty} W_{\mu} e^{i\mu\omega} = e^{-i\nu\upsilon}\left(1 - \sum_{0}^{\nu-1} k_{\mu} e^{i\mu\omega} \sum_{0}^{\infty} q_{\lambda} e^{i\lambda\omega}\right) \tag{3.936}$$

Em particular, se $\nu = 1$,

$$\sum_{0}^{\infty} W_{\mu} e^{i\mu\omega} = e^{-i\omega}\left(1 - k_0 \sum_{0}^{\infty} q_{\lambda} e^{i\lambda\omega}\right) \tag{3.937}$$

ou

$$W_{\mu} = -q_{\lambda+1} k_0 \tag{3.938}$$

Assim, para uma predição de um passo à frente, o melhor valor para $f_{n+1}(\alpha)$ é

$$-k_0 \sum_{0}^{\infty} q_{\lambda+1} k_{n-\lambda}(\alpha) \tag{3.939}$$

e, por um processo de predição passo a passo, podemos resolver todo o problema da predição linear para séries temporais discretas. Como no caso contínuo, tal será a melhor predição possível por qualquer método se

$$f_n(\alpha) = \int_{-\infty}^{\infty} K(n-\tau)\, d\xi(\tau, \alpha) \tag{3.940}$$

A transferência do problema da filtragem do caso contínuo para o caso discreto segue em muito as mesmas linhas de argumento. A fórmula 3.913 para a característica da frequência do melhor filtro assume a forma

$$\frac{1}{2\pi k(\omega)} \sum_{\nu=a}^{\infty} e^{-i\omega(\nu-a)} \int_{-\pi}^{\pi} \frac{[\phi_{11}(u) + \phi_{21}(u)]\, e^{iu\nu}\, du}{\overline{k(u)}} \tag{3.941}$$

na qual todos os termos recebem as mesmas definições como no caso contínuo, exceto que todas as integrais tomadas sobre ω ou u vão de $-\pi$ a π em vez de $-\infty$ a ∞, e todas as somas sobre ν são somas discretas em vez de integrais sobre *t*. Os filtros para as séries temporais discretas não são em geral dispositivos fisicamente passíveis de construção para serem utilizado em circuito elétrico como procedimentos matemáticos que permitam aos estatísticos obter os melhores resultados com dados estatisticamente impuros.

Enfim, a taxa de transferência de informação por uma série temporal discreta da forma

$$\int_{-\infty}^{\infty} M(n-\tau)\, d\xi(t, \gamma) \tag{3.942}$$

na presença de um ruído

$$\int_{-\infty}^{\infty} N(n-\tau)\, d\xi(t, \delta) \tag{3.943}$$

quando γ e δ são independentes, será o exato análogo da Expressão 3.922, isto é,

$$\frac{1}{2\pi}\int_{-\pi}^{\pi} du \log_2 \frac{\left|\int_{-\infty}^{\infty} M(\tau)e^{iu\tau}\, d\tau\right|^2 + \left|\int_{-\infty}^{\infty} N(\tau)e^{iu\tau}\, d\tau\right|^2}{\left|\int_{-\infty}^{\infty} N(\tau)e^{iu\tau}\, d\tau\right|^2} \tag{3.944}$$

onde sobre $(-\pi, \pi)$

$$\left|\int_{-\infty}^{\infty} M(\tau)e^{iu\tau}\, d\tau\right|^2 \tag{3.945}$$

representa o poder de distribuição da mensagem em frequência, e

$$\left|\int_{-\infty}^{\infty} N(\tau)e^{iu\tau}\, d\tau\right|^2 \tag{3.946}$$

o do ruído.

As teorias estatísticas que desenvolvemos aqui envolvem um conhecimento total dos passados das séries temporais que observamos. Em cada caso, devemos contentar-nos com menos, uma vez que a nossa observação não penetra infinitamente no passado. O desenvolvimento de nossa teoria além deste ponto, como uma teoria estatística prática, implica uma extensão de métodos existentes de amostragem. O autor e outros deram a partida nesta direção. Isso envolve todas as complexidades do uso quer da lei de Bayes, de um lado, ou daqueles truques terminológicos na teoria da semelhança[6], de outro, que parecem evitar a necessidade do uso da lei de Bayes, mas que na realidade transfere a responsabilidade por seu uso ao estatístico atuante, ou à pessoa que em última análise emprega os seus resultados. Entrementes, o estatístico

6. Veja os trabalhos de R. A. Fisher e J. von Neumann.

teórico pode honestamente afirmar que ele nada disse que não seja perfeitamente rigoroso e impecável.

Finalmente, este capítulo terminará com uma discussão da mecânica quântica moderna. Esta representa o mais alto ponto da invasão da física moderna pela teoria das séries temporais. Na física newtoniana, a sequência de fenômenos físicos é completamente determinada pelo seu passado e, em particular, pela determinação de todas as posições e momentos a qualquer instante. Na teoria completa de Gibbs, é ainda verdade que, com uma perfeita determinação das séries temporais múltiplas de todo o universo, o conhecimento de todas as posições e momentos a qualquer instante determinará o futuro inteiro. É somente porque esses são ignorados, coordenadas e momentos não observados que as séries temporais com as quais realmente lidamos adotam a espécie de propriedade mista com a qual nos familiarizamos neste capítulo, no caso das séries temporais derivadas do movimento browniano. A grande contribuição de Heisenberg à física foi substituir este mundo ainda quase-newtoniano de Gibbs por outro no qual as séries temporais não são de modo algum redutíveis a uma assembleia de determinadas linhas de desenvolvimento no tempo. Na mecânica quântica o passado inteiro de um sistema individual não determina o futuro deste sistema de nenhum modo absoluto, porém meramente a distribuição de futuros possíveis do sistema. As quantidades que a física clássica exige para um conhecimento do curso inteiro de um sistema não são simultaneamente observáveis, exceto de um modo aproximado e vago, o qual, todavia, é suficientemente preciso para as necessidades da física clássica *sobre o intervalo de precisão onde se provou ser experimentalmente aplicável.* As condições para a observação de certo momento e de sua posição correspondente são incompatíveis. Para se observar a posição de um sistema do modo mais preciso possível, cumpre fazê-lo com luz ou ondas de elétrons ou meios similares de alto poder resolutivo, ou com curtos comprimentos de onda. No entanto, a luz possui uma ação corpuscular que depende apenas de sua frequência, e iluminar um corpo com luz de alta frequência significa sujeitá-lo a uma variação em seu momento que aumenta com a frequência. Por outro lado, é luz de baixa frequência que provoca a mínima variação nos momentos das partículas que ilumina, e esta não possui um poder resolvente suficiente para fornecer uma indicação precisa das posições. Luz de frequência intermediária dá um resultado borrado tanto da posição como do momento. Em geral, não há um conjunto de observações concebíveis que nos forneça informação suficiente sobre o passado de um sistema para nos dar uma informação completa com respeito ao seu futuro.

Contudo, como no caso de todos os conjuntos de séries temporais, a teoria da quantidade de informação que aqui desenvolvemos é aplicável e, como consequência o é a teoria da entropia. Como, entretanto, estamos lidando agora com séries temporais com propriedade miscigenante, mesmo quando os nossos dados são os mais completos possíveis, verificamos que o nosso sistema não apresenta barreiras de potencial absolutas, e que no curso do tempo qualquer estado do sistema pode e há de transformar-se, ele próprio, em qualquer outro estado. Entretanto, a probabilidade disso depende a longo termo da probabilidade relativa ou da medida dos dois estados. Esta vem a ser especialmente alta para estados que podem transformar-se em si próprios por um grande número de transformações, para estados que, na linguagem dos teóricos quânticos, apresentam uma alta ressonância interna, ou uma alta degenerescência quântica. O anel do benzeno é um exemplo deste tipo, uma vez que os dois estados são equivalentes. Isto sugere que, no sistema

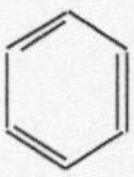

e

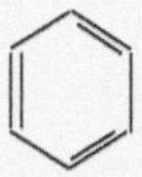

e em que vários blocos de construção podem combinar-se intimamente de várias maneiras, como no caso em que uma mistura de aminoácidos se autoorganiza em cadeias de proteínas, uma situação em que muitas destas cadeias são iguais e atravessam um estágio de associação estreita entre si podem ser mais estáveis do que uma em que elas são diferentes. Haldane sugeriu à guisa de tentativa, que esta pode ser o meio pelo qual genes e vírus se reproduzem a si próprios; e embora ele não tenha apresentado esta sua sugestão com qualquer finalidade, não vejo razão para não a manter como uma hipótese provisória. Como o próprio Haldane salientou, se na teoria quântica não há partícula individual dotada de uma individualidade perfeitamente determinada, não é possível dizer em tal caso, senão com uma precisão fragmentária, qual dos dois exemplares de um gene que se reproduziu desta maneira é o modelo original e qual é a cópia.

Sabemos que este mesmo fenômeno de ressonância é frequentemente representado na matéria viva. Szent Györgyi sugeriu a sua importância na construção dos músculos. Substâncias com alta ressonância têm amiúde uma capacidade anormal de armazenar tanto energia quanto informação, e um armazenamento desta espécie ocorre, com certeza, na contração muscular.

Além disso, o mesmo fenômeno que está ligado à reprodução possui provavelmente algo a ver com a extraordinária especificidade das substâncias químicas encontradas num organismo vivo, não apenas de espécie para espécie, mas até com os indivíduos de uma espécie. Tais considerações podem ser muito importantes em imunologia.

IV. FEEDBACK E OSCILAÇÃO

Um paciente vai a uma clínica neurológica. Não está paralisado e pode mover as pernas quando lhe é ordenado. No entanto, padece de forte incapacidade. Anda com um passo incerto peculiar, de olhos baixos postos no chão e nos seus pés. Inicia cada passo com um chute, lançando cada pé sucessivamente à sua frente. Se estiver de olhos vendados, não poderá levantar-se, e cambaleará até o chão. O que há com ele?

Entra outro paciente. Enquanto permanece calmamente sentado, nada de errado parece haver com ele. Contudo, ofereça-lhe um cigarro e sua mão oscilará ao tentar apanhá-lo. Isto será seguido de outra oscilação igualmente inútil na direção contrária, e esta por outra oscilação para trás, até que o seu movimento se torna nada mais do que uma oscilação fútil e violenta. Dê-lhe um copo de água, e ele o derramará nestes balanceios antes que possa levá-lo à boca. O que há com ele?

Ambos os pacientes sofrem de uma ou outra forma daquilo que se conhece pelo nome de *ataxia.* Seus músculos são fortes e suficientemente sadios, mas incapazes de organizar suas ações. O primeiro paciente sofre de *tabes dorsalis.* A parte da medula espinhal que comumente recebe sensações foi afetada ou destruída por uma sequela ulterior de sífilis. As mensagens que entram são embotadas, se é que não desapareceram de todo. Os receptores nas juntas, tendões, músculos e solas dos pés, que comumente lhe transmitem a posição e o estado de movimento de suas pernas, não enviam mensagem que o seu sistema nervoso central possa captar e transmitir, e quanto à informação relativa à sua postura é obrigado a confiar nos olhos e nos órgãos de equilíbrio do ouvido interno. No jargão do fisiologista, ele perdeu parte importante de seu sentido cinestésico ou proprioceptivo.

O segundo paciente nada perdeu de seu sentido proprioceptivo. Seu mal reside algures, no cerebelo, e ele padece daquilo que se conhece pelo nome de tremor cerebelar ou tremor intencional. E como se fosse função do cerebelo proporcionar resposta muscular ao input proprioceptivo, e se nesta cessão houver qualquer distúrbio, um dos resultados poderá ser um tremor.

Vemos assim que, para uma ação efetiva sobre o mundo exterior, não é apenas essencial que tenhamos bons efetores, mas que o desempenho destes efetores seja devidamente retromonitorado ao sistema nervoso central, e que as leituras destes monitores estejam apropriadamente combinadas com a outra informação proveniente dos órgãos sensoriais, a fim de produzir um output devidamente proporcional para os efetores. Algo muito similar ocorre em sistemas mecânicos. Consideremos um semáforo numa estrada de ferro. O sinaleiro controla um número de alavancas que ligam ou desligam os sinais do semáforo e que regulam o ajuste das chaves. Contudo, não lhe cabe pressupor cegamente que os sinais e as chaves seguiram as suas ordens. Pode ocorrer que as chaves tenham emperrado pelo frio ou que o peso de uma carga de neve tenha curvado os braços do sinal, e aquilo que ele supunha ser o estado real das chaves e dos sinais – seus efetores – não corresponde às ordens por ele expedidas. Para evitar os perigos inerentes a esta contingência, cada efetor, chave ou sinal, está ligado a um alarma na torre do sinal, que fornece ao sinaleiro seus estados reais e desempenhos. Trata-se do equivalente mecânico da repetição de ordens na Marinha, segundo um código pelo qual cada subordinado, recebendo uma ordem, deve repeti-la ao seu superior, a fim de mostrar que ele a ouviu e a entendeu. É sobre tais ordens repetidas que o sinaleiro deve atuar.

Observe que neste sistema há um vínculo humano na cadeia de transmissão e retorno da informação: o que doravante denominaremos de cadeia de feedback. É verdade que o sinaleiro não é um agente completamente livre; que suas chaves e sinais estão engrenados ou mecânica ou eletricamente, e que ele não tem a liberdade de escolher alguma das mais desastrosas combinações. Há, contudo, cadeias de feedback onde não intervém nenhum elemento humano. O termostato comum pelo qual regulamos o aquecimento de uma casa é um exemplo deste tipo. Há uma ajustagem para a desejada temperatura ambiente; e se a temperatura real da casa está abaixo desta, é acionado um aparelho, que abre o registro, ou aumenta o fluxo de óleo combustível, e eleva a temperatura ambiente da casa ao nível desejado. Se, por outro lado, a temperatura ambiente excede o nível desejado, os registros são fechados ou o fluxo de óleo combustível é diminuído ou interrompido. Assim se mantém a temperatura da casa aproximadamente em um nível estacionário. Note-se que a constância deste nível depende da boa estruturação do termostato, e que um termostato mal concebido pode levar a temperatura ambiente a oscilações violentas não diversas das de um homem que padeça de tremor cerebelar.

Outro exemplo de sistema de feedback puramente mecânico – o originalmente abordado por Clerk Maxwell – é o do regulador de uma máquina a vapor, que serve para regular a sua velocidade sob variantes condições de carga. Na forma original projetada por Watt, consiste de duas bolas ligadas a barras de um pêndulo e oscilando em direções opostas à de um eixo giratório. São mantidas embaixo pelo seu próprio peso ou por meio de uma mola, e são lançadas para cima graças a uma ação centrífuga que depende da velocidade angular do eixo. Assumem assim uma posição de compromisso igualmente dependente da velocidade angular. Tal posição é transmitida por outras barras a uma argola em torno do eixo, que aciona uma peça que serve para abrir as válvulas de adução do cilindro quando a máquina a vapor fica mais lenta e as bolas caem, e para fechá-las quando aumenta a velocidade da máquina a vapor e as bolas sobem. Observe-se que o feedback tende a opor-se ao que o sistema já está realizando, e assim é negativa.

Temos, pois, exemplos de feedbacks negativos para estabilizar a temperatura e para estabilizar a velocidade. Há também feedbacks negativos para estabilizar a posição, como no caso dos mecanismos de pilotagem automática de um navio que são acionados pela diferença, angular entre a posição da roda do leme e a posição do timão, agindo sempre de modo a ajustar a posição do timão à posição da roda. O feedback da atividade voluntária é desta natureza. Não sentimos os movimentos de certos músculos e, na verdade, não sabemos, em geral, que músculos devem ser movidos para realizar uma dada tarefa; digamos, para apanhar um cigarro. O nosso movimento é regulado em alguma medida pelo tanto daquilo que ainda não foi realizado.

O feedback da informação que foi levada ao centro de controle tende a opor-se à saída da quantidade controlada em relação à quantidade sob controle, mas pode depender, em formas amplamente diferentes, dessa saída. Os sistemas de controle mais simples são os lineares: o output do efetor é uma expressão linear no input, e quando adicionamos inputs, também adicionamos outputs. O output é lido por algum aparelho igualmente linear. Tal leitura é simplesmente subtraída do input. Desejamos fornecer uma teoria precisa do desempenho de tal peça de aparelho, e, em particular, de seu comportamento deficiente e do seu input em oscilação quando é mal manuseada ou houver sobrecarga.

Neste livro, evitamos a técnica e o simbolismo matemáticos na medida do possível, embora nos víssemos forçados a nos comprometer com eles em várias passagens e em particular no capítulo anterior. Aqui, como no restante do presente capítulo, vamos abordar também precisamente aquelas matérias para as quais os simbolismos matemáticos constituem a linguagem apropriada, e só podemos evitá-los com longas perífrases, dificilmente inteligíveis ao leigo, e inteligíveis apenas ao leitor acostumado ao simbolismo matemático em virtude de sua habilidade de traduzi-las para este simbolismo. A melhor concessão que podemos fazer é suplementar o simbolismo com ampla explanação verbal.

Seja $f(t)$ uma função do tempo t, onde t varia entre $-\infty$ e ∞; isto é, seja $f(t)$ uma quantidade que assume um valor numérico para cada tempo t. A qualquer instante t, as quantidades $f(s)$ nos são acessíveis quando s é menor ou igual a t, mas não o são quando s é maior do que t. Há peças de aparelhos, tanto elétricos quanto mecânicos, que retardam o seu input por um tempo fixo e isso nos fornece, para um input $f(t)$, um *output* $f(t-\tau)$, onde τ é o atraso fixado.

Podemos combinar várias peças de aparelho deste tipo, que nos forneçam outputs $f(t-\tau_1), f(t-\tau_2), \ldots, f(t-\tau_n)$. É possível multiplicar cada um destes outputs por quantidades fixas, positivas ou negativas. Por exemplo, podemos usar um potenciômetro para multiplicar uma voltagem por um número fixo positivo menor do que 1, e não é muito difícil projetar dispositivos de equilíbrio automático e amplificadores para multiplicar uma voltagem por quantidades que são negativas ou maiores do que 1. Também não é difícil construir simples diagramas de fiação de circuitos pelos quais podemos adicionar continuamente voltagens, e com o auxílio destes podemos obter um output

$$\sum_{1}^{n} a_k f(t-\tau_k) \qquad (4.01)$$

Aumentando o número de atrasos τ_k e ajustando adequadamente os coeficientes, nos é dado aproximar o tanto quanto quisermos para um output da forma

$$\int_0^{\infty} a(\tau) f(t-\tau)\, d\tau \qquad (4.02)$$

Nesta expressão é importante compreender o fato de que estamos integrando de 0 até ∞, e não de – ∞ até ∞, é essencial. De outro modo poderíamos usar vários dispositivos práticos a fim de operar sobre tal resultado e obter $f(t + \sigma)$, onde σ é positivo. Isso, contudo, implica o conhecimento do futuro de $f(t)$; e $f(t)$ pode ser uma quantidade, como as coordenadas de um bonde que com uma mudança de chave pode seguir para um caminho ou para outro, que não estão determinados pelo seu passado. Quando um processo físico *parece* produzir um operador que converte $f(t)$ em

$$\int_{-\infty}^{\infty} a(\tau)f(t-\tau)\, d\tau \tag{4.03}$$

em que $a(\tau)$ não se anula efetivamente para valores negativos de τ, significa que já não temos um verdadeiro operador sobre $f(t)$, unicamente determinado pelo seu passado. Há casos físicos onde isto pode ocorrer. Por exemplo, um sistema dinâmico sem input pode entrar em oscilação permanente, ou mesmo oscilação levada ao infinito, com uma amplitude indeterminada. Num caso assim, o futuro do sistema não fica determinado pelo seu passado, e podemos aparentemente encontrar um formalismo que sugira um operador dependente do futuro.

A operação pela qual obtemos a Expressão 4.02 a partir de $f(t)$ apresenta duas importantes propriedades: (1) independe de um deslocamento da origem do tempo, e (2) é linear. A primeira propriedade é expressa pela afirmação, segundo a qual:

$$g(t) = \int_{0}^{\infty} \alpha(\tau)f(t-\tau)\, d\tau \tag{4.04}$$

então

$$g(t+\sigma) = \int_{0}^{\infty} \alpha(\tau)f(t+\sigma-\tau)\, d\tau \tag{4.05}$$

A segunda propriedade é expressa pela seguinte proposição: se

$$g(t) = Af_1(t) + Bf_2(t) \tag{4.06}$$

então

$$\int_{0}^{\infty} a(\tau)g(t-\tau)d\tau$$
$$= A\int_{0}^{\infty} a(\tau)f_1(t-\tau)d\tau + B\int_{0}^{\infty} a(\tau)f_2(t-\tau)\, d\tau \tag{4.07}$$

É possível provar que, num sentido apropriado, *cada operador sobre o passado de $f(t)$ que é linear e invariante para um deslocamento da origem do tempo possui quer a forma da Expressão 4.02 ou é um limite de uma sequência de operadores daquela forma.* Por exemplo, $f'(t)$ é o resultado de um operador com estas propriedades quando aplicado a $f(t)$, e

$$f'(t) = \lim_{\varepsilon \to 0} \int_0^\infty \frac{1}{\varepsilon^2} a\left(\frac{\tau}{\varepsilon}\right) f(t-\tau)\, d\tau. \tag{4.08}$$

onde

$$a(x) = \begin{cases} 1 & 0 \leqslant x < 1 \\ -1 & 1 \leqslant x < 2 \\ 0 & 2 \leqslant x \end{cases} \tag{4.09}$$

Como vimos antes, as funções e^{zt} são um conjunto de funções $f(t)$, particularmente importantes do ponto de vista do Operador 4.02, visto que

$$e^{z(t-\tau)} = e^{zt}.e^{-z\tau} \tag{4.10}$$

e o operador de retardo toma-se simplesmente um multiplicador que depende de z. Assim o Operador 4.02 vem a ser

$$e^{zt} \int_0^\infty a(\tau)\, e^{-z\tau}\, d\tau \tag{4.11}$$

e é também um operador de multiplicação que depende apenas de z. A expressão

$$\int_0^\infty a(\tau)\, e^{-z\tau}\, d\tau = A(z) \tag{4.12}$$

é dita ser *a representação do Operador 4.02 como uma função da frequência.* Se z for tomada como uma quantidade complexa $x + iy$, onde x e y são reais, isto se torna

$$\int_0^\infty a(\tau) e^{-x\tau}\, e^{-iy\tau}\, d\tau \tag{4.13}$$

de modo que pela bem conhecida desigualdade de Schwarz relativa às integrais, se $y > 0$ e

$$\int_0^\infty |a(\tau)|^2\, d\tau < \infty \tag{4.14}$$

temos

$$|A(x+iy)| \leqslant \left[\int_0^\infty |a(\tau)|^2 d\tau \int_0^\infty e^{-2x\tau} d\tau \right]^{1/2}$$
$$= \left[\frac{1}{2x} \int_0^\infty |a(\tau)|^2 d\tau \right]^{1/2} \tag{4.15}$$

Isto significa que $A(x + iy)$ é uma função holomórfica limitada de uma variável complexa em todo semiplano $x \geqslant \varepsilon > 0$, e que a função $A(iy)$ representa em um sentido bem definido os valores de contorno de uma função deste tipo.

Coloquemos

$$u + iv = A(x+iy) \tag{4.16}$$

sendo u e v reais. A expressão $x + iy$ será determinada como uma função (não necessariamente univalente) de $u + iv$. Esta função será analítica, embora meromórfica, exceto nos pontos $u + iv$ correspondentes aos pontos $z = x + iy$, onde $\delta A\ (z)/\ \delta z = 0$. O valor de contorno x = 0 tenderá para a curva com a seguinte equação paramétrica

$$u + iv = A(iy) \qquad (y \text{ real}) \tag{4.17}$$

Esta nova curva pode interceptar-se a si própria qualquer número de vezes. Em geral, todavia, dividirá o plano em duas regiões. Consideremos a curva (Eq. 4.17) traçada na direção em que o y vai de $-\infty$ até ∞. Então, se partirmos da Eq. 4.17 para a direita e seguirmos um curso contínuo sem cortar de novo a Eq. 4.17, poderemos chegar a certos pontos. Os pontos que não estão neste conjunto nem sobre a Eq. 4.17 serão denominados *pontos exteriores.* A parte da curva (Eq. 4.17) que contém os pontos limites dos pontos exteriores chamaremos de *fronteira efetiva.* Todos os outros pontos serão denominados de *pontos interiores.* Assim, no diagrama da Fig. 1, com a fronteira traçada no sentido da flecha, os pontos internos estão hachurados e a fronteira efetiva apresenta-se em negrito.

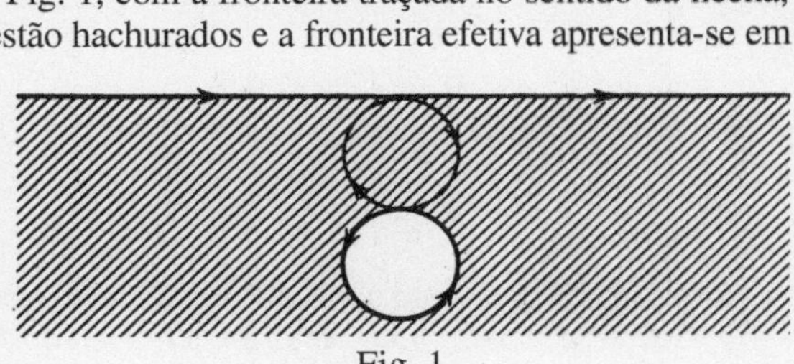

Fig. 1

A condição de que A é limitado em qualquer semiplano direito, nos informará então de que *o ponto no infinito não pode ser um ponto interior.* Pode ser um ponto do contorno, embora haja certas restrições muito bem definidas quanto ao caráter do tipo de ponto de contorno. Isto se relaciona à "espessura" do conjunto de pontos interiores que atingem a infinitude.

Chegamos agora à questão da expressão matemática do problema do feedback linear. Seja a Fig. 2 o fluxograma de controle de um sistema deste tipo – *não o* diagrama do circuito elétrico. No caso, o input do motor é Y, que é a diferença entre o input original X e o output do multiplicador, que multiplica a potência do output AY do motor pelo fator λ. Assim

$$Y = X - \lambda AY \tag{4.18}$$

$$Y = \frac{X}{1 + \lambda A} \tag{4. 19}$$

e

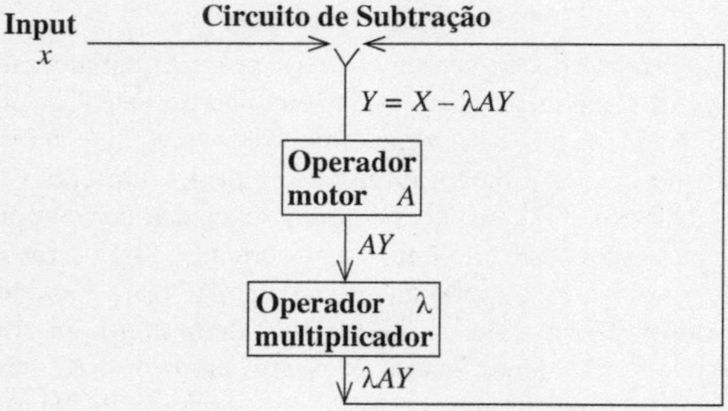

Fig. 2

de modo que o output do motor é

$$AY = \frac{X}{1 + \lambda A} \tag{4.20}$$

O operador produzido por todo o mecanismo de feedback vale então $A/(1 + \lambda A)$. *Este será infinito quando e somente quando* $A = -1/\lambda$ *O diagrama* (Eq. 4.17) *para este novo operador será então*

$$u + iv = \frac{A(iy)}{1 + \lambda A\,(iy)} \tag{4.21}$$

e o ∞ será um ponto interior dele quando e somente quando -1/ λ for um ponto interior da Eq. 4.17.

Neste caso, um feedback com um multiplicador λ certamente produzirá algo catastrófico, e é óbvio que a catástrofe será o fato de que o sistema entrará em oscilação irrestrita e crescente. Se, por outro lado, o ponto -1/λ, for um ponto exterior, pode-se provar que não haverá dificuldade, e o feedback será estável. Se –1/λ pertencer à fronteira efetiva, será necessário fazer uma discussão mais elaborada. Na maioria das circunstâncias, o sistema pode entrar em uma oscilação de amplitude que não aumenta.

Talvez valha a pena considerar vários operadores *A* e as amplitudes do feedback que eles admitem. Consideraremos não apenas as operações da Expressão 4.02, mas também os seus limites, admitindo que o mesmo argumento se lhes aplicará.

Se o operador *A* corresponde ao operador diferencial, $A\,(z) = z$, quando y varia de -∞ até ∞, $A(y)$ faz o mesmo, e os pontos interiores são os pontos interiores do semiplano direito. O ponto –1/λ é sempre um ponto exterior, e, no caso, é possível qualquer quantidade de feedback. Se

$$A(z) = \frac{1}{1 + \kappa z} \tag{4.22}$$

a curva (Eq. 4.17) é

$$u + iv = \frac{1}{1 + kiy} \tag{4.23}$$

ou

$$u = \frac{1}{1 + k^2 y^2}, \qquad \nu = \frac{-ky}{1 + k^2 y^2} \tag{4.24}$$

que podemos escrever

$$u^2 + \nu^2 = u \tag{4.25}$$

Trata-se de um círculo de raio 1/2, e centrado em (1/2,0). É percorrido no sentido horário, e os pontos internos são todos aqueles que comumente consideramos como internos. Neste caso, também, o feedback admissível é ilimitado, pois –1/λ está sempre fora do círculo. O $a(t)$ correspondente a este operador vale

$$a(t) = e^{-t/k}/k \tag{4.26}$$

De novo, vamos considerar

$$A(z) = \left(\frac{1}{1 + kz}\right)^2 \tag{4.27}$$

Então a Eq. 4.17 vale

$$u + iv = \left(\frac{1}{1 + kiy}\right)^2 = \frac{(1 - kiy)^2}{(1 + k^2y^2)^2} \tag{4.28}$$

e

$$u = \frac{(1 - k^2y^2)^2}{(1 + k^2y^2)^2}, \quad \nu = \frac{-2ky}{(1 + k^2y^2)^2} \tag{4.29}$$

Estas equações levam ao seguinte:

$$u^2 + v^2 = \frac{1}{(1 + k^2y^2)^2} \tag{4.30}$$

ou

$$y = \frac{-v}{(u^2 + v^2)2k} \tag{4.31}$$

Então

$$u = (u^2 + v^2)\left[1 - \frac{k^2v^2}{4k^2(u^2 + v^2)^2}\right] = (u^2 + v^2) - \frac{v^2}{4(u^2 + \nu^2)} \tag{4.32}$$

Em coordenadas polares, se $u = \rho \cos \phi$, $\nu = \rho \operatorname{sen} \phi$, ela se torna

$$\rho \cos \phi = \rho^2 - \frac{\operatorname{sen}^2\phi}{4} = \rho^2 - \frac{1}{4} + \frac{\cos^2\phi}{4} \tag{4.33}$$

ou

$$\rho - \frac{\cos\phi}{2} = \pm \frac{1}{2} \tag{4.34}$$

Isto é,

$$\rho^{½} = -\operatorname{sen} \frac{\phi}{2}, \quad \rho^{½} = \cos \frac{\phi}{2} \tag{4.35}$$

Pode-se provar que estas duas equações representam uma só curva, uma cardioide cujo vértice se encontra na origem e cuja cúspide aponta para a direita. A parte interna desta curva não conterá nenhum ponto do eixo real negativo, e, como no caso anterior, é ilimitada à amplificação admissível. Neste caso o operador $a(t)$ vale

$$a(t) = \frac{t}{k^2} e^{-t/k} \tag{4.36}$$

Seja

$$A(z) = \left(\frac{1}{1 + kz}\right)^3 \tag{4.37}$$

Sejam ρ e ϕ definidos como no último caso. Então

$$\rho^{1/3} \cos \frac{\phi}{3} + i\rho^{1/3} \operatorname{sen} \frac{\phi}{3} = \frac{1}{1 + kiy} \tag{4.38}$$

Como no primeiro caso, isso fornecerá

$$\rho^{2/3} \cos^2 \frac{\phi}{3} + \rho^{2/3} \operatorname{sen}^2 \frac{\phi}{3} = \rho^{2/3} \cos \frac{\phi}{3} \tag{4.39}$$

Ou seja

$$\rho^{2/3} = \cos \frac{\phi}{3} \tag{4.40}$$

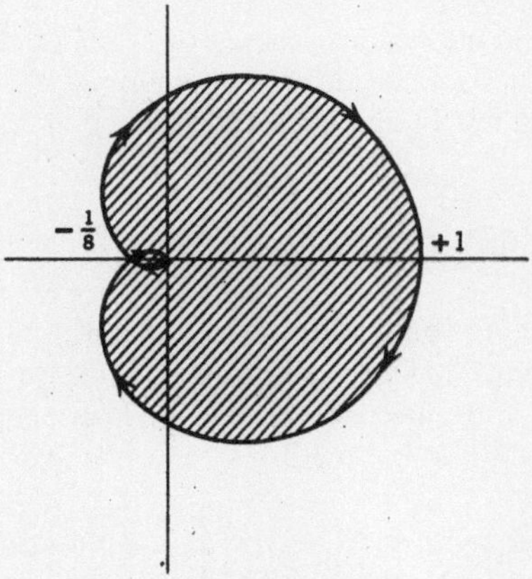

Fig. 3

que é uma curva da forma da Fig.3. A região hachurada representa os pontos interiores. Todo feedback com coeficiente que exceda 1/8 é impossível. O correspondente de $a(t)$ é

$$a(t) = \frac{t^2}{2k^3} e^{-t/k} \tag{4.41}$$

Finalmente, seja o nosso operador correspondente a A um simples atraso de T unidades de tempo. Então

$$A(z) = e^{-Tz} \tag{4.42}$$

Então,

$$u + iv = e^{-Tiy} = \cos Ty - i \operatorname{sen} Ty \tag{4.43}$$

A curva (Eq. 4.17) será o círculo unitário em torno da origem, descrito no sentido horário ao redor da origem com velocidade unitária. O interior desta curva será o interior no sentido ordinário, e o limite da intensidade de feedback será 1.

Podemos extrair daí uma conclusão muito interessante. É possível compensar o operador $1 / (1 + kz)$ por um feedback arbitrariamente pesado, que nos dará um $A/(1 + \lambda A)$ tão próximo de 1 quanto queiramos para um intervalo de frequência tão grande quanto desejarmos. Assim, é possível compensar três operadores sucessivos desta espécie por três – ou mesmo dois – feedbacks sucessivos. Não é, todavia, possível compensar tão estreitamente quanto desejamos um operador $1/(1 + kz)^3$, que é o resultado da composição de três operadores $1/(1+ kz)$ em cascata, por um único feedback. O operador $1/(1 + kz)^3$ pode também ser escrito como

$$\frac{1}{2k^2} \frac{d^2}{dz^2} \frac{1}{1 + kz} \tag{4.44}$$

e pode ser considerado como o limite de uma composição aditiva de três operadores com denominadores de primeiro grau. Verifica-se assim que uma soma de diferentes operadores, cada qual podendo ser compensado ao nosso gosto por um único feedback, não pode ser por si mesmo assim compensado.

No importante livro de MacColl, temos um exemplo de um sistema complicado que pode ser estabilizado por dois feedbacks, mas não por um só. Diz respeito à pilotagem de um navio por uma bússola giroscópica. O ângulo entre a rota apontada pelo contramestre e a apontada pelo compasso se expressa no girar do leme, o qual, em vista do avanço do navio, produz um momento de giro que serve para mudar o curso do navio de modo a diminuir a diferença entre o curso indicado e o curso real. Se isso for realizado por uma abertura direta das válvulas de um dispositivo de pilotagem e um fechamento das válvulas de outro, de tal maneira que a velocidade de giro do leme seja proporcional ao desvio do curso do navio, cabe notar que, a posição angular do leme é grosseiramente proporcional ao momento de giro do navio e, por conseguinte, à sua aceleração angular. Logo, a quantidade de giro do navio é proporcional com um fator negativo à derivada terceira do desvio do curso, e a operação que temos para estabilizar por feedback do giroscópio *é* kz^3, onde k é positivo. Obtemos assim para a curva (Eq. 4.17)

$$u + iv = -kiy^3 \tag{4.45}$$

e, como o semiplano esquerdo é a região interior, nenhum servomecanismo estabilizará de modo algum o sistema.

Nesta abordagem, simplificamos ligeiramente o problema da pilotagem. De fato, há uma quantidade de atrito, e a força que faz girar o navio não determina a aceleração. Ao invés, se θ for a posição angular do navio e ϕ a do leme, com respeito ao navio, teremos

$$\frac{d^2\theta}{dt^2} = c_1\phi - c_2\frac{d\theta}{dt} \tag{4.46}$$

e

$$u + iv = -k_1 iy^3 - k_2 y^2 \tag{4.47}$$

Esta curva pode ser escrita

$$v^2 = -k_3 u^3 \tag{4.48}$$

que ainda não pode ser estabilizada por nenhum feedback. Como y varia de $-\infty$ a ∞, e u vai de ∞ a $-\infty$, e a parte de *dentro* da curva está à esquerda.

Se, de outro lado, *a posição* do leme for proporcional ao desvio do curso, o operador a ser estabilizado por feedback será $k_1 z^2 + k_2 z$, e a Eq. 4.17 tornar-se-á

$$u + iv = -k_1 y^2 + k_2 iy \tag{4.49}$$

Esta curva pode ser escrita

$$v^2 = -k_3 u \tag{4.50}$$

e, neste caso, porém, como y varia de $-\infty$ a ∞, o mesmo ocorre com v, e a curva é descrita de $y = -\infty$ até $y = \infty$. Neste caso, o *exterior* da curva está à esquerda, sendo possível uma quantidade ilimitada de amplificação.

Para chegar a isto podemos empregar outro estágio de feedback. Regulando a posição das válvulas do dispositivo de pilotagem, não pela discrepância entre o curso real e o desejado, mas pela *diferença* entre este feedback e a posição angular do leme, manteremos a posição angular do leme tão aproximadamente proporcional ao desvio do barco em relação ao curso verdadeiro quanto desejarmos se permitirmos um feedback suficientemente grande – isto é, se abrirmos as válvulas o bastante. Este duplo sistema de feedback de controle é de fato o único usualmente adotado para a pilotagem automática de navios por meio de bússolas giroscópicas.

No corpo humano, o movimento de uma mão ou de um dedo implica um sistema com numerosas juntas. O output é uma combinação vetorial aditiva de outputs de todas estas juntas. Vimos que, em geral, um único feedback não estabiliza um sistema aditivo complexo como este. Em correspondência, o feedback voluntário mediante a qual regulamos o desempenho de uma tarefa através da observação da quantidade faltante para a sua realização, necessita o amparo de outros feedbacks. Chamamo-las de feedbacks posturais, e se associam à manutenção geral do tono do sistema muscular. É o feedback voluntário que mostra uma tendência de entrar em colapso ou em perturbação nos casos de lesões do cerebelo, pois o resultante tremor só aparece quando o paciente tenta executar uma tarefa voluntariamente. Este deliberado tremor, em que o paciente não consegue apanhar um copo de água sem derrubá-la, diverge muito, em natureza, do tremor da doença de Parkinson, ou da paralisia *agitans* que surge na sua forma mais típica quando o paciente está em repouso e na verdade parece ser muitas vezes fortemente atenuada quando o doente tentar realizar uma tarefa específica. Há cirurgiões com a doença de Parkinson que conseguem operar com toda a eficiência. O mal de Parkinson, como é do conhecimento, não se origina numa condição enferma do cerebelo, mas está associado a um foco patológico de algures na base do cérebro. Trata-se apenas de uma das doenças de feedback postural, e muitas destas podem decorrer de defeitos situados nas mais diversas partes do sistema nervoso. Um dos grandes trabalhos da cibernética fisiológica é desenredar e isolar os locais das diferentes partes deste complexo de feedbacks voluntários e posturais. Exemplos de reflexos componentes deste tipo são o de coçar e o de andar.

Quando o feedback for possível e estável, ele oferece a vantagem, como já dissemos, de tornar o desempenho menos dependente da carga. Consideremos que a carga mude a característica de A para dA. A variação fracionária será dA/A. Se o operador após o feedback valer

$$B = \frac{A}{C + A} \tag{4.51}$$

teremos

$$\frac{dB}{B} = \frac{-d\left(1+\frac{C}{A}\right)}{1+\frac{C}{A}} = \frac{\frac{C}{A^2}\,dA}{1+\frac{C}{A}} = \frac{dA}{A}\,\frac{C}{A+C} \qquad (4.52)$$

Assim, o feedback serve para diminuir a dependência do sistema da característica do motor, e serve para estabilizá-lo, para todas as frequências em que

$$\left|\frac{A+C}{C}\right| > 1 \qquad (4.53)$$

Isto vale dizer que toda a fronteira entre os pontos interiores e exteriores deve encontrar-se dentro do círculo de raio C em torno do ponto – C. Isto não será verdade nem mesmo no primeiro dos casos já discutidos. O efeito de um feedback negativo pesado, se for de algum modo estável, será aumentar a estabilidade do sistema para baixas frequências, mas em geral às expensas de sua estabilidade para algumas altas frequências. Há muitos casos nos quais mesmo este grau de estabilização é vantajoso.

Uma questão muito importante que aparece em conexão com as oscilações devidas a uma quantidade excessiva de feedback é a da frequência de oscilação incipiente. Esta é determinada pelo valor de y no iy correspondente ao ponto da fronteira das regiões interna e externa da Eq. 4.17, situado mais longe para a esquerda sobre o eixo u-negativo. A quantidade y tem, sem dúvida, a natureza de uma frequência.

Chegamos agora ao fim de uma discussão elementar das oscilações lineares, estudadas do ponto de vista do feedback. Um sistema de oscilação linear possui algumas propriedades muito especiais, que caracterizam suas oscilações. Uma delas é que, quando oscila, sempre *pode* e em geral – na ausência de oscilações simultâneas independentes – *oscila* na forma

$$A \text{ sen } (Bt + C)e^{Dt} \qquad (4.54)$$

A existência de uma oscilação periódica não sinusoidal constitui sempre uma sugestão ao menos de que a variável observada é uma na qual o sistema não é linear. Em alguns casos, mas pouquíssimos, o sistema pode ser linearizado mais uma vez por uma nova escolha da variável independente.

Outra diferença bastante significativa entre oscilações lineares e não lineares é que no primeiro caso a amplitude da oscilação independe por completo da frequência; enquanto, no último, há em geral apenas uma amplitude, ou no máximo um conjunto discreto de amplitudes, para o qual ou o sistema oscilará em uma dada frequência, bem como oscilará para um conjunto discreto de frequências. Tal fato é bem ilustrado pelo estudo do que sucede com um tubo de órgão. Há duas teorias para o tubo – uma teoria grosseira linear, e outra não linear, e mais precisa. Na primeira, o tubo é tratado como um sistema conservativo. Nenhuma pergunta é formulada quanto ao modo de como o tubo começa a oscilar, e o nível da oscilação é completamente indeterminado. Na segunda teoria, a oscilação do tubo é considerada como energia dissipada e esta energia é vista como se ela se originasse na corrente de ar que atravessa o lábio do tubo. Há, na verdade, em um estado estacionário teórico um fluxo de ar que atravessa o lábio do tubo e que não intercambia nenhuma energia com qualquer dos modos de oscilação do tubo, mas para certas velocidades do fluxo de ar esta condição de estado estacionário é instável. O menor desvio acidental desta introduzirá um *input* de energia em um ou mais de um dos modos naturais de oscilação linear do tubo; e até um ponto, este movimento aumentará efetivamente o acoplamento dos modos próprios de oscilação do tubo com o input de energia. A taxa do input de energia e a taxa do output de energia por dissipação térmica e por outros meios possuem diferentes leis de crescimento, mas, para chegar a um estado estacionário de oscilação, ambas as quantidades devem ser idênticas. Assim, o nível da oscilação não linear é determinado de modo tão definitivo quanto a sua frequência.

O caso que examinamos é um exemplo do que se conhece pelo nome de oscilação de relaxação: ou seja, aquele em que um sistema de equações invariante sob a translação no tempo conduz a uma solução periódica – ou que corresponda a alguma noção generalizada de periodicidade – no tempo, e determinada em amplitude e frequência, mas não na fase. No caso discutido, a frequência de oscilação do sistema é próxima da frequência de alguma parte quase linear do sistema frouxamente acoplada. B. van der Pol, uma das principais autoridades em oscilações de relaxação, assinalou que este nem sempre é o caso, e que há de fato oscilações de relaxação onde a frequência predominante não se aproxima da frequência da oscilação linear de qualquer parte do sistema. Temos um exemplo numa corrente de gás que entra em um quarto ventilado e no qual arde uma lâmpada-piloto: quando a concentração de gás no ar atinge certo valor crítico, o sistema está pronto a explodir por ignição pela lâmpada-piloto, e o tempo necessário para que isso aconteça depende tão-somente da taxa do fluxo do gás aquecido, taxa na qual o ar se infiltra e os produtos da combustão extravasam, e da percentagem de composição de uma mistura explosiva de gás aquecido e ar.

Em geral, sistemas não lineares de equações são difíceis de resolver. Há, todavia, um caso particularmente abordável, no qual o sistema difere apenas ligeiramente de um sistema linear, e os termos que o distinguem variam tão lentamente que podem ser considerados substancialmente constantes num período de oscilação. Neste caso, é possível estudar o sistema não linear como se fosse linear com parâmetros que variam de modo muito lento. Diz-se que os sistemas que podem ser estudados desta maneira são perturbados secularmente, e a teoria dos sistemas perturbados secularmente desempenha um dos papéis mais importantes na astronomia gravitacional.

É bem possível que alguns dos tremores fisiológicos possam ser tratados algo grosseiramente como sistemas lineares perturbados secularmente. Em sistemas desse tipo vê-se claramente por que o nível estacionário de amplitude pode ser tão bem determinado como a frequência. Consideremos um amplificador como um elemento de um sistema assim, cujo ganho diminui à medida que aumenta alguma média de longa duração do input de um sistema desse tipo. Então, à medida que a oscilação do sistema se compõe, o ganho pode ser reduzido até alcançar um estado de equilíbrio.

Sistemas não lineares de oscilações de relaxação foram estudados em alguns casos segundo métodos desenvolvidos por Hill e Poincaré[1]. Os casos clássicos para o estudo de tais oscilações são os que apresentam equações de sistemas de natureza diferente; especialmente aqueles cujas equações diferenciais são de ordem inferior. Não é do meu conhecimento a existência de qualquer estudo adequado comparável das correspondentes equações integrais quando o sistema depende, para o seu comportamento futuro, de seu total comportamento passado. Entretanto, não é difícil esboçar a forma que uma tal teoria assumiria, sobretudo quando procuramos apenas soluções periódicas. Neste caso, uma leve modificação nas constantes da equação conduziria a uma modificação ligeira e, portanto, aproximadamente linear, das equações do movimento. Por exemplo, seja $Op[f(t)]$ uma função de t que resulta de uma operação não linear sobre $f(t)$, e que é afetada por uma translação. Então a

1. Henri Poincaré, *Les Méthodes nouvellés de la mécanique céleste,* Paris: Gauthier-Villars et fils, 1892-1899.

variação de $Op[f(t)]$, ou seja, $\delta\, Op[f(t)]$ correspondente a uma mudança variacional $\delta f(t)$ em $f(t)$ e uma conhecida mudança nas dinâmicas do sistema, é linear, mas não homogênea em $\delta f(t)$, embora não linear em $f(t)$. Se conhecermos agora uma solução $f(t)$ de

$$Op[f(t)] = 0 \tag{4.55}$$

e mudarmos as dinâmicas do sistema, obteremos uma equação linear não homogênea para $\delta f(t)$. Se

$$f(t) = \sum_{-\infty}^{\infty} a_n e^{in\lambda t} \tag{4.56}$$

e se $f(t) + \delta f(t)$ for também periódica, sendo da forma

$$f(t) + \delta f(t) = \sum_{-\infty}^{\infty} (a_n + \delta a_n)\, e^{in(\lambda + \delta\lambda)t} \tag{4.57}$$

então

$$\delta f(t) = \sum_{-\infty}^{\infty} \delta a_n e^{i\lambda nt} + \sum_{-\infty}^{\infty} a_n e^{i\lambda nt}\, in\delta\lambda t \tag{4.58}$$

As equações lineares para δf (t) terão todos os coeficientes desenvolvíveis em série de $e^{i\lambda nt}$, uma vez que $f(t)$ pode, por sua vez, ser desenvolvida nesta forma. Obteremos, assim, um sistema infinito de equações lineares não homogêneas em $\delta a_n + a_n$, $\delta\lambda$ e λ, e tal sistema de equações pode ser solucionado pelos métodos de Hill. Neste caso, é pelo menos concebível que, partindo de uma equação linear (não homogênea) e deslocando gradualmente as restrições, poderemos chegar a uma solução de um tipo muito geral do problema não linear em oscilações de relaxação. Este trabalho, todavia, fica para o futuro.

Em certa medida, os sistemas de feedback de controle discutidos neste capítulo e os sistemas de compensação discutidos nos anteriores são competitivos. Ambos se prestam a moldar as complicadas relações de input-output de um efetor numa forma que se aproxima de uma simples proporcionalidade. Vimos que o sistema de feedback faz mais do que isto, e tem um desempenho relativamente independente da característica e das mudanças de característica do efetor utilizado. A relativa utilidade dos dois métodos de controle depende assim da constância da característica do efetor. É natural supor que surjam casos nos quais seria vantajoso combinar os dois métodos. Há vários modos de fazê-lo. Um dos mais simples está ilustrado no diagrama da Fig. 4.

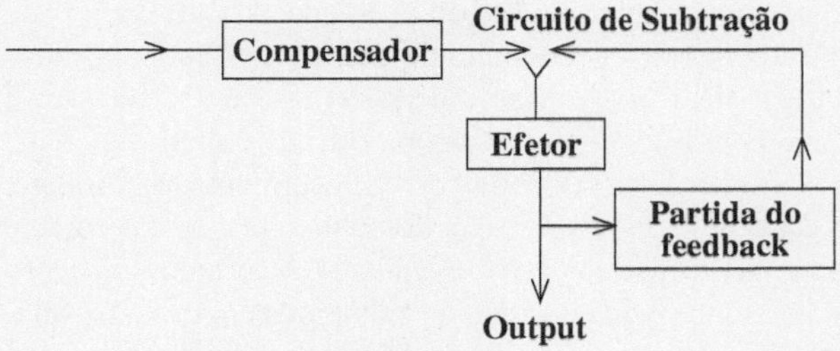

Fig. 4

Nesta situação, pode-se encarar todo o sistema de feedback como um efetor maior, e não surge nenhum ponto novo, exceto que é preciso arranjar o compensador de modo a compensar o que constitui, de algum modo, a característica média do sistema de feedback. Outro tipo de arranjo aparece na Fig. 5.

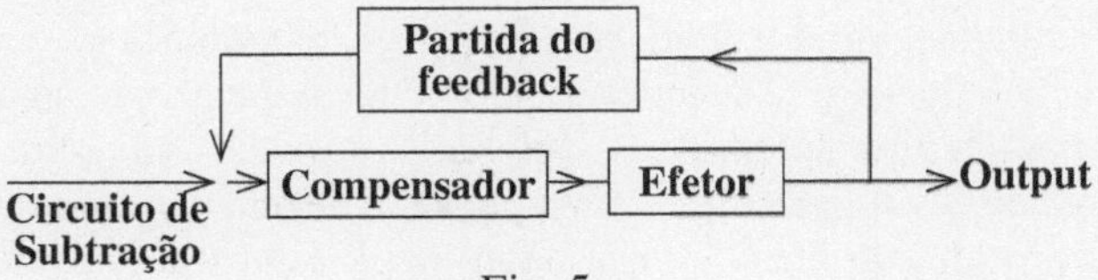

Fig. 5

No caso, o compensador e o efetor são combinados em um efetor maior. Tal mudança em geral alterará o máximo feedback admissível, e não é fácil verificar como se pode comumente aumentar o referido nível em importante extensão. Por outro lado, para o mesmo nível de feedback é preciso melhorar definitivamente o desempenho do sistema. Se, por exemplo, o efetor tem uma característica essencialmente retardatária, o compensador será um antecipador ou previsor, projetado pelo seu conjunto estatístico de inputs. Nosso feedback, que podemos denominar de feedback antecipador, tenderá a apressar a ação sobre o mecanismo efetor.

Feedbacks deste tipo geral encontram-se por certo nos reflexos dos homens e dos animais. Quando vamos atirar num pato, o erro que tentamos minimizar não é aquele entre a posição da espingarda e a real posição do alvo, porém entre a posição da espingarda e a antecipada posição do alvo. Qualquer sistema de controle de fogo antiaéreo deve enfrentar o mesmo problema. As condições de estabilidade e eficácia de feedbacks antecipados necessitam de uma discussão mais cabal.

Outra variante interessante de sistemas de feedback aparece no modo como dirigimos um carro numa estrada coberta de gelo. Toda a nossa maneira de dirigir depende do conhecimento do caráter escorregadio da superfície da pista, isto é, do conhecimento das características de desempenho do sistema carro-estrada; se esperamos descobri-lo pelo desempenho comum do sistema, ver-nos-emos em uma derrapagem antes de sabê-lo. Temos, assim, de imprimir ao volante uma sucessão de pequenos e rápidos impulsos, não suficientes para lançar o carro numa derrapagem maior, mas inteiramente suficientes para informar ao nosso sentido cinestésico se o carro está em perigo de derrapagem, e regulamos desta maneira o nosso modo de dirigir.

Tal método de controle, que podemos denominar *controle por feedback informativo,* não é difícil de esquematizar em uma forma mecânica e pode muito bem ser de valia quando utilizado na prática. Temos um compensador para o nosso efetor, e este compensador apresenta uma característica que é possível variar por fora. Superpomos à mensagem entrante um input fraco de alta frequência e retiramos ao output do efetor um output parcial de mesma alta frequência, separado do resto do output por um filtro apropriado. Exploramos as relações amplitude-fase do output de alta frequência com o input a fim de obter as características do desempenho do efetor. Nesta base, modificamos no sentido apropriado as características do compensador. O fluxograma do sistema é mais ou menos como o do diagrama da Fig. 6.

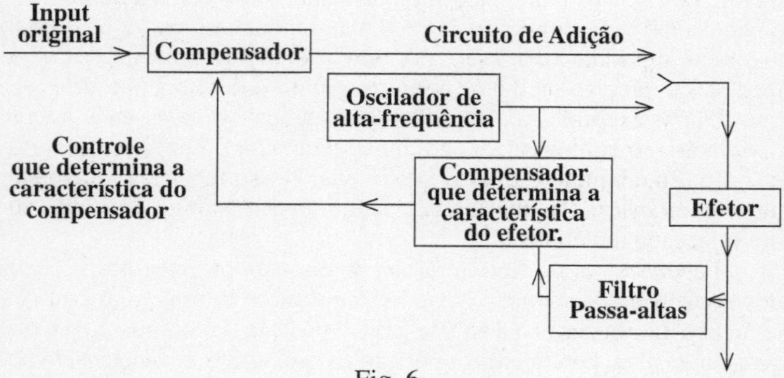

Fig. 6

As vantagens deste tipo de feedback estão em que o compensador é ajustável de modo a proporcionar estabilidade a todo tipo de carga constante; e que, se as características da carga variarem de modo bastante lento, no que chamamos maneira secular, em comparação às mudanças do input original, e se a leitura da condição de carga for precisa, o sistema tende a não entrar em oscilação. Há numerosos casos onde a mudança de carga é secular, neste sentido. Por exemplo, a carga de atrito de uma torre de canhão depende da rigidez da graxa, e esta, mais uma vez, da temperatura; mas a rigidez não muda de modo apreciável em alguns giros da torre.

Sem dúvida, este feedback informativo funcionará bem somente se as características da carga em altas frequências forem as mesmas que suas características em baixas frequências, ou fornecerem uma boa indicação destas. Este é amiúde o caso quando o caráter da carga e, portanto, do efetor contém um número relativamente pequeno de parâmetros variáveis.

Este feedback informativo e os exemplos que demos de feedback com compensadores constituem apenas casos particulares daquilo que é uma teoria muito complicada, e por ora ainda imperfeitamente estudada. O campo todo está sofrendo rapidíssimo desenvolvimento. Merecerá muito mais atenção no futuro próximo.

Antes de terminarmos esse capítulo, não devemos esquecer outra importante aplicação fisiológica do princípio do feedback. Um grande grupo de casos em que alguma espécie de feedback não é apenas exemplificada em fenômenos fisiológicos, mas é absolutamente essencial para a continuação da vida encontra-se no que é conhecido sob o nome de *homeostase.* As condições sob as quais a vida, em especial a vida saudável, pode continuar nos animais superiores são muito estritas. Uma variação de meio grau centígrado na temperatura do corpo é em geral um sinal de doença, e uma variação permanente de cinco graus dificilmente se coaduna com a vida. A pressão osmótica do sangue e a sua concentração de íons de hidrogênio devem ser mantidas em estreitos limites. Os produtos não aproveitados do corpo devem ser excretados antes que atinjam concentrações tóxicas. Ao lado de tudo isso, os nossos leucócitos ou defesas químicas contra a infecção devem ser conservados em níveis adequados; nosso regime, cardíaco e a pressão sanguínea não devem ser nem muito altos nem muito baixos; nosso ciclo sexual deve conformarse às necessidades raciais de reprodução; nosso metabolismo de cálcio deve ser tal que não amoleça os ossos nem calcifique os tecidos; e assim por diante. Em resumo, a nossa economia interna deve conter um conjunto de termostatos, controles automáticos de concentração de íons de hidrogênio, reguladores, e coisa parecida, que se adequaria a uma grande indústria química. Eis o que conhecemos coletivamente por nosso mecanismo homeostático.

Nossos feedbacks homeostáticos apresentam uma diferença geral das nossos feedbacks posturais e voluntárias: elas tendem a ser mais lentas. Há pouquíssimas mudanças na homeostase fisiológica – nem mesmo a anemia cerebral – que produzem danos sérios ou permanentes numa pequena fração de segundo. Em consequência, as fibras nervosas reservadas ao processo de homeostase – os sistemas simpático e parassimpático – são amiúde não mielinizadas e conhecidas como tendo uma taxa de transmissão consideravelmente mais lenta do que as fibras mielinizadas. Os efetores típicos da homeostase – músculos lisos e glândulas – são igualmente lentos em sua ação comparada com a dos músculos estriados, efetores típicos da atividade voluntária e de postura. Muitas das mensagens do sistema homeostático são transportadas por canais não nervosos – a anastomose direta das fibras do coração, ou mensageiros químicos tais como os hormônios, o dióxido de carbono contido no sangue etc.; e, exceto no caso do músculo cardíaco, estes constituem modos em geral mais lentos de transmissão do que as fibras nervosas mielinizadas.

Qualquer compêndio completo de cibernética deverá conter uma discussão inteiramente pormenorizada dos processos homeostáticos e muitos casos particulares têm sido abordados na literatura com algum detalhe[2]. Entretanto, este livro é antes uma introdução ao tema do que um tratado, e a teoria dos processos homeostátícos implica um conhecimento por demais pormenorizado de fisiologia geral para aqui figurar devidamente.

---

2. Walter B. Cannon, *The Wisdom of the Body,* New York: W. W. Norton & Co, 1932; Lawrence Joseph Henderson, *The Fitness of the Environment*, New York: Macmillan, 1913.

V. COMPUTADORES E O SISTEMA NERVOSO

Os computadores são essencialmente máquinas para registrar números, operar com números e fornecer o resultado sob forma numérica. Uma parte bastante considerável de seu custo, tanto em dinheiro como em esforço de construção, é dedicado ao simples problema de registrar números de modo claro e acurado. A forma mais simples de fazer, isto é, segundo parece, sobre uma escala uniforme, com um ponteiro que se move de algum modo sobre ela. Se desejarmos registrar um número com a precisão de uma parte em n, será preciso assegurar que em cada região da escala o ponteiro assume a posição desejada dentro dessa precisão. Isto é, para uma quantidade de informação $\log_2 n$, cumpre concluir cada parte do movimento do ponteiro com esse grau de precisão, e o custo será da forma An, onde A não está longe de ser uma constante. Mais exatamente, já que $n - 1$ regiões se apresentam precisamente estabelecidas, a região restante também assim se apresentará, o custo do registro de uma quantidade de informação I será da ordem de

$$(2^I - 1)A \qquad (5.01)$$

Dividamos agora esta informação em duas escalas, cada qual marcada de maneira menos acurada. O custo do registro desta informação será de aproximadamente

$$2(2^{I/2} - 1)A \qquad (5.02)$$

Se dividirmos a informação entre *N* escalas, o custo aproximado será de

$$N(2^{1/N} - 1)A \tag{5.03}$$

Isso será um mínimo quando

$$2^{1/N} - 1 = \frac{I}{N} 2^{1/N} \log 2 \tag{5.04}$$

ou se pusermos

$$\frac{I}{N} \log 2 = x \tag{5.05}$$

quando

$$x = \frac{e^x - 1}{e^x} = 1 - e^{-x} \tag{5.06}$$

Isso ocorrerá quando e somente quando $x = 0$, ou $N = \infty$. Isto é, *N* deverá ser tão grande quanto possível para proporcionar o menor custo ao armazenamento de informação. Lembremos que $2^{1/N}$ deve ser um inteiro e que 1 não constitui um valor significativo, pois neste caso temos um número infinito de escalas, cada uma sem qualquer informação. O melhor valor significativo para $2^{1/N}$ é 2, caso em que registramos o nosso número sobre um número de escalas independentes, cada qual dividida em duas partes iguais. Em outras palavras, representamos nossos números no sistema binário sobre um número de escalas onde tudo o que sabemos é que certa quantidade se encontra em uma ou outra das duas porções iguais da escala, e onde a probabilidade de um conhecimento imperfeito, como sobre qual das metades da escala contém a observação, torna-se evanescentemente pequena. Em outras palavras, representamos um número ν sob a forma

$$\nu = \nu_0 + \frac{1}{2}\nu_1 + \frac{1}{2^2}\nu_2 + \ldots + \frac{1}{2_n}\nu_n + \ldots \tag{5.07}$$

onde cada v_n *é* 1 ou 0.

Existem até agora dois grandes tipos de máquinas de calcular: as do tipo do analisador diferencial de Bush[1], que são conhecidas como *máquinas analógicas*, cujos dados são representados por medidas sobre alguma escala contínua, de sorte que a precisão da máquina é determinada pela

1. *Journal of the Franklin Institute*, vários artigos, 1930 em diante.

precisão da construção da escala; e as do tipo das máquinas comuns de mesa de somar e multiplicar, que denominamos *máquinas numéricas,* onde os dados são representados por um conjunto de escolhas entre um número de contingências, e cuja precisão é determinada pela agudeza da forma como são distinguidas as contingências, o número de contingências alternativas apresentadas a cada escolha e o número de escolhas dadas. Vemos que para um trabalho altamente acurado, em qualquer proporção, as máquinas numéricas são preferíveis, e acima de tudo, as construídas na escala binária onde o número de alternativas apresentadas em cada escolha é dois. Nossa utilização de máquinas com escalas decimais está condicionada simplesmente pelo acidente histórico de que a escala dez, baseada em nossos dedos e polegares, já se achava em uso quando os hindus efetuaram a grande descoberta da importância do zero e a vantagem de um sistema posicional de notação. Vale conservá-la quando uma grande parte do trabalho feito com a ajuda da máquina consiste em transcrever para a máquina números na forma decimal convencional, e em retirar da máquina números que devem ser escritos na mesma forma convencional.

Este é, de fato, o uso da máquina comum de mesa para calcular como as usadas nos bancos, nos escritórios comerciais e em muitos laboratórios estatísticos. Não é este o modo como máquinas maiores e mais automáticas são mais bem utilizadas; em geral, qualquer computador é utilizado porque os métodos binários são mais rápidos do que os manuais. Em qualquer uso combinado de meios de computação, como em qualquer combinação de reações químicas, é o mais lento que fornece a ordem de grandeza das constantes de tempo do sistema inteiro. Assim, é vantajoso, na medida do possível, remover o elemento humano de qualquer cadeia elaborada de computação e introduzi-lo apenas onde for absolutamente indispensável, bem no início ou bem no fim. Sob tais condições, compensa ter um instrumento para mudar a escala de notação, a ser usada no início ou no fim da cadeia de computações, e realizar todos os processos intermediários na escala binária.

O computador ideal deve então possuir todos os seus dados inseridos no início, e deve estar o mais livre possível da interferência humana até o fim. Isso significa que não apenas os dados numéricos devem ser inseridos no começo, mas também todas as regras para combiná-los, na forma de instruções que abranjam cada situação capaz de surgir no curso da computação. Destarte, o computador deve ser uma máquina lógica tanto quanto aritmética e deve combinar contingências de acordo com algum algoritmo sistemático. Embora haja inúmeros algoritmos que *poderiam* ser utilizados na combinação de contingências, o mais simples é conhecido como a álgebra da lógica *par excellence,* ou a álgebra de Boole. Este algoritmo, como a aritmética binária, baseia-se na dicotomia, na escolha entre *o sim* e o *não,* na escolha entre estar em uma classe e estar fora. As razões de sua superioridade sobre outros sistemas são da mesma natureza que as da superioridade da aritmética binária sobre outras aritméticas.

Assim, todos os dados, numéricos ou lógicos, introduzidos na máquina, estão na forma de um conjunto de escolhas entre duas alternativas, e todas as operações sobre os dados assumem a forma de fazer com que um conjunto de novas escolhas dependa de um conjunto de velhas escolhas. Quando adiciono dois números de um dígito, A e B, obtenho um número de dois dígitos que começa com 1 se A e B forem ambos 1, e com 0 no caso contrário. 0 segundo dígito é 1 se $A \neq B$, e 0, do contrário. A adição de números de mais de um dígito segue regras similares, porém mais complicadas. A multiplicação no sistema binário, como no decimal, pode reduzir-se a uma tabela de multiplicação e a adição de números, bem como as regras para a multiplicação de números binários assumem a forma peculiarmente simples dada pela tabela

$$\begin{array}{c|cc} \times & 0 & 1 \\ \hline 0 & 0 & 0 \\ 1 & 0 & 1 \end{array} \tag{5.08}$$

Assim, a multiplicação é simplesmente um método para determinar um conjunto de novos dígitos uma vez dados os antigos.

Do ponto de vista lógico, se *0* for uma decisão negativa e *1*, uma positiva, cada operador pode ser derivado de três: *negação,* que transforma *1* em *0* e *0* em *1; adição lógica,* com a tabela

$$\begin{array}{c|cc} \oplus & 0 & 1 \\ \hline 0 & 0 & 1 \\ 1 & 1 & 1 \end{array} \tag{5.09}$$

e a *multiplicação lógica* com tabela igual à multiplicação numérica do sistema (1,0), ou seja,

$$\begin{array}{c|cc} \odot & 0 & 1 \\ \hline 0 & 0 & 0 \\ 1 & 0 & 1 \end{array} \tag{5.10}$$

Isto é, cada contingência que pode surgir na operação de uma máquina exige simplesmente um novo conjunto de escolhas de contingências *1* e *0*, que dependem, segundo um conjunto fixado de regras, das decisões já feitas. Em outras palavras, a estrutura da máquina é a de um grupo de relés, cada qual capaz de duas condições, digamos, "dentro" ou "fora"; enquanto, a cada estágio, cada relé assume uma posição ditada pela posição de alguns ou de todos os relés do grupo em um estágio prévio de operação. Tais estágios de operação podem ser definitivamente "acertados" a partir de algum relógio ou relógios centrais, ou a ação de cada relé pode ser sustentada até que todos os relés que deveriam ter atuado antes no processo tenham atravessado todos os passos exigidos.

Os relés utilizados no computador podem ser de caráter muito variado: puramente mecânicos, ou eletromecânicos, como no caso de um relé solenoidal, onde a armadura ficará em uma das duas possíveis posições de equilíbrio até que um impulso adequado a empurre para o outro lado. Podem ser sistemas puramente elétricos com duas posições alternativas de equilíbrio, quer na forma de tubos cheios de gás, ou, o que é bem mais rápido, na forma de válvulas eletrônicas. Os dois estados possíveis de um sistema de relé podem ambos ser estáveis na ausência de interferência externa, ou bem apenas um estável, enquanto o outro é transitório. Sempre no segundo caso e em geral no primeiro, será desejável ter aparelhos especiais para reter um impulso que deve atuar em algum tempo futuro, e evitar a obstrução do sistema que ocorrerá se um dos relés nada faz exceto repetir-se indefinidamente. Todavia, teremos mais a dizer posteriormente a respeito deste problema de memória.

É digno de nota o fato de que os sistemas nervosos animal e humano, sabidamente capazes do trabalho de um sistema de computação, contêm elementos idealmente adequados para atuar como relés. Tais elementos são os chamados *neurônios* ou células nervosas. Embora apresentem antes propriedades complicadas sob a influência de correntes elétricas, na sua ação fisiológica comum, conformam-se de modo bem aproximado ao princípio "tudo ou nada"; isto é, ou estão em repouso, ou, quando "disparam" atravessam uma série de mudanças quase independentes da natureza e da intensidade do estímulo. Há antes uma fase ativa, transmitida de uma extremidade à outra do neurônio com velocidade definida, à qual sucede um período refratário em que o neurônio ou é incapaz de ser estimulado, ou em qualquer caso não é capaz de ser estimulado por nenhum processo fisiológico normal. Ao final deste efetivo período refratário, o nervo permanece inativo, mas é passível de ser novamente estimulado à atividade.

Assim, o nervo pode ser tomado como um relé, com essencialmente dois estados de atividade: disparo e repouso. Deixando de lado aqueles neurônios que aceitam as suas mensagens de extremidades livres ou de pontas de órgão sensoriais, cada neurônio possui a sua mensagem alimentada por outros neurônios em pontos de contato conhecidos como *sinapses*. Para um dado neurônio que saí, estas variam em número de alguns poucos, a muitas centenas. É o estado dos impulsos entrantes nas várias sinapses, combinado com o estado antecedente do próprio neurônio de saída, que, determina se ele irá disparar ou não. Caso não seja nem disparador nem refratário, e o número de sinapses entrantes que "disparam" dentro de certo intervalo de fusão muito pequeno exceder certo limiar, então o neurônio há de disparar após um conhecido atraso sináptico razoavelmente constante.

Isso talvez constitua uma super simplificação do quadro: o "limiar" pode não depender simplesmente do número de sinapses, mas de seu "peso" e das suas relações geométricas de um para com o outro com respeito ao neurônio no qual se alimentam; e há evidência muito convincente de que existem sinapses de natureza diferente, as assim chamadas "sinapses inibidoras", que ou previnem completamente o disparo do neurônio que sai, ou de algum modo elevam o seu limiar com respeito ao estímulo na sinapse comum. O que é bastante claro, no entanto, é que algumas combinações definidas de impulsos sobre os neurônios entrantes com conexões sinápticas com um dado neurônio, provocam o seu disparo, enquanto outros não o fazem. Isso não equivale a afirmar que não possa haver outras influências não neuronais, talvez de natureza humoral, que produzam variações seculares lentas tendentes a variar esse padrão de impulsos entrantes, que é adequado ao disparo.

Uma função muito importante do sistema nervoso, e como já mencionamos, uma função que pede igualmente computadores, é a da *memória;* a capacidade de preservar o resultado das operações passadas para usá-las no futuro. Ver-se-á que os usos da memória são altamente variados, e é improvável que qualquer mecanismo singular possa satisfazer as exigências de todos eles. Há, em primeiro lugar, a memória que é necessária para realizar um processo corrente, como a multiplicação, onde os resultados intermediários não têm valor uma vez completado o processo, e onde o aparelho operador deve então ser liberado para uso posterior. Uma memória assim deveria registrar rapidamente, ser lida rapidamente e ser apagada rapidamente. Por outro lado, há a memória que é destinada a ser parte dos arquivos, o registro permanente, da máquina ou do cérebro, e a contribuir para a base de todo o seu comportamento futuro, ao menos durante uma única operação da máquina. Assinalemos de passagem que uma diferença importante entre o modo como utilizamos o cérebro e a máquina é que a máquina se destina para várias operações sucessivas, ou sem qualquer referência entre elas, ou com uma referência mínima, limitada, e que pode ser apagada entre estas operações; enquanto o cérebro, no curso da natureza, nunca, nem mesmo aproximadamente, apaga os seus registros passados. Assim, o cérebro, em circunstâncias normais não é o análogo completo do computador, mas antes o análogo de uma única operação de semelhante máquina. Veremos mais tarde que esta observação possui profundo significado na psicopatologia e na psiquiatria.

Para retornar ao problema da memória, um método bem satisfatório para construir uma memória de curto prazo é manter uma sequência de impulsos percorrendo um circuito fechado até que se limpe o circuito por intervenção externa. Há muita razão para crer que isso sucede em nossos cérebros durante a retenção dos impulsos, que ocorre no transcurso do que é conhecido como presente especioso. Tal método foi imitado em inúmeros dispositivos usados nas máquinas de calcular, ou pelo menos sugeridos para tal uso. Há duas condições desejáveis em tal aparelho de retenção: o impulso deveria ser transmitido em um meio no qual não seja demasiado difícil obter um considerável atraso de tempo; e antes que os erros inerentes ao aparelho o tenham borrado demais, o impulso deveria ser reconstruído numa forma tão exata quanto possível. A primeira condição tende a excluir atrasos produzidos pela transmissão de luz, ou mesmo, em muitos casos, por circuitos elétricos, enquanto favorece o emprego de uma forma ou outra de vibrações elásticas; e tais vibrações foram efetivamente empregadas para este propósito nas máquinas de calcular. Se os circuitos elétricos são utilizados para fins de retardo, o retardo produzido em cada estágio é relativamente curto; ou, como em todas as peças de aparelho linear, a deformação da mensagem é cumulativa e torna-se rapidamente intolerável. Para evitá-lo, entra em jogo uma segunda consideração; devemos inserir em algum lugar do ciclo um relé que não sirva para repetir a forma da mensagem entrante, mas antes para desengatilhar uma nova mensagem da forma prescrita. Isto é feito facilmente no sistema nervoso, onde, sem dúvida, toda a transmissão é quase um fenômeno de gatilho. Na indústria elétrica, de há muito se conhecem peças de aparelhos para tal fim e têm sido usadas em conexão com circuitos telegráficos. São denominadas *repetidores de teletipo*. A grande dificuldade em utilizá-los para memórias de longa duração é que precisam funcionar sem uma falha durante um número imenso de ciclos consecutivos de operação. O seu êxito é tanto mais notável: em uma peça de aparelho projetada pelo sr. Williams da Universidade de Manchester, um dispositivo deste naipe, com um retardo unitário da ordem de um centésimo de segundo, continuou operando com êxito por muitas horas. O que torna isso mais notável é que o referido aparelho não foi utilizado apenas para preservar uma decisão única, um único "sim" ou "não", mas milhares de decisões.

Como outras formas de aparelhos destinados a reter grande número de decisões, esse funciona sob o princípio do escaneamento. Um dos modos mais simples de armazenar informação por um tempo relativamente curto é o da carga de um condensador; e quando isso é suplementado por um repetidor de teletipo, torna-se um método adequado de armazenagem. Para o uso mais vantajoso das facilidades de circuito ligadas a semelhante sistema de armazenagem, cumpre estar habilitado a comutar sucessiva e rapidamente de um condensador para outro. Os meios comuns de fazê-lo envolvem inércia mecânica, o que jamais se coaduna com velocidades muito altas. Um modo bem melhor é o uso de um grande número de condensadores, em que uma placa, ou é uma pequena peça de metal lançada em fragmentos num dielétrico ou a própria superfície imperfeitamente isolante do dielétrico, enquanto um dos conectores destes condensadores é um feixe de raios catódicos movido pelos condensadores e magnetos de um circuito varredor sobre um curso semelhante ao de um arado em um campo lavrado. Existem várias elaborações deste método que, na verdade, foi empregado de modo algo diverso pela RCA (Radio Corporation of America) antes de ser utilizado pelo sr. Williams.

Os mencionados métodos para a armazenagem de informação podem manter uma mensagem por um tempo bastante apreciável, quando não por um período comparável ao tempo de uma vida humana. Para registros mais permanentes, há ampla variedade de alternativas, entre as quais existe possibilidade de escolha. Deixando de lado métodos tão pesados, lentos e não apagáveis como o emprego de cartões e fitas perfurados, temos fitas magnéticas, juntamente com os seus modernos aperfeiçoamentos, que eliminaram em grande parte a tendência de propagar mensagens sobre este material; substâncias fosforescentes e sobretudo fotografia. A fotografia é na verdade ideal para a conservação e o pormenor de seus registros, ideal ainda do ponto de vista da brevidade da exposição necessária para registrar uma observação. Mas ela sofre de duas grandes desvantagens: o tempo exigido para a revelação, que foi reduzido a alguns poucos segundos, mas, ainda não é suficientemente pequeno para tornar a fotografia disponível para uma memória de curta duração; e (atualmente [1947]) o fato de que o registro fotográfico não estar sujeito a rápido apagamento e a rápida implantação de um novo registro. O pessoal da Eastman Kodak tem trabalhado justamente nestes problemas, que não parecem ser necessariamente insolúveis, e é possível que a esta hora já tenham encontrado a resposta.

Muitos dos métodos de armazenamento de informação já apreciados apresentam importantes elementos físicos em comum. Parecem depender de sistemas com alto grau de degenerescência quântica ou, em outros termos, com grande número de modos de vibração da mesma frequência. Isto é certamente verdadeiro no caso do ferromagnetismo, e também no caso de materiais de constante dielétrica excepcionalmente alta que são, assim, de especial valia para o uso em condensadores com o fim de armazenar informações. Também a fosforescência é um fenômeno associado a uma alta degenerescência quântica, e o mesmo tipo de efeito surge no processo fotográfico, onde muitas das substâncias que atuam como reveladoras parecem ter um bocado de ressonância interna. A degenerescência quântica parece associar-se à habilidade de fazer com que pequenas causas produzam efeitos apreciáveis e estáveis. Já vimos no Cap. II que substâncias com alta degenerescência quântica parecem associadas a muitos dos problemas de metabolismo e reprodução. Não constitui acaso, provavelmente, que aqui, num ambiente não vivo, os encontremos associados a uma terceira propriedade fundamental da matéria viva: a capacidade de receber e organizar impulsos e torná-los efetivos no mundo externo.

No caso da fotografia e de processos similares vimos que é possível armazenar uma mensagem na forma de uma alteração permanente de certos elementos de armazenagem. Ao reinserir esta informação no sistema, cumpre provocar tais mudanças para afetar as mensagens que atravessam o sistema. Um dos modos mais simples de fazê-lo é ter, como elementos de armazenagem que sofrem mudança, partes que normalmente auxiliam a transmissão de mensagens, e de uma natureza tal que a modificação em seu caráter, devido à armazenagem, afeta a forma como transportarão mensagens para o futuro inteiro. No sistema nervoso, os neurônios e as sinapses são elementos deste tipo, e é bem plausível que a informação seja armazenada durante longos períodos por alterações nos limiares dos neurônios ou, o que pode ser encarado como outro modo de dizer a mesma coisa, por mudanças na permeabilidade de cada sinapse para mensagens. Muitos de nós, na ausência de uma melhor explicação do fenômeno, pensamos que o armazenamento de informação no cérebro pode efetivamente ocorrer deste modo. É concebível que tal armazenamento ocorra quer pela abertura de novos caminhos quer pelo fechamento de antigos. Aparentemente, está estabelecido que neurônios não se formam no cérebro após o nascimento. É possível, embora não seguro, que não se formem sinapses novas, e é uma conjetura plausível que as mudanças fundamentais de limiares estão em aumento no processo da memória. Se este for o caso, a nossa vida inteira obedece ao padrão do *Peau de Chagrin* de Balzac, e o próprio processo da aprendizagem e memorização exaure nossa capacidade de aprendizagem e memória até que a própria vida dissipe o nosso cabedal de poder de vida. É bem possível que tal fenômeno ocorra. Esta seria uma explicação plausível para uma espécie de senescência. O fenômeno real da senescência, todavia, é demasiado complexo para ser explicado unicamente desta maneira.

Já falamos da máquina de calcular, e consequentemente do cérebro, como máquina lógica. Não é de modo algum trivial considerar a luz lançada sobre a lógica por essas máquinas, tanto naturais como artificiais. No caso, o trabalho fundamental é o de Turing[2]. Dissemos antes que *a machina ratiocinatrix* não é senão *o calculus ratiocinator* de Leibniz munido de um engenho; e assim como a lógica da matemática moderna começa com o referido cálculo, do mesmo modo é inevitável que seu atual desenvolvimento tecnológico possa lançar nova luz sobre a lógica. A ciência de hoje é operacional; isto é, considera cada proposição como relacionada essencialmente com possíveis experimentos ou processos observáveis. Em consequência, o estudo da lógica deve reduzir-se ao estudo da máquina lógica, seja nervosa ou mecânica com todas as suas limitações e imperfeições irremovíveis.

Alguns leitores poderão alegar que isso reduz a lógica à psicologia e que as duas ciências são diferentes por observação e demonstração. Isto é verdade no sentido de que vários estados psicológicos e sequências de pensamento não se conformam aos cânones da lógica. A psicologia contém muita coisa estranha à lógica, mas – e este é o fato importante – qualquer lógica que signifique algo para nós não pode conter nada que a mente humana – e, portanto, o sistema nervoso humano – seja incapaz de abranger. *Toda lógica é limitada pelas limitações da mente humana quando empenhada na atividade conhecida como pensamento lógico.*

---

2. Alan Mathison Turing, On Computable Numbers with an Application to the Entscheidungsproblem, *Proceedings of the London Mathematical Society*, s. 2, v. 42, 1936, p. 230-265.

Dedicamos, por exemplo, boa parte da matemática a discussões que envolvem o infinito, mas tais discussões e suas respectivas demonstrações não são realmente infinitas. Nenhuma prova admissível implica mais do que um número finito de passos. Na verdade, uma prova por indução matemática *parece* envolver uma infinidade de estágios, mas isso é apenas aparente. Na realidade, implica exatamente os seguintes estágios:

1. P_n é uma proposição que envolve o número n.
2. P_n foi provado para $n = 1$.
3. Se P_n for verdade, P_{n+1} também o será.
4. Portanto, P_n é verdade para todo n inteiro positivo.

É certo que algures em nossas pressuposições lógicas deve haver uma parte que valida este argumento. Entretanto, esta indução matemática é uma coisa muito diferente da indução completa sobre um conjunto infinito. O mesmo é verdade com respeito às formas mais refinadas da indução matemática, tais como a indução transfinita, que acontece, em certas disciplinas matemáticas.

Assim, surgem algumas situações muito interessantes, nas duais podemos talvez – com tempo suficiente e suficiente ajuda de computação – provar cada caso singular de um teorema P_n; porém, se não, houver modo sistemático de submeter tais provas a um único argumento independente de n, tal como encontramos na indução matemática, será talvez impossível provar P_n *para todo n*. Esta contingência é reconhecida no que se denomina metamatemática, disciplina tão brilhantemente desenvolvida por Gödel e sua escola.

Uma prova representa um processo lógico que chega a uma conclusão definitiva em número finito de estágios. Todavia, uma máquina lógica que segue regras definidas jamais necessita chegar a uma conclusão. Pode continuar labutando através de diferentes estágios sem jamais chegar a deter-se, ou descrevendo um padrão de atividade cada vez mais complexo, ou passando a um processo repetitivo como o final de uma partida de xadrez na qual ocorre um ciclo contínuo de xeque perpétuo. Isso sucede no caso de alguns dos paradoxos de Cantor e de Russell. Consideremos a classe de todas as classes que não são membros de si próprias. Constitui esta classe um membro de si própria? Se for, certamente não será um membro de si mesma; em caso contrário, é igualmente, sem dúvida, um membro de si mesma. Uma máquina que responda a tal questão forneceria as sucessivas respostas temporárias: "sim", "não", sim", "não", e assim por diante, e nunca chegaria ao equilíbrio.

A solução de Bertrand Russell para os seus próprios paradoxos foi apor a cada proposição uma quantidade, o chamado tipo, que serve para distinguir entre o que parece ser formalmente a mesma proposição, segundo o caráter dos objetos aos quais se refere – sejam "coisas", no sentido mais simples, classes de "coisas", classes de classes de "coisas" etc. O método pelo qual resolvemos os paradoxos é também o de agregar um parâmetro a cada proposição, sendo este parâmetro o tempo em que ela é asseverada. Em ambos os casos, introduzimos o que podemos denominar parâmetro de uniformização, para resolver uma ambiguidade que é simplesmente devida à sua desconsideração.

Vemos assim que a lógica da máquina se assemelha à lógica humana, e, de acordo com Turing, podemos empregá-la para iluminar a lógica humana. Terá também a máquina uma característica mais eminentemente humana – a capacidade de aprender? Para verificar que ela pode ter mesmo esta propriedade, consideremos duas noções intimamente relacionadas: a da associação de ideias e a do reflexo condicionado.

Na escola empirista britânica, de Locke a Hume, o conteúdo da mente era considerado como composto de certas entidades designadas por Locke como ideias e pelos autores subsequentes como ideias e impressões. Supunha-se que as ideias simples ou impressões existiam em uma mente puramente passiva, na medida em que não exercia qualquer influência sobre as ideias nela contidas como uma lousa apagada o é, em relação aos símbolos passíveis de serem nela escritos. Por alguma espécie de atividade interna, dificilmente digna de receber o nome de força, tais ideias, admitia-se, uniam-se por sua vez em feixes, conforme os princípios de semelhança, contiguidade, causa e efeito. Dentre tais princípios, talvez o mais significativo fosse o da contiguidade: ideias ou impressões ocorridas com frequência em conjunto no tempo ou no espaço, adquiriam, supunha-se, a capacidade de uma evocar a outra, de modo que a presença de qualquer delas produziria o feixe inteiro.

Em tudo isso há uma dinâmica implícita, mas a ideia de uma dinâmica não se filtrara ainda da Física para a Biologia e a Psicologia. O biólogo típico do século XVIII foi Lineu, o colecionador e classificador, com um ponto de vista completamente oposto ao dos evolucionistas, dos fisiólogos, dos geneticistas, dos embriologistas experimentais de nossos dias. Na verdade, com tanta coisa do mundo a explorar, o estado de espírito dos biólogos dificilmente poderia ser diverso. Similarmente, na Psicologia, a noção de conteúdo mental dominava a de processo mental. Isto talvez fosse uma sobrevivência da ênfase escolástica nas substâncias, num mundo em que o substantivo era hipostasiado e o verbo tinha pouco ou nenhum peso. No entanto, o passo desde as ideias estáticas ao ponto de vista mais dinâmico dos dias de hoje, como o trabalho de Pavlov exemplifica; é perfeitamente claro.

Pavlov trabalhou muito mais com animais do que com homens, e relatou mais ações visíveis que estados introspectivos da mente. Verificou em cães que a presença de alimentos provoca um aumento da secreção de saliva e do suco gástrico. Se então certo objeto visual é apresentado aos cães em presença de alimento e apenas nesta presença, a visão do objeto na ausência de alimento adquirirá a propriedade de ser por sua vez capaz de estimular o fluxo de saliva ou de suco gástrico. A união por contiguidade que Locke observara introspectivamente no caso das ideias torna-se agora uma união similar de padrões de comportamento.

Há uma diferença importante, todavia, entre o ponto de vista de Pavlov e o de Locke, e esta se deve precisamente ao fato de que Locke considera ideias e Pavlov, padrões de ação. As respostas notadas por Pavlov tendem a conduzir um processo a uma conclusão bem-sucedida ou a evitar uma catástrofe. A salivação é importante para a deglutição e para a digestão, enquanto a abstenção daquilo que podemos encarar como um estímulo doloroso tende a proteger o animal da lesão corporal. Assim, no reflexo condicionado entra algo que podemos chamar de *tônus afetivo*. Não precisamos associar isso às nossas próprias sensações de prazer e dor, tampouco, na teoria, precisamos associá-lo com a vantagem do animal. O essencial é o seguinte: o tônus afetivo é disposto em alguma espécie de escala que vai do negativo "dor" ao positivo "prazer"; de modo que por um tempo considerável, ou permanentemente, um aumento do tônus afetivo favorece todos os processos do sistema nervoso em andamento naquele instante e lhes dá um poder secundário para incrementar o tônus afetivo; e de modo que um decréscimo no tônus afetivo tende a inibir todos os processos em andamento no dado momento e lhes fornece uma capacidade secundária para diminuir o tônus afetivo.

Biologicamente falando, sem dúvida, um tônus afetivo maior deve ocorrer de maneira predominante em situações favoráveis à perpetuação da raça, senão do indivíduo, e um tônus afetivo menor em situações desfavoráveis à mencionada perpetuação, senão desastrosas. Qualquer raça, que não obedeça a esta exigência seguirá o caminho da Borboleta Pão-Com-Manteiga de Lewis Carroll, e sempre perecerá. Não obstante, mesmo uma raça condenada pode apresentar um mecanismo válido enquanto ela durar. Em outros termos, até o mais suicida aquinhoamento de tom afetivo há de produzir um padrão definido de conduta.

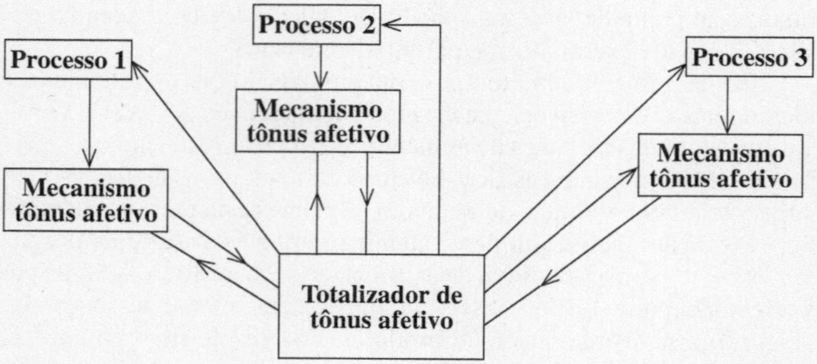

Fig. 7

Note-se que o mecanismo do tônus afetivo é por sua vez um mecanismo de feedback. É possível inclusive estabelecer um diagrama nos moldes da Fig. 7.

No caso, o totalizador para o tônus afetivo combina os tônus afetivos proporcionados por diferentes mecanismos de tônus afetivos separados em um curto intervalo no passado, segundo alguma regra que não precisamos especificar agora. A recondução a mecanismos de tônus afetivos individuais serve para modificar o tônus afetivo intrínseco de cada processo em direção ao output do totalizador, e esta modificação permanece até ser modificada por mensagens ulteriores do totalizador. A recondução do totalizador aos mecanismos de processo serve para limiares mais baixos se o tônus afetivo total estiver crescendo, e para elevá-los, se estiver decrescendo. Exercem similarmente um efeito mais longo que dura até que seja modificado por outro impulso proveniente do totalizador. Este efeito duradouro, todavia, está confinado àqueles processos em existência efetiva no momento em que chega a mensagem de volta, e uma limitação similar também se aplica aos efeitos sobre mecanismos de tônus afetivos individuais.

Desejo acentuar que não afirmo que o processo do reflexo condicionado opera segundo o mecanismo que mencionei; digo simplesmente que poderia operar *assim*. Se, todavia, admitirmos isto ou qualquer mecanismo simulatório, haverá um bocado de coisas que poderemos dizer a este respeito. Uma é que esse mecanismo é capaz de aprender. Já se reconheceu que o reflexo condicionado é um mecanismo de aprendizagem, e tal ideia tem sido aplicada aos estudos behavioristas da aprendizagem de ratos em um labirinto. É necessário apenas que os incentivos ou punições utilizados tenham, respectivamente, um tônus afetivo positivo ou negativo. Este é por certo o caso, e o experimentador aprende a natureza deste tônus afetivo por experiência, não simplesmente por considerações *a priori*.

Outro ponto de apreciável interesse é que um mecanismo deste tipo envolve certo conjunto de mensagens que partem em geral para o sistema nervoso, para todos os elementos em estado de recebê-los. Tais são as mensagens que voltam do totalizador de tônus afetivo, e numa certa extensão as mensagens que vêm dos mecanismos de tônus afetivo para os totalizadores. Na verdade, o totalizador não precisa ser um elemento separado, mas pode simplesmente representar algum efeito combinatório natural de mensagens provenientes dos mecanismos individuais de tônus afetivo. Pois bem, tais mensagens "a quem possa interessar" podem ser enviadas de modo mais eficiente, com o menor custo na aparelhagem, por outros canais além do nervoso. De maneira similar, o sistema comum de comunicação de uma mina pode consistir de uma central telefônica com os fios e peças de aparelhagem agregados. Quando queremos esvaziar uma mina às pressas, não confiamos nisto, mas quebramos um tubo de mercaptano no ventilador da mina. Mensageiros químicos como este, ou como os hormônios, são os mais simples e os mais efetivos para uma mensagem não endereçada a um destinatário específico. Por ora, permitam-me que eu entre naquilo que sei ser pura fantasia. O conteúdo altamente emocional e, por conseguinte, afetivo da atividade hormonal é dos mais sugestivos. Isso não significa que um mecanismo puramente nervoso não seja capaz de ter tônus afetivo e de aprendizagem, mas significa que no estudo deste aspecto de nossa atividade mental não podemos nos dar ao luxo de ficarmos cegos às possibilidades da transmissão hormonal. Talvez seja excessivamente fantasioso ligar esta noção ao fato de que nas teorias de Freud a memória – a função armazenadora do sistema nervoso –, e as atividades do sexo estejam ambas envolvidas. Sexo, de um lado, e todo conteúdo afetivo, de outro, contêm um elemento hormonal muito forte. Esta sugestão da importância do sexo e hormônios devo-a ao dr. J. Lettvin e ao sr. Oliver Selfridge. Embora até o momento não haja uma evidência adequada para provar a sua validade, ela não é, em princípio, manifestamente absurda.

Nada há na natureza da máquina de calcular que a proíba de apresentar reflexos condicionados. Lembremos que uma máquina de computar em ação é mais do que a concatenação de relés e mecanismos de armazenagem que o projetista construiu. Encerra também o conteúdo de seus mecanismos de armazenagem, e este conteúdo nunca é completamente apagado no curso de um único período de funcionamento. Já vimos que é este período de funcionamento mais do que toda a existência da estrutura mecânica da máquina de calcular que corresponde à vida do indivíduo. Vimos também que na máquina de calcular nervosa é altamente provável que a informação seja armazenada em grande quantidade como as mudanças na permeabilidade das sinapses, e é perfeitamente possível construir máquinas artificiais cuja informação seja assim armazenada. É perfeitamente possível, por exemplo, levar qualquer mensagem destinada ao armazenamento a transformar-se de modo permanente ou semipermanente na voltagem de alimentação da grade de um ou de certo número de válvulas, e destarte alterar o valor numérico da soma dos impulsos que acendem a válvula ou as válvulas.

Uma explicação mais pormenorizada do aparelho de aprendizagem nas máquinas de computação e de controle, bem como os usos que se lhe podem dar, cabem mais ao engenheiro do que a um livro preliminar como este. Será talvez melhor devotar o resto do presente capítulo aos usos mais desenvolvidos e normais das modernas máquinas de computação. Um dos mais importantes é a solução das equações diferenciais parciais. Mesmo as equações diferenciais lineares a derivadas parciais exigem o registro de uma enorme massa de dados para armá-las, pois os dados implicam a descrição acurada de funções de duas ou mais variáveis. Com equações de tipo hiperbólico, como a equação de onda, o problema específico é resolver a equação quando são fornecidos os dados iniciais, e isto pode ser feito de modo progressivo a partir dos dados iniciais até os resultados, a qualquer tempo ulterior. Isto vale amplamente para equações de tipo parabólico. Quando chegamos a equações de tipo elíptico, onde os dados naturais constituem valores limites mais do que valores iniciais, os métodos naturais de solução envolvem um processo iterativo de aproximação sucessiva. Tal processo é repetido numerosas vezes, de modo que métodos muito rápidos, como os dos modernos computadores, são quase indispensáveis.

Nas equações diferenciais não lineares a derivadas parciais perdemos o que conseguimos no caso das equações lineares – uma teoria matemática pura, e razoavelmente adequada. Aqui, métodos computacionais não são apenas importantes para lidar com casos numéricos particulares, mas, como Von Neumann assinalou, necessitamos deles a fim de estabelecer aquele conhecimento com um grande número de casos particulares sem o qual mal podemos formular uma teoria geral. Isto foi feito em certa medida com o auxílio de uma aparelhagem experimental muito cara, tal como os túneis de vento. E é desta maneira que nos familiarizamos com as mais complicadas propriedades das ondas de choque, com as superfícies deslizantes, turbulências, e assim por diante, para as quais raramente estamos em posição de fornecer uma teoria matemática apropriada. Quantos fenômenos não descobertos desta espécie existirão que ainda não conhecemos? As máquinas analógicas são muito menos precisas, e em muitos casos tão lentas, em relação às máquinas digitais, que estas são muito mais promissoras.

Vem-se tornando claro no uso destas novas máquinas que elas exigem suas próprias técnicas puramente matemáticas, bem diferentes das utilizadas na computação manual ou nas máquinas de capacidade menor. Por exemplo, mesmo o uso de máquinas para calcular determinantes de ordem moderadamente alta, ou para a solução simultânea de vinte ou trinta equações lineares simultâneas, apresenta dificuldades que não surgem quando estudamos problemas análogos de ordem menor. Se não houver cuidado na armação de um problema, estas podem privar por completo a solução de quaisquer cifras significativas. É lugar-comum dizer que instrumentos delicados e eficazes como as máquinas de calcular ultrarrápidas encontram-se fora de lugar quando entregues a quem não possua um grau suficiente de destreza técnica para tirar plena vantagem de seu manejo. A máquina de calcular ultrarrápida não diminuirá decerto a necessidade de matemáticos com elevado nível de entendimento e treino técnico.

Na construção mecânica ou elétrica de computadores, existem algumas máximas que merecem consideração. Uma é que mecanismos usados com relativa frequência, como os da multiplicação ou adição, deveriam apresentar-se sob a forma de montagens relativamente padronizadas e adaptadas a um emprego particular e a nenhum outro, enquanto as de uso mais casual deveriam ser reunidas para o momento de uso a partir de elementos também disponíveis para outros propósitos. Intimamente relacionada a esta consideração, surge aquela segundo a qual nos mecanismos mais gerais as partes componentes deveriam estar disponíveis de acordo com suas propriedades gerais, e não deveriam ser destinadas permanentemente a uma associação específica com outras peças do aparelho. Seria mister que houvesse uma parte do aparelho, como uma central telefônica automática, que buscasse componentes livres e conectores de várias espécies, distribuindo-os à medida do necessário. Isto eliminará grande parte do imenso gasto decorrente da posse de numerosos elementos desusados, a menos que seja utilizado todo o seu grande conjunto. Verificaremos que este princípio é muito importante quando examinarmos problemas de tráfego e sobrecarga no sistema nervoso.

Como reparo final, cumpre assinalar que uma grande máquina de calcular, seja na forma de aparelho mecânico ou elétrico, ou na do próprio cérebro, consome considerável quantidade de energia, que é toda gasta e dissipada em calor. O sangue que sai do cérebro é uma fração de grau mais quente do que o sangue que entra. Nenhuma outra máquina de calcular aproxima-se da economia energética do cérebro. Em um aparelho de grande porte, como o Eniac ou Edvac, os filamentos das válvulas consomem uma quantidade de energia que pode ser medida em quilowatts, e a menos que seja dotado de um aparelho adequado de ventilação e refrigeração, o sistema há de sofrer do que é o equivalente mecânico da pirexia, até que as constantes da máquina se modifiquem radicalmente pelo calor, e seu rendimento entre em colapso. Não obstante, a energia despendida por operação individual é tão pequena que se reduz quase a zero, e não começa sequer a constituir uma medida adequada do rendimento do aparelho. O cérebro mecânico não secreta pensamento "como o fígado faz com a bílis", tal como pretendiam os primitivos materialistas, nem o externa sob a forma de energia, como o músculo externa sua atividade. Informação é informação e não matéria ou energia. Nenhum materialismo que não o admita pode sobreviver hoje em dia.

VI. GESTALT E UNIVERSAIS

Entre outras coisas, discutimos no capítulo anterior a possibilidade de consignar o mecanismo neural à teoria de Locke da associação de ideias. Segundo Locke, isso ocorre segundo três princípios: o princípio da contiguidade, o princípio da similaridade e o princípio da causa e efeito. O terceiro é reduzido por Locke, e ainda mais definitivamente por Hume, a nada mais do que concomitância constante, sendo assim subordinado ao primeiro, o da contiguidade. O segundo, o da similaridade, merece uma discussão mais pormenorizada.

Como reconhecemos a identidade das feições de um homem, visto de perfil, ou de três quartos ou de frente? Como reconhecemos um círculo como círculo, seja grande ou pequeno, próximo ou afastado; se, na realidade, pertence a um plano perpendicular a uma reta que parte do olho e o encontra no seu centro, e é visto como um círculo, ou tem alguma outra orientação, sendo visto como uma elipse? Como distinguimos rostos, animais e mapas em nuvens, ou nos borrões de um teste de Rorschach? Todos os exemplos acima estão referidos ao olho, mas problemas similares estendem-se aos outros sentidos, e alguns têm a ver com relações intersensoriais. Como formulamos em palavras o grito de um pássaro ou as estridulações de um inseto? Como identificamos a redondeza de uma moeda pelo tato?

Por ora, limitemo-nos ao sentido da visão. Um fator importante na comparação de formas de diferentes objetos é sem dúvida a interação do olho e dos músculos, sejam estes os da parte interna do globo ocular, os que movem o globo ocular, os que movimentam a cabeça, ou o corpo como um todo. Na verdade, alguma forma deste sistema de feedback muscular visual tem a sua importância em um nível tão baixo no reino animal quanto o platelminto. Aí, o fototropismo negativo, a tendência a evitar a luz, parece controlada pelo equilíbrio dos impulsos dos dois ocelos. Este equilíbrio é retroalimentado para os músculos do tronco, desviando o corpo da luz e, em combinação com impulso geral de mover-se para a frente, conduz o animal à mais escura região acessível. É interessante notar que uma combinação de um par de fotocélulas com amplificadores apropriados, uma ponte de Wheatstone para equilibrar seus outputs, e outros amplificadores para controlar o input nos dois motores de um mecanismo de hélice dupla proporcionar-nos-iam um controle negativamente fototrópico, muito adequado para um pequeno barco. Seria difícil ou impossível para nós comprimir tal mecanismo nas dimensões que o platelminto pode transportar; aqui se nos apresenta apenas outra exemplificação do fato, agora por certo familiar ao leitor, de que os mecanismos vivos tendem a ter uma escala espacial muito menor do que os mecanismos mais ajustados às técnicas dos artífices humanos, embora, de outra parte, o uso de técnicas elétricas conceda ao mecanismo artificial enorme vantagem em matéria de velocidade sobre o organismo vivo.

Sem atravessar todos os estágios intermediários, abordemos de vez os feedbacks do músculo óptico no homem. Algumas destas são de natureza puramente homeostática; como quando a pupila se abre no escuro e se fecha na luz, tendendo assim a confinar o fluxo de luz dentro do olho em limites mais estreitos do que seria possível de outro modo. Outras se relacionam com o fato de que o olho humano restringiu economicamente sua melhor forma e visão de cor a uma força relativamente pequena, enquanto sua percepção de movimento é melhor na periferia. Quando a visão periférica colheu algum objeto conspícuo por seu brilho ou contraste de luz ou cor ou acima de tudo por seu movimento, há um feedback reflexo a fim de trazê-lo para dentro da fóvea. Este feedback é acompanhado de um complicado sistema de feedbacks subordinados e interligados, as quais tendem a convergir os dois olhos de tal modo que o objeto a atrair a atenção encontra-se na mesma parte do campo visual de cada um, e a focalizar os cristalinos de tal modo que os contornos se tornam tão agudos quanto possível. Essas ações são suplementadas por movimentos da cabeça e do corpo, mediante os quais trazemos o objeto ao centro da visão se isso não puder ser feito imediatamente através do movimento dos próprios olhos, ou introduzimos um objeto fora do campo visual captado por algum outro sentido dentro do referido campo. No caso de objetos que nos são mais familiares em uma dada orientação angular do que em outra – escrita, rostos humanos, paisagens e coisa semelhante – há também um mecanismo pelo qual tendemos a atraí-los para a orientação devida.

Todos esses processos podem resumir-se em uma sentença: tendemos a levar qualquer objeto que chame nossa atenção a uma posição e orientação padrões, de maneira que a imagem visual que formamos dele varie num intervalo tão pequeno quanto possível. Isto não esgota os processos implicados na percepção da forma e significado do objeto, mas facilita certamente todos os processos posteriores que tendam para este fim. Tais processos ulteriores ocorrem no olho e no córtex visual. Há forte evidência de que para um considerável número de estágios cada passo no processo em apreço diminui o número de canais neuronais envolvidos na transmissão da informação visual, e conduz esta informação a um passo mais perto da forma em que é usada e preservada na memória.

O primeiro passo na concentração da informação visual verifica-se na transição entre a retina e o nervo óptico. Note-se que, enquanto na fóvea se dá quase uma correspondência um-um entre os bastonetes, os cones e as fibras do nervo óptico, a correspondência na periferia é tal que uma fibra de nervo óptico corresponde a dez ou mais órgãos terminais. Isto é inteiramente compreensível, à vista do fato de que a principal função das fibras periféricas não é tanto a visão em si mesma quanto a de um captador para o mecanismo de centralização e focalização do olho.

Um dos mais notáveis fenômenos da visão é nossa capacidade de reconhecer um contorno desenhado. Sem dúvida, um contorno desenhado de, digamos, um rosto humano tem pouquíssima semelhança com o próprio rosto em cor, ou com a concentração maciça de luz e sombra, não obstante possa constituir-se no mais reconhecível retrato do objeto. A explanação mais plausível disto é que, algures, no processo visual, os contornos são enfatizados e alguns outros aspectos de uma imagem são minimizados em importância. O início dos processos acha-se no próprio olho. Como todos os sentidos, a retina está sujeita à acomodação; isto é, a constante manutenção de um estímulo reduz sua capacidade de receber e transmitir o referido estímulo. Isto sucede ainda mais pronunciadamente nos receptores que registram o interior de grande bloco de imagens com cor e iluminação constantes, pois mesmo a mais ligeira das flutuações de foco e ponto de fixação, inevitável na visão, não muda o caráter da imagem recebida. É bem diferente na fronteira das duas regiões contrastantes. Aqui essas flutuações produzem uma alternação entre um estímulo e outro, e tal alternação, como vemos no fenômeno da pós-imagem, não só não tende a exaurir o mecanismo visual por acomodação, mas tende mesmo a intensificar sua sensibilidade. Isto é verdade ainda que o contraste entre as duas regiões adjacentes seja de intensidade de luz ou de cor. Para esclarecer tais fatos, notemos que três quartos das fibras do nervo óptico respondem apenas ao lampejo da iluminação. Constatamos assim que o olho recebe sua impressão mais intensa nos bordos, e que toda imagem visual possui de fato algo da natureza de um delineamento.

Provavelmente nem tudo nesta ação é periférico. Na fotografia, sabe-se que determinados tratamentos de uma chapa aumentam seus contrastes, e tais fenômenos, que são de não linearidade, certamente não se encontram aquém do que o sistema nervoso é capaz de fazer. Relacionam-se, com os fenômenos do repetidor de teletipo, que já mencionamos. Como este, eles utilizam uma impressão que não foi obliterada aquém de certo ponto para disparar uma nova impressão de uma nitidez-padrão. De qualquer modo, diminuem a informação total inservível transportada por uma imagem, e se correlacionam provavelmente com parte da redução do número de fibras de transmissão encontradas em vários estágios do córtex visual.

Designamos assim diversos estágios reais ou possíveis da esquematização de nossas impressões visuais. Centramos nossas imagens em torno do foco da atenção e reduzimo-las mais ou menos a contornos. Temos agora de compará-las umas com as outras ou, de qualquer maneira, com uma impressão-padrão armazenada na memória, tal como o "círculo" ou o "quadrado". Isto pode ser feito de muitos modos. Demos um esboço grosseiro que indica como é possível mecanizar o princípio lockeano da contiguidade na associação. Cumpre notar que o princípio da contiguidade também cobre o outro princípio lockeano de similaridade. Os diferentes aspectos do mesmo objeto são amiúde vistos nesses processos que o trazem para o foco da atenção, e de outros movimentos que nos induzem a vê-lo, ora a uma distância ora a outra, ora de um ângulo ora de outro distinto. Trata-se de um princípio geral, não limitado em suas aplicações a qualquer sentido particular e, sem dúvida, de muita importância na comparação de nossas experiências mais complicadas. No entanto, não é provavelmente o único processo que conduz à formação de nossas ideias gerais mais especificamente visuais, ou, como Locke as denominaria, "ideias complexas". A estrutura de nosso córtex visual é altamente organizada, é por demais específica, para induzir-nos à suposição de que ele opera através do que é no fim de contas um mecanismo altamente generalizado. Deixa-nos a impressão de que estamos aqui lidando com um mecanismo especial que não é apenas uma montagem transitória de elementos de finalidade geral com partes intercambiáveis, mas uma permanente submontagem, como as montagens aditiva e multiplicativa de uma máquina de calcular. Nas circunstâncias, vale considerar como semelhante submontagem pode possivelmente atuar e como devemos tratar de designá-la.

As possíveis transformações perspectívicas de um objeto formam o que se conhece como um grupo, no sentido já definido no capítulo II. Esse grupo define vários subgrupos de transformações: o grupo afim, em que consideramos apenas aquelas transformações que deixam intocada a região do infinito; as dilatações homogêneas em torno de um dado ponto, em que um ponto, as direções dos eixos, e a igualdade de escala em todas as direções são preservados; as transformações que mantêm o comprimento; as rotações em duas ou três dimensões em torno de um ponto; o conjunto de todas as translações e assim por diante. Entre tais grupos, os que acabamos de mencionar são contínuos; isto é, as operações que lhes cabem são determinadas pelos valores de um número de parâmetros que variam continuamente em um espaço apropriado. Eles formam assim configurações multidimensionais no n-espaço, e contêm subconjuntos de transformações que constituem regiões em tal espaço.

Ora, assim como uma região no plano bidimensional comum é coberta pelo processo de escaneamento conhecido pelo técnico de televisão, por cujo intermédio um conjunto de posições, a servir de amostra, e distribuídas de modo quase uniforme naquela região, é escolhido a fim de representar o todo, de modo que cada região em um espaço-grupo, inclusive o todo deste espaço, é representável por um processo de *escaneamento de grupo*. Em um processo assim, que de modo algum se restringe a um espaço a três dimensões, uma rede de posições no espaço é atravessada em uma sequência unidimensional, e esta rede de posições distribui-se de tal maneira que chega perto de toda posição na região, em algum sentido apropriadamente definido. Conterá destarte posições tão próximas quanto se queira da posição por nós desejada. Se essas "posições", ou conjuntos de parâmetros, são realmente utilizados com o fito de gerar transformações apropriadas, significa que os resultados de uma operação para transformar uma dada figura por meio das referidas transformações se aproximarão tanto quanto queiramos de uma dada transformação da figura por um operador de transformação situado na região desejada. Se nosso escaneamento for suficientemente fino, e a região transformada apresentar a máxima dimensionalidade das regiões transformadas pelo grupo considerado, isto importa em que as transformações realmente atravessadas produzirão uma região resultante que se sobrepõe a *qualquer* transformada da região original em uma quantidade que é uma fração tão grande quanto quisermos desta área.

Comecemos então com uma região fixa de comparação e outra a ser comparada com ela. Se em qualquer estágio do escaneamento do grupo de transformações a imagem da região a ser comparada sob alguma das transformações escaneadas coincide de um modo mais perfeito com um padrão fixado que uma dada tolerância permite, isto é registrado, e diz-se que as duas regiões são iguais. Se tal não acontece em nenhum momento do processo de exploração, dizemos que são semelhantes. O processo adapta-se perfeitamente à mecanização, e serve como método para identificar o formato de uma figura independentemente do seu tamanho ou sua orientação ou de quaisquer transformações que possam ser incluídas na região-grupo a ser escaneada.

Se a região em apreço não for o grupo inteiro, pode muito bem acontecer que a região *A* se pareça com a região *B*, e que a região *B* se pareça com a região *C*, enquanto a região *A* não se assemelha à região *C*. Isto sem dúvida ocorre na realidade. Uma figura talvez não apresente qualquer semelhança particular com a mesma figura invertida, pelo menos na medida em que a impressão imediata – uma impressão que não envolva nenhum dos processos mais elevados – esteja em jogo. Não obstante, a cada estágio de sua inversão, pode haver considerável amplitude de posições adjacentes que se afigurem similares. As "ideias" universais assim formadas não são perfeitamente distintas, mas se projetam como sombras umas nas outras.

Há outros meios mais rebuscados de empregar a escaneamento de grupo para abstrair das transformações de um grupo. Os grupos que aqui consideramos têm uma "medida de grupo", de uma densidade de probabilidade que depende do próprio grupo de transformação e não muda quando todas as transformações do grupo são alteradas quando precedidas ou seguidas por qualquer transformação específica do grupo. É possível escanear o grupo de tal maneira que a densidade de escaneamento de qualquer região de uma classe considerável – isto é, a quantidade de tempo que o elemento variável de escaneamento passa dentro da região em qualquer escaneamento completo do grupo – seja aproximadamente proporcional à sua medida de grupo. No caso de tal escaneamento uniforme, se tivermos qualquer quantidade dependente de um conjunto S de elementos transformados pelo grupo, e se o mencionado conjunto de elementos for transformado por todas as transformações do grupo, designemos a quantidade dependente de *S* por *Q(S)*, e usemos *TS* para expressar a transformada do conjunto *S* pela transformação *T* do grupo. Então *Q*(*TS*) será o valor da quantidade que substitui *Q(S)* quando S é substituído por *TS*. Se calcularmos a média ou integrarmos isto, com respeito à medida de grupo para o grupo de transformações T, obteremos uma quantidade que podemos escrever da seguinte forma como:

$$\int Q(TS)\, dT \qquad (6.01)$$

na qual a integração é sobre a medida de grupo. A quantidade 6.01 será idêntica para todos os conjuntos *S* intercambiáveis entre si sob as transformações do grupo, isto é, para todos os conjuntos *S* que possuam em algum sentido a mesma forma ou *Gestalt*. É possível conseguir uma comparabilidade aproximada de forma onde a integração na Quantidade 6.01 é sobre uma região menor que o grupo todo, se o integrando *Q*(*TS*) *for* pequeno sobre a região omitida. O mesmo vale para a medida de grupo.

Nos últimos anos, muita atenção foi dispensada ao problema da prótese de um sentido perdido por outro. A mais dramática tentativa de realizá-la foi o projeto de dispositivos de leitura para cegos, acionados por meio de células fotoelétricas. Admitiremos que tais esforços se limitam à matéria impressa, e mesmo a um único tipo ou a um pequeno número de tipos. Admitiremos também que o alinhamento da página, a justificação das linhas, o espacejamento entre as linhas são realizados quer manualmente quer automaticamente, como é bem possível. Vemos que esses processos correspondem, como se pode ver, à parte de nossa determinação *Gestalt* visual que depende de feedbacks musculares e do emprego de nosso aparelho normal de centrar, orientar, focalizar e convergir. Segue-se agora o problema de determinar os formatos das letras individuais quando o aparelho de escanear passa sobre elas em sequência. Sugeriu-se fazê-lo por meio de várias células fotoelétricas localizadas em sequência vertical, cada qual ligada a um aparelho produtor de som de diferente altura. Pode-se fazê-lo com o registrador preto das letras ou como a impressão, como silêncio ou como som. Admitamos o último caso, bem como três receptores de fotocélulas sobrepostos. Que estes registrem as três notas de uma corda, digamos, com a nota mais elevada no topo e a mais baixa no fundo. Então a maiúscula F, por exemplo, registrará como

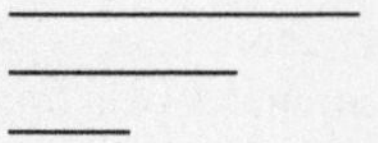

A letra Z maiúscula registrará

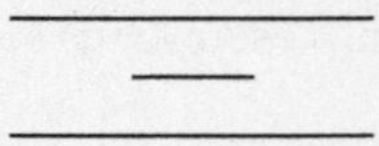

A letra O maiúscula

e assim por diante. Com a ajuda corriqueira prestada por nossa capacidade de interpretar, não deveria ser muito difícil ler semelhante código auditivo, não mais difícil do que o Braille, por exemplo.

Entretanto, tudo depende de uma coisa: a devida relação das fotocélulas com a altura vertical das letras. Mesmo com tipos padronizados, há ainda grande variação no tamanho do tipo. Assim, é desejável que nos seja dado levantar ou baixar a escala vertical do escaneamento, de modo a reduzir a impressão de uma dada letra a um padrão. Devemos ao menos ter à nossa disposição, manual ou automaticamente, algumas transformações do grupo vertical de dilatação.

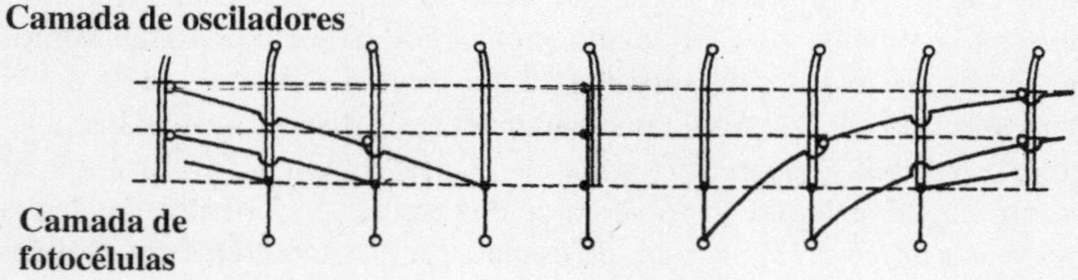

Fig. 8

Há várias maneiras de fazê-lo. Podemos permitir um ajustamento vertical de nossas fotocélulas. De outro lado, é possível usar uma disposição vertical de fotocélulas e mudar a atribuição de altura de som com o tamanho do tipo, deixando silenciosos os que se encontram acima e abaixo do tipo. Isto pode ser feito, por exemplo, com a ajuda de um esquema de dois conjuntos de conectores, os inputs subindo das fotocélulas, e conduzindo a uma série de comutadores de divergência cada vez mais larga, e os outputs, a uma série de linhas verticais, como na Fig. 8. No caso, as linhas simples representam os condutos das fotocélulas, as linhas duplas os condutos para os osciladores, os círculos sobre as linhas pontilhadas, os pontos de conexão entre condutos de input e output, e as próprias linhas pontilhadas os condutos pelos quais um ou outro de um banco de osciladores é posto em ação. Era este o dispositivo a que nos referimos na Introdução, projetado por McCulloch com o propósito de ajustar-se à altura do tipo. No primeiro projeto, a seleção entre linha pontilhada e linha pontilhada era manual.

Foi esta a figura que, ao ser mostrada ao dr. Von Bonin, sugeriu a quarta camada do córtex visual. Foram os círculos de ligação que sugeriram os corpos de célula neural desta camada, dispostos em subcamadas de densidade horizontal uniformemente variável, e tamanho variável na direção oposta à densidade. Os condutos horizontais são provavelmente disparados em uma certa ordem cíclica. O aparelho todo parece inteiramente adequado ao processo de escaneamento de grupo. Deve haver por certo algum processo de recombinação no tempo dos outputs superiores.

Este foi, então, o dispositivo indicado por McCulloch como o efetivamente usado no cérebro na detecção de *Gestalt* visual. Representa um tipo de dispositivo utilizável para qualquer espécie de grupo de exploração. Algo similar ocorre também em outros sentidos: No ouvido, a transposição da música de uma altura fundamental a outra nada é senão uma translação do logaritmo da frequência, e, pode ser, por conseguinte, executada por um aparelho para escanear grupos.

Uma montagem para escaneamento de grupo tem assim uma estrutura anatômica apropriada, bem definida. Pode-se realizar a necessária comutação por condutos horizontais independentes que fornecem bastante estímulo para deslocar os limiares em cada nível até a quantidade exatamente capaz de dispará-los quando o conduto alcança o nível. Embora não conheçamos todos os pormenores do desempenho da maquinaria, não é de modo algum difícil conjeturar uma possível máquina conformada à anatomia. Em suma, uma montagem para escanear grupo encontra-se bem adaptada para formar o tipo de submontagem permanente do cérebro correspondente aos adicionadores ou multiplicadores da máquina de computação numérica.

Enfim, o aparelho para escanear deveria apresentar certo período intrínseco de operação, por sua vez, identificável no desempenho do cérebro. A ordem de grandeza deste período precisaria surgir do tempo mínimo requerido para efetuar comparação direta dos formatos de objetos diferentes em tamanho. Isto só é viável quando a comparação ocorre entre dois objetos não muito diferentes em tamanho; de outra maneira, trata-se de processo demorado, que sugere a ação de uma montagem não específica. Quando parece possível a comparação direta, ela parece exigir um tempo da ordem de grandeza de um décimo de segundo. Isto também concorda, ao que tudo indica, com a ordem de grandeza do tempo requerido pela excitação para estimular todas as camadas dos conectores transversais em sequência.

Embora este processo cíclico pudesse ser então um processo localmente determinado, há evidência de que existe um sincronismo muito espalhado, em diferentes partes do córtex, sugerindo que é impulsionado a partir de algum relógio central controlador. De fato, sua ordem de frequência está ajustada para o ritmo alfa do cérebro, como indicam os eletroencefalogramas. Cabe suspeitar que este ritmo alfa se associa à percepção da forma, e que partilha da natureza de um ritmo de varredura, como o ritmo mostrado pelo processo de escanear de uma televisão. Some no sono profundo, e parece que outros ritmos o obscurecem e o recobrem, precisamente como é de esperar, quando estamos efetivamente olhando para alguma coisa e o ritmo de varredura atua qual um portador de outros ritmos e atividades. É mais pronunciado quando estamos com os olhos cerrados em vigília, ou fitamos o espaço sem fixar nada em particular, como na abstração de um iogue[1], quando este ritmo manifesta uma periodicidade quase perfeita.

Acabamos de ver que o problema da prótese sensória – o problema de substituir a informação normalmente transmitida através de um sentido perdido por informação através de outro sentido ainda disponível – é importante e não necessariamente insolúvel. O que torna isto ainda mais esperançoso é o fato de que as áreas da memória e associação, abordadas normalmente mediante um sentido, não constituem fechaduras com uma única chave, mas são utilizáveis para armazenar impressões reunidas de outros sentidos além daquele ao qual pertencem em condições normais. Um homem que ficou cego, com exceção, talvez, de um cego de nascença, não só retém lembranças visuais anteriores em data ao seu acidente, como está mesmo capacitado a armazenar impressões táteis e auditivas em forma visual. Ele pode tatear o seu

---

1. Comunicação pessoal do dr. W. Grey Walter, de Bristol, Inglaterra.

caminho à volta de um aposento e possuir, todavia, uma imagem de como este deve parecer.

Assim, parte de seu mecanismo visual normal lhe é acessível. De outro lado, ele perdeu mais do que os olhos: perdeu também o emprego daquela parte de seu córtex visual que se pode considerar como uma montagem ajustada para organizar as impressões da vista. É necessário equipá-lo não só com receptores visuais artificiais, mas com um córtex visual artificial, que traduzirá as impressões de luz sobre seus novos receptores em uma forma tão afim ao output normal de seu córtex visual que os objetos que normalmente se afiguravam iguais parecerão agora inteiramente iguais.

O critério, portanto, da possibilidade de semelhante substituição da vista pela audição é, pelo menos em parte, um cotejo entre o número de padrões visuais e padrões auditivos reconhecivelmente diferentes *ao nível cortical.* Trata-se de uma comparação de quantidades de informação. Dada a organização algo similar das diferentes partes do córtex sensorial, tal comparação não diferirá provavelmente muito da comparação entre as áreas de duas partes do córtex. Esta é de cerca de 100:1 como entre a visão e o som. Se todo o córtex auditivo fosse utilizado para a vista, seria de esperar que conseguíssemos uma quantidade de recepção de informação de cerca de 1 por cento da que entra através do olho. De outro lado, nossa escala usual para a estimativa da visão é em termos de distância relativa em que obtemos certo grau de resolução do padrão, e assim uma visão 10/100 significa um montante de fluxo de informação de cerca de 1 por cento do normal. Trata-se de uma visão muito pobre; não é, contudo, em definitivo, cegueira, nem as pessoas com esta percentagem de visão se consideram necessariamente cegas.

Na outra direção, o quadro é ainda mais favorável. O olho pode detectar todas as nuanças do ouvido com o uso de apenas 1 por cento de suas facilidades, deixando, ainda, uma visão de quase 95/100 que é substancialmente perfeita. O problema da prótese sensória encontra-se, por conseguinte, em um campo de trabalho extremamente auspicioso.

VII. CIBERNÉTICA E PSICOPATOLOGIA

Cumpre que eu comece o presente capítulo com uma confissão. De um lado, não sou psicopatologista nem psiquiatra, faltando-me qualquer experiência no terreno onde a orientação da experiência é a única digna de confiança. De outro, nosso conhecimento do desempenho normal do cérebro e do sistema nervoso, e *a fortiori* o nosso conhecimento de seu desempenho anormal está longe de haver alcançado o estado de perfeição em que uma teoria *a priori* pode exigir qualquer confiança. Desejo, portanto, negar de antemão qualquer afirmativa de que alguma entidade particular em psicopatologia, como, por exemplo, qualquer das condições mórbidas descritas por Kraepelin e seus discípulos, deve-se a um tipo específico de defeito na organização do cérebro enquanto máquina computadora. Os que possam tirar semelhantes conclusões específicas deste livro o fazem por sua própria conta e risco.

Não obstante, a compreensão de que o cérebro e o computador têm muito em comum pode sugerir novas e válidas abordagens à psicopatologia e até a psiquiatria. Estas começam com a questão talvez mais simples de todas: como evita o cérebro grossas asneiras, grandes insucessos de atividade, devidos ao mau funcionamento das componentes individuais? Perguntas similares referentes ao computador são de grande importância prática, pois aqui uma cadeia de operações, cada qual cobrindo uma fração de um milissegundo, pode durar horas ou dias. Uma cadeia de operações computacionais pode perfeitamente envolver 10^9 passos separados. Sob tais circunstâncias, a probabilidade de que pelo menos uma operação se desenvolva erroneamente está longe de ser desprezível, embora, verdade seja dita, o grau de confiança que admitem os modernos aparelhos eletrônicos exceda de muito as mais otimistas expectativas.

Na prática computacional corriqueira, por meio de computadores de mesa, é costume conferir cada passo da computação e, verificado um erro, localizá-lo por um processo retroativo a partir do ponto onde o erro foi notado. Para fazê-lo com uma máquina ultraveloz, a conferência deve realizar-se com a velocidade da máquina original, ou a ordem efetiva da velocidade da máquina no seu todo deve conformar-se à velocidade do processo mais lento de verificação. Ademais, se a máquina for tal que conserve todos os registros intermediários do seu desempenho, sua complicação e vulto aumentará até um ponto intolerável, de um fator que, provavelmente, há de ser bem maior do que 2 ou 3.

Um método muito melhor de verificação e, na realidade, o mais utilizado em geral na prática é o de referir toda operação simultaneamente a dois ou três mecanismos isolados. No caso do emprego de dois mecanismos similares, suas respostas são automaticamente cotejadas entre si; caso haja discrepância, os dados todos são transferidos à armazenagem permanente, a máquina para e um sinal enviado ao operador indica que algo está errado. A seguir, o operador compara os resultados, que o guia na busca da parte em mau funcionamento, quiçá uma válvula queimada e carente de substituição. Se três mecanismos separados forem utilizados para cada estágio e defeitos singulares de funcionamento forem tão raros como o são de fato, sempre existirá, na prática, concordância entre dois dos três mecanismos, e esta concordância proporcionará o resultado requerido. Neste caso, o mecanismo de cotejo aceita o registro da maioria e a máquina não precisa parar; mas há um sinal indicativo de onde e como o informe da minoria difere do majoritário. Se isto ocorre ao primeiro instante da discrepância, a indicação da posição do erro talvez seja multo precisa. Em máquina bem projetada, nenhum elemento particular é consignado a um estágio particular na sequência de operações, mas a cada estágio há um processo de pesquisa, inteiramente similar ao utilizado nas centrais telefônicas automáticas, que encontram o primeiro elemento disponível de uma dada espécie e ligam-no à sequência de operações. Neste caso, a remoção e substituição de elementos defeituosos não precisam ser origem de qualquer retardo apreciável.

É concebível e não implausível que pelo menos dois dos elementos deste processo estejam também representados no sistema nervoso. Dificilmente podemos esperar que qualquer mensagem importante seja confiada para transmissão a um único neurônio, nem que qualquer operação importante seja entregue a um único mecanismo neuronal. Como o computador, o cérebro provavelmente atua sobre uma variante do famoso princípio exposto por Lewis Carroll em *The Hunting of the Snark* (A Caça ao Snark): "Aquilo que eu lhe repetir três vezes é verdade". É também improvável que os vários canais disponíveis à transferência de informações vão em geral de uma a outra extremidade de seu curso sem sofrer anastomose. É muito mais provável que, quando uma mensagem chega a certo nível do sistema nervoso, pode deixar este ponto e seguir para o próximo por meio de um ou mais membros alternados daquilo que se conhece sob o nome "piscina internuncial". Na verdade, pode haver partes do sistema nervoso onde esta intercambialidade se apresenta muito limitada ou abolida, e elas hão de ser, provavelmente, partes tão altamente especializadas do córtex como as que servem de extensões internas dos órgãos especiais dos sentidos. Todavia, o princípio se mantém, e é provável que se mantenha de modo mais claro para as áreas corticais relativamente não especializadas que têm como propósito a associação e aquilo que denominamos as funções mentais superiores.

Até aqui consideramos erros de execução normais, que são patológicos apenas em sentido lato. Vejamos agora os que são mais caracterizadamente patológicos. A psicopatologia tem constituído antes um desapontamento para o materialismo instintivo dos médicos, os quais assumem o ponto de vista que toda doença precisa vir acompanhada de lesões materiais de algum tecido específico implicado. É verdade que lesões específicas do cérebro, tais como tumores, coágulos, ferimentos e coisa parecida podem apresentar também sintomas psíquicos, e que certas moléstias mentais, como a paresia, constituem sequelas de mal geral do corpo e denotam uma condição patológica do tecido cerebral; mas não existe maneira de identificar o cérebro de um esquizofrênico dentre os tipos estritamente kraepelino, em de um paciente maníaco-depressivo ou de um paranoico. Denominamos tais perturbações de *funcionais* e semelhante distinção parece contestar o dogma do moderno materialismo segundo o qual toda desordem na função possui alguma base fisiológica ou anatômica nos tecidos envolvidos.

Esta distinção entre doenças funcionais e orgânicas recebe um bocado de luz quando se considera o computador. Como já vimos, não é a estrutura física vazia do computador que corresponde ao cérebro – ao cérebro adulto, pelo menos – mas a combinação da referida estrutura com as instruções a ela ministradas no início de uma cadeia de operações e com toda informação suplementar armazenada e obtida de fora no curso desta cadeia. A informação é armazenada de alguma forma física – na forma de memória – mas parte dela acha-se sob a forma de memórias circulantes, com uma base física que desaparece quando a máquina é desligada ou o cérebro morre, e parte sob a forma de memórias de longa duração, armazenadas de modo que apenas nos é dado conjeturar, mas provavelmente também sob uma forma com base física que se desvanece com a morte. Não há maneira, por enquanto conhecida, para reconhecermos no cadáver qual foi, em vida, o limiar de uma dada sinapse; e ainda que o soubéssemos, não existe meio para descobrir a cadeia de neurônios e sinapses que se lhe comunicam e determinar a significação desta cadeia para o conteúdo ideacional que registra.

Nada há, pois, de surpreendente em considerar as perturbações mentais de tipo funcional como doenças fundamentalmente da memória, da informação circulante conservada pelo cérebro em estado ativo, e da permeabilidade duradoura das sinapses. Mesmo as perturbações maiores como a paresia podem produzir grande parte de seus efeitos não tanto pela destruição do tecido envolvido e pela alteração dos limiares sinápticos como pelas perturbações secundárias de tráfego – a sobrecarga do que restar do sistema nervoso e o reencaminhamento de mensagens – que deve seguir-se a tais lesões primárias.

Em um sistema que contenha grande número de neurônios, os processos circulares dificilmente podem ser estáveis por longos períodos de tempo. Ou percorrem seu curso, dissipam-se e morrem, como no caso de memórias pertencentes ao presente especioso, ou abrangem mais e mais neurônios em seu sistema, até que ocupam uma parte desordenada no fundo neuronal. É o que deveríamos esperar no caso da preocupação maligna, que acompanha as neuroses de ansiedade. Em semelhante caso, é possível que o paciente simplesmente não tenha o espaço, o suficiente número de neurônios, para realizar seus processos normais de pensamento. Em tais condições, pode haver menos atividade no cérebro para carregar os neurônios ainda não afetados, de modo que são tanto mais prontamente envolvidos no processo em expansão. Além do mais, a memória permanente fica cada vez mais profundamente implicada e o processo patológico que ocorre a princípio ao nível das memórias circulares pode repetir-se de uma forma mais intratável ao nível das memórias permanentes. Assim, o que começou como uma inversão de estabilidade relativamente trivial e acidental pode constituir-se em um processo inteiramente destrutivo para a vida mental comum.

Processos patológicos de natureza algo similar não são desconhecidos no caso de máquinas computadoras mecânicas ou elétricas. O dente de uma roda pode escorregar sob condições precisamente tais que nenhum dente com que esteja engrenado consiga tornar a encaixá-lo em suas relações normais, ou uma máquina computadora elétrica de alta velocidade pode cair em um processo circular sem que haja aparentemente meio de detê-la. Tais contingências dependem às vezes de uma configuração instantânea altamente improvável do sistema e, quando remediadas, talvez nunca – ou muito raramente – venham a repetir-se. Entretanto, quando ocorrem, põem a máquina provisoriamente fora de ação.

Como lidamos com esses acidentes no uso da máquina? A primeira coisa que tentamos fazer é desembaraçar a máquina de todas as informações na esperança de que, ao recomeçar com dados diferentes, a dificuldade não se repita. Falhando isto, se a dificuldade estiver em algum ponto inacessível, de modo permanente ou temporário, para ajustar o mecanismo, sacudimos o aparelho ou, se for elétrico, submetemo-lo a um impulso elétrico anormalmente longo, na esperança de que possamos alcançar a parte inacessível e atirá-la em uma posição onde seja interrompido o falso ciclo de suas atividades. Se até isto malograr, podemos desligar a parte da máquina responsável pelos erros, pois é possível que o restante ainda se preste ao nosso propósito.

Ora, não existe processo normal salvo a morte que limpe completamente o cérebro de todas as impressões passadas, e após a morte, é impossível pô-la a funcionar de novo. De todos os processos normais, o sono é o que mais se aproxima da desobstrução não patológica. Quão frequentemente verificamos que a melhor maneira de enfrentar uma complicação preocupante ou uma confusão intelectual é dormir sobre ela! O sono, entretanto, não apaga as memórias mais profundas, nem na verdade é um estado assaz maligno de preocupação compatível com um sono adequado. Somos destarte forçados muitas vezes a recorrer a tipos mais violentos de intervenção no ciclo da memória. O mais violento envolve uma intervenção cirúrgica no cérebro, a qual deixa atrás de si dano permanente, mutilação e o encurtamento dos poderes da vítima, pois o sistema nervoso central dos mamíferos não possui qualquer capacidade de regeneração. O principal tipo de intervenção cirúrgica até agora praticado é reconhecido como lobotomia pré-frontal, consistindo na remoção ou isolamento de uma porção do lobo pré-frontal do córtex. Ela teve nos últimos tempos certa voga, provavelmente não desvinculada do fato de tornar mais fáceis os encargos de custódia de muitos pacientes. Permitam-me observar de passagem que matá-los facilitaria ainda mais sua custódia. Contudo, a lobotomia pré-frontal não parece exercer efeito genuíno sobre a preocupação maligna, nem aproximar o paciente da solução de seus problemas, mas danificar ou destruir sua capacidade de preocupação mantenedora, conhecida na terminologia de outra profissão como *consciência*. Mais geralmente, ela parece limitar todos os aspectos da memória circulante, a capacidade de ter em mente uma situação que não se apresenta efetivamente.

As várias formas do tratamento de choque – elétrico, insulina, metrazol – são métodos menos drásticos de fazer uma coisa muito parecida. Não destroem o tecido cerebral ou pelo menos não pretendem destruí-lo, mas exercem um efeito decididamente danoso sobre a memória. Na medida em que isto diz respeito à memória circulante, e na medida em que esta memória é em grande parte danificada para o período recente de doença mental e, provavelmente, mal seria digna de preservação em geral, o tratamento de choque apresenta alguma vantagem definida a recomendá-lo em face da lobotomia; mas nem sempre está isento de efeitos deletérios sobre a memória permanente e a personalidade. Tal como se encontra no momento, é outro método violento, imperfeitamente controlado e mal-entendido, de interromper um círculo vicioso mental. Isto não impede que seja em muitos casos a melhor coisa a fazer recentemente.

A lobotomia e o tratamento de choque são métodos que, por sua própria natureza, se adequam mais para controlar memórias circulantes viciosas e preocupações malignas do que as memórias permanentes mais profundamente assentadas. Como dissemos, nos casos de doença mental longamente estabelecida, a memória permanente é transtornada de forma não menos grave que a memória circulante. Não dispomos, segundo parece, de nenhuma arma de puro caráter farmacêutico ou cirúrgico para intervir diferencialmente na memória permanente. Existe a psicanálise e outras medidas psicoterapêuticas similares se apresentam. Seja a psicanálise tomada no sentido freudiano ortodoxo ou nos sentidos modificados de Jung e Adler, seja nossa psicoterapia de caráter não estritamente psicanalítico, nosso tratamento se baseia claramente no conceito de que a informação armazenada na mente encontra-se em muitos níveis de acessibilidade e é muito mais rica e variada do que a disponível, graças à introspecção direta e sem ajuda; que é vitalmente condicionada por experiências afetivas que nem sempre conseguimos desvendar por semelhante introspecção, quer por jamais haverem alcançado formulação explícita em nossa linguagem adulta, quer por terem sido enterradas por um mecanismo definido, afetivo embora em geral involuntário; e que o conteúdo das mencionadas experiências armazenadas, bem como seu tônus afetivo, condicionam boa parte de nossa atividade ulterior por meios que podem perfeitamente ser patológicos. A técnica do psicanalista consiste numa série de recursos para descobrir e interpretar estas lembranças ocultas, para levar o paciente a aceitá-las pelo que elas são e por sua aceitação modificar, quando não o seu conteúdo, pelo menos o tônus afetivo que carregam, tornando-as destarte menos danosas. Tudo isso é perfeitamente coerente com o ponto de vista do presente livro. Isso talvez explique também por que, em certas circunstâncias, é indicado um uso conjunto do tratamento de choque e da psicoterapia, combinando uma terapia física ou farmacológica para os fenômenos de reverberação no sistema nervoso e uma terapia psicológica para as memórias que, sem interferência, poderiam restabelecer por dentro o círculo vicioso rompido pelo tratamento de choque.

Já mencionamos o problema de tráfego do sistema nervoso. Muitos autores, como D'Arcy Thompson[1], comentaram que toda forma de organização possui um limite superior de tamanho, além do qual não funcionará. Assim, a organização do inseto limita-se pelo comprimento da tubagem em que há de funcionar o método de espiráculo de trazer ar por difusão diretamente aos tecidos respirantes; um animal terrestre não pode ser tão grande a ponto das pernas ou outras porções em contato com o solo sofrerem esmagamento sob o peso do corpo; uma árvore fica circunscrita pelo mecanismo de transferir água e minerais das raízes às folhas, e os produtos da fotossíntese das folhas às raízes; e assim por diante. O mesmo tipo de coisa surge nas construções de engenharia. Os arranha-céus estão limitados em tamanho, pois, se excederem certa altura, o espaço do elevador requerido para os andares superiores consumirá uma parte excessiva da secção transversal dos pavimentos inferiores. Além de certa distância entre dois pilares, a melhor ponte pênsil que se possa construir com materiais dotados de certas propriedades elásticas ruirá sob o seu próprio peso; e além dos limites de uma distância maior entre dois pilares, *qualquer* estrutura edificada de um dado material ou de dados materiais desabará debaixo de sua própria carga. Similarmente, o tamanho de uma única central telefônica construída segundo um plano constante, não expansivo, é limitado, e esta limitação foi cabalmente estudada pelos engenheiros de telefonia.

Num sistema telefônico, o fator limitativo importante é a fração de tempo durante a qual se faz impossível ao assinante conseguir uma ligação. Uma probabilidade de 99% de êxito será por certo satisfatória mesmo para o mais exigente; 90% de chamadas bem-sucedidas é um índice bastante bom para que o negócio prossiga com razoável facilidade. Um resultado positivo de 75% já se torna irritante, mas não impedi-

---

1. *On Growth and Form*, New York: Amer/Macmillan, 1942.

rá que a empresa funcione regularmente; entretanto, se metade das chamadas não se completarem, os assinantes começarão a pedir a retirada de seus telefones. Ora, estas são cifras globais. Se os chamados passarem por n estágios distintos de ligação, e a probabilidade de falha for independente e igual para cada estágio, a fim de chegar a um índice de êxito total igual a p, a probabilidade de sucesso em cada estágio tem de ser $p^{1/n}$. Assim, a fim de lograr uma possibilidade de 75% de conclusão da chamada após cinco estágios, devemos ter cerca de 95% de probabilidade de êxito por estágio. A fim de obtermos um índice de 90%, cumpre alcançar 98% de probabilidade de sucesso em cada estágio. Para chegar a 50%, cada estágio precisa apresentar 87% de probabilidade de êxito. Ver-se-á que, quanto maior o número de estágios implicados, mais depressa o serviço se torna péssimo quando este nível crítico de falha é ultrapassado, e ótimo quando o referido nível não é inteiramente atingido. Assim, um serviço de ligação dependente de muitos estágios e projetado para certo nível de malogro não denota sinais evidentes de colapso até que o tráfego se abeire do ponto crítico; quando se faz inteiramente em pedaços, ocorrendo um catastrófico bloqueio de tráfego.

O homem, com o sistema nervoso mais desenvolvido de todos os animais, com um comportamento que provavelmente depende das mais longas das cadeias neuronais de fato operadas, pode, portanto, verossimilmente executar com eficiência um complicado tipo de comportamento bem à beira da sobrecarga, quando desandará de um modo sério e catastrófico. Esta sobrecarga pode ocorrer de diferentes maneiras: seja por excesso no montante de tráfego a ser transportado, por uma remoção física dos canais para a condução do tráfego, seja por excessiva ocupação de tais canais devido a sistemas de tráfego inconvenientes, como memórias circulantes que aumentaram a ponto de se converterem em aflições patológicas. Em todos esses casos, chegará um ponto – muito de repente – quando o tráfego normal não disporá de espaço suficiente e teremos uma forma de colapso mental, que alcançará, é bem possível, a insanidade.

Isso afetará primeiro as faculdades ou operações que envolvem as cadeias de neurônios mais longas. Há ponderável evidência de que são precisamente estes os processos considerados mais altos em nossa escala da avaliação corriqueira. A evidência é a seguinte: sabe-se que um aumento na temperatura, dentro de limites aproximadamente fisiológicos, produz um incremento no desempenho da maioria senão de todos os processos neuronais. Isto é maior nos processos superiores, mais ou menos da ordem de nossa estimativa usual de seu grau de "elevação".

Ora, qualquer facilitação de um processo em um sistema de uma única sinapse de neurônio deveria ser cumulativa, porquanto o neurônio se combina em série com outros neurônios. Assim, a quantidade de assistência que um processo recebe através de uma elevação de temperatura é uma medida aproximada do comprimento da cadeia neuronal que ela envolve.

Vemos, pois, que a superioridade do cérebro humano sobre outros em comprimento das cadeias neuronais por ele empregadas é a razão pela qual as doenças mentais são certamente mais conspícuas e provavelmente mais comuns no homem. Há outra maneira mais específica de considerar um assunto similar. Examinemos dois cérebros geometricamente similares, com os pesos da matéria cinzenta e branca relacionados pelo mesmo fator de proporcionalidade, mas com diferentes dimensões lineares na razão de $A : B$. Suponhamos que o volume dos corpos de célula na matéria cinzenta e as secções transversais das fibras na matéria branca sejam do mesmo tamanho em ambos os cérebros. Então o número de corpos de célula nos dois casos apresenta a razão de $A^3 : B^3$ e o número dos conectores de longa distância, a razão de $A^2 : B^2$. Isso significa que, para a mesma densidade de atividade nas células, a densidade de atividade nas fibras é de $A : B$ vezes tão grande no caso do cérebro maior quanto no cérebro menor.

Se compararmos o cérebro humano com o de um mamífero inferior, constataremos que ele é bem mais convoluto. A grossura relativa da matéria cinzenta é quase a mesma, mas ela se espalha sobre um sistema bem mais enredado de giros e sulcos. O efeito disso é o aumento da quantidade de matéria cinzenta à custa da quantidade de matéria branca. Dentro de um giro, o mencionado decréscimo da matéria branca é em grande parte um decréscimo em comprimento mais do que no número de fibras, porquanto as dobras opostas de um giro encontram-se mais próximas uma da outra do que estariam em um cérebro de superfície lisa do mesmo tamanho. De outro lado, quando se trata dos conectores entre diferentes giros, a distância que eles precisam percorrer aumenta, se tanto, pela circunvolução do cérebro. Assim, o cérebro humano pareceria assaz eficiente com respeito aos conectores de curta distância, mas totalmente defeituoso no tocante às linhas-tronco de longa distância. Isso significa que, no caso de um congestionamento de *tráfego,* os processos que envolvem partes do cérebro muito distantes entre si seriam os primeiros a sofrer. Isto é, os processos que implicam muitos centros, um número de diferentes processos motores, e um considerável número de áreas de associação, deveriam figurar entre as menos estáveis no caso de insanidade. São estes precisamente os processos que cumpriria normalmente classificar de superiores, o que nos daria outra confirmação de nossa expectativa, verificada, pela experiência, segundo parece, de que os processos superiores se deterioram primeiro na loucura.

Há certa evidência de que as vias de longa distância no cérebro tendem a correr inteiramente para fora do cérebro e atravessar os centros inferiores. A indicação disto é o dano notavelmente reduzido que resulta do corte de algum laço cerebral, de longa distância da matéria branca. E quase como se estas conexões superficiais fossem tão inadequadas que fornecessem apenas pequena parte das conexões realmente necessárias.

Com referência a isto, são interessantes os fenômenos de habilidade manual e de dominância hemisférica. A perícia parece ocorrer nos mamíferos inferiores, embora seja menos conspícua do que no homem, em parte, provavelmente, por causa do grau mais baixo de organização e perícia exigidas pelas tarefas que executam. Não obstante, a escolha entre direita e esquerda na habilidade muscular parece na realidade menor do que no homem até nos primatas inferiores.

A faculdade de ser destro do homem normal, como se sabe, associa-se em geral à qualidade do hemisfério esquerdo e o sinistrismo da minoria dos seres humanos à qualidade do hemisfério direito. Ou seja, as funções cerebrais não se distribuem uniformemente pelos dois hemisférios, e um deles, o dominante, tem a parte de leão das funções superiores. É verdade que muitas funções essencialmente bilaterais – por exemplo, as que envolvem os campos da visão – encontram-se representadas cada uma em seu hemisfério apropriado, embora isso não seja verdade para *todas* as funções bilaterais. Entretanto, a maioria das áreas "mais elevadas" fica confinada ao hemisfério dominante. Por exemplo, no adulto, o efeito de uma lesão extensa no hemisfério secundário é bem menos grave do que o efeito de uma lesão similar no hemisfério dominante. Em um período relativamente inicial de sua carreira, Pasteur sofreu uma hemorragia cerebral no lado direito que lhe deixou um grau moderado de paralisia unilateral, uma hemiplegia. Quando morreu, seu cérebro foi submetido a exame, verificando-se que sofria de uma lesão no lado direito de tal amplitude que, afirmou-se, "tinha apenas metade do cérebro". Ele apresentava extensas lesões na região parietal e na região temporal. Não obstante, depois desta injúria, realizou boa parte de seus melhores trabalhos. Uma lesão semelhante do lado esquerdo em um adulto destro seria quase certamente fatal e reduziria, sem dúvida, o paciente a uma condição animal de mutilação nervosa e mental.

Dizem que a situação é bem melhor na primeira infância, e que nos primeiros seis meses de vida uma injúria extensa no hemisfério dominante pode compelir ao hemisfério normalmente secundário a tomar-lhe o lugar; de modo que o paciente parece muito mais normal do que se apresentaria caso o traumatismo ocorresse em período posterior. Isso está inteiramente de acordo com a grande flexibilidade que em geral é demonstrada pelo sistema nervoso nas semanas iniciais de vida, e com a grande rigidez que rapidamente este desenvolve mais tarde. É possível que, na falta de lesões tão sérias, o caráter destro ou sinistro seja razoavelmente flexível na criança muito nova. Entretanto, muito antes da idade escolar, a característica natural, destra ou sinistra, da criança e a dominância cerebral ficam estabelecidas para o resto da vida. Costumava-se pensar que o ser canhoto fosse séria desvantagem social. Como a maioria das ferramentas, mesas de escola e equipamentos de esporte são feitos para os destros talvez o seja até certo ponto. No passado, além do mais o ser canhoto foi encarado com algo da supersticiosa desaprovação aplicada a tantas variações menores da norma humana, tais como marcas de nascença ou cabelos ruivos. Por uma combinação de motivos, muita gente tentou e até conseguiu mudar a sua habilidade destra ou sinistra externa de seus filhos por meio da educação, embora, por certo, não pudessem mudar sua base fisiológica na dominância hemisférica. Verificou-se então que em numerosos casos estas trocas hemisféricas redundavam em gagueira e outros defeitos da fala, leitura e escrita, a tal ponto que feriam seriamente as perspectivas de vida destas crianças e suas esperanças de uma existência normal.

Vemos agora pelo menos uma possível explicação para o fenômeno. Com a educação da mão secundária, processou-se uma educação parcial daquela parte do hemisfério secundário que lida com movimentos de habilidade, como a escrita. Como tais movimentos, porém, são levados a cabo na mais íntima associação possível com a leitura, fala e outras atividades inseparavelmente ligadas ao hemisfério dominante, as cadeias neuronais implicadas em processos desta natureza precisam cruzar de hemisfério para hemisfério e voltar; e em um processo de alguma complexidade, precisam fazer isso reiteradamente. Pois bem, os conectores diretos entre os hemisférios – as comissuras cerebrais – num cérebro tão grande como o do homem são de número tão escasso que sua serventia é muito pequena e o tráfego inter-hemisférico tem de seguir por caminhos circundantes através da base cerebral, que conhecemos de maneira bastante imperfeita, mas que, sem dúvida, são longos, escassos e sujeitos a interrupções. Em consequência, os processos associados à fala e à escrita ficam expostos, é bem provável, a congestionamento de tráfego, e a gagueira torna-se a coisa mais natural do mundo.

Em outros termos, o cérebro humano já é provavelmente muito grande para usar de maneira eficiente todas as facilidades que se afiguram presentes anatomicamente. Em um gato, a destruição do hemisfério dominante produz, segundo parece, um dano relativamente menor do que no homem e a destruição do hemisfério secundário, um dano provavelmente maior. De qualquer maneira, o rateio de função nos dois hemisférios é aproximadamente mais igual. No homem, a vantagem obtida com o aumento no tamanho e complexidade do cérebro é, em parte, anulada pelo fato de que uma porção menor do órgão é utilizável efetivamente de uma vez. É interessante refletir que talvez estejamos em face de uma daquelas limitações da natureza, em que órgãos altamente especializados atingem um nível de eficiência declinante e, por fim, conduzem à extinção da espécie. O cérebro humano talvez esteja tão longe na estrada da especialização destruidora quanto os grandes cornos nasais do último dos titanotérios.

VIII. INFORMAÇÃO, LINGUAGEM E SOCIEDADE

O conceito de uma organização, cujos elementos são por seu turno pequenas organizações, não é desconhecido nem novo. As frouxas federações da Grécia antiga, o Sacro Império Romano e seus contemporâneos feudais similarmente constituídos, os Companheiros Suíços do Jura, as Províncias Unidas, os Estados Unidos da América e os muitos Estados Unidos ao sul deste, a União das Repúblicas Socialistas Soviéticas, são todos exemplos de hierarquias de organizações na esfera política. O Leviatã de Hobbes, o Homem-Estado composto de homens menores, é uma ilustração da mesma ideia, um estágio mais baixo na escala, enquanto o tratamento leibniziano do organismo vivo como um *plenum* real, no qual outros organismos vivos, tais como os corpúsculos de sangue, têm sua vida, não é senão outro passo na mesma direção. Mas é, na realidade, algo mais do que uma antecipação filosófica da teoria celular, segundo a qual a maioria dos animais e plantas de tamanho moderado e todos os de grande porte são constituídos de unidades, células, que possuem muitos senão todos os atributos do organismo vivo independente. Os organismos multicelulares podem ser eles próprios os tijolos edificadores de organismos de estágio mais elevado, tais como a urtiga-do-mar, que é uma estrutura complexa de pólipos celenterados diferenciados, onde os vários indivíduos são modificados de diferentes maneiras para servir à nutrição, ao suporte, à locomoção, à excreção, à reprodução, e à subsistência da colônia como um todo.

Falando em termos estritos, tal colônia fisicamente unida como aquela, não coloca problema de organização filosoficamente mais profundo do que os suscitados ao nível inferior de individualidade. Algo muito diferente sucede ao homem e a outros animais sociais – os rebanhos de babuínos ou gado, as colônias de castores, as colmeias de abelhas, os ninhos de vespas ou formigas. O grau de integração da vida da comunidade pode aproximar-se perfeitamente do nível exibido na conduta de um único indivíduo, não obstante o indivíduo conte, provavelmente, com um sistema nervoso determinado, com relações topográficas permanentes entre os elementos e conexões permanentes, enquanto a comunidade consistirá de indivíduos com relações que se deslocam no espaço e no tempo, mas não conexões físicas inquebráveis, permanentes. Todo o tecido nervoso da colmeia é o tecido nervoso de alguma abelha singular. Como então atua a colmeia em uníssono, e nisto, em um uníssono muito variável, adaptado, organizado? Evidentemente, o segredo reside na intercomunicação de seus membros.

Esta intercomunicação pode variar muito em complexidade e conteúdo. No homem, abrange toda complicação da linguagem e literatura e muitas outras coisas laterais. Nas formigas, provavelmente não compreende mais do que alguns odores. É pouco plausível que uma formiga distinga uma da outra. Ela distingue por certo uma formiga de seu próprio formigueiro de outra pertencente a um formigueiro estranho, podendo cooperar com uma e destruir a outra. No quadro de algumas reações externas deste tipo, a formiga parece ter uma mente quase tão padronizada, quanto o é seu corpo aglutinado pela quitina. É o que poderíamos esperar *a priori* de um animal cuja fase de crescimento e, em larga medida, a fase de aprendizado se apresentam rigidamente separadas da fase de atividade, madura. Os únicos meios de comunicação que nos é dado detectar nelas são de natureza tão difusa e geral quanto o sistema hormonal de comunicação dentro do corpo. Na verdade, o odor, um dos sentidos químicos, por geral e não direcional que seja, não é diferente das influências hormonais dentro do corpo.

Observemos de passagem que o almíscar, a algália, o castóreo e outras substâncias sexualmente atrativas nos mamíferos podem ser encarados como hormônios externos, comunais, indispensáveis, sobretudo nos animais solitários, para o ajuntamento dos sexos no devido tempo, e para a continuação da raça. Com isso não afirmo que a ação interna destas substâncias, depois que alcança o órgão do cheiro, é antes hormonal do que nervosa. É difícil ver como possa ser puramente hormonal em quantidades tão pequenas quanto aquelas prontamente perceptíveis; de outro lado, sabemos muito pouco sobre a ação dos hormônios para negar a possibilidade da atuação hormonal de quantidades tão reduzidíssimas de tais substâncias. Além disso, as longas cadeias torcidas de átomos de carbono encontradas no almíscar e na algália não precisam de grande reordenação para formar a estrutura em anéis ligados, característica dos hormônios sexuais, de algumas vitaminas e de alguns dos carcinógenos. Não me preocupo em emitir uma opinião neste campo; deixo-a como uma especulação interessante.

Os odores percebidos por uma formiga parecem conduzir a um curso de conduta altamente padronizado; mas o valor de um simples estímulo, como um odor, para transmitir informação depende não só da informação transmitida pelo próprio estímulo, mas de toda constituição nervosa do remetente bem como do receptor do estímulo. Suponhamos que eu me encontre na selva com um selvagem inteligente que não sabe falar minha língua e cuja língua eu não sei falar. Mesmo sem qualquer código de signos de linguagem comum a ambos, posso aprender um bocado de coisas do selvagem. É preciso apenas que eu esteja alerta àqueles momentos em que ele exibe os sinais de emoção ou interesse. Lanço então os olhos à minha volta, prestando, talvez, especial atenção ao rumo de seu olhar, e fixo em minha memória o que vejo e ouço. Não demorará muito e descobrirei as coisas que parecem importantes para ele, não porque as tenha comunicado a mim através da linguagem, mas porque eu mesmo as observara. Em outras palavras, um sinal sem um conteúdo intrínseco pode adquirir significado em sua mente pelo que ele observa no momento e na minha mente pelo que eu observo no momento. A sua capacidade de captar momentos de minha atenção ativa, especial, é em si mesma uma linguagem tão variada em possibilidades quanto o âmbito de impressões que ambos conseguimos abranger. Assim, os animais sociais podem dispor de meios de comunicação flexíveis, inteligentes e ativos, muito antes do desenvolvimento da linguagem.

Quaisquer que sejam os meios de comunicação de que a raça disponha, é possível definir e medir o montante de informação disponível à raça e distingui-lo do montante de informação disponível ao indivíduo. Sem dúvida, nenhuma informação disponível ao indivíduo o é também à raça, a menos que modifique o comportamento de um indivíduo para com outro, não sendo este comportamento sequer de significação racial, a não ser que seja discernível por outros indivíduos de outras formas de comportamento. Assim, a questão de saber se certa peça de informação é racial ou de pura disponibilidade particular depende de saber se resulta no indivíduo na adoção de uma forma de atividade reconhecível como uma forma distinta de atividade por outros membros da raça, no sentido de que por seu turno afetará a atividade deles, e assim por diante.

Falei da raça. Este é, na realidade, um termo demasiado amplo para o escopo da maior parte da informação comunal. Para falar com propriedade, a comunidade estende-se apenas até o ponto onde se estende uma efetiva transmissão de informação. É possível dar uma espécie de medida a isto comparando num grupo o número de decisões que lhe chegam de fora e as que ele toma internamente. Podemos, deste modo, medir a autonomia do grupo. Uma medida do tamanho efetivo de um grupo é dada pelo tamanho que precisa ter a fim de alcançar certo grau de autonomia.

Um grupo pode dispor de mais ou menos informação grupal que seus membros. Um grupo de animais não sociais, temporariamente reunidos, encerra reduzidíssima informação de grupo, ainda que seus membros possam dispor de muita informação como indivíduos. Isso porque muito pouco do que um dos membros faz é percebido pelos outros e é tratado por eles de modo a encaminhá-lo em seguida ao grupo. Por outro lado, o organismo humano encerra um conjunto de informações provavelmente bem mais vasto do que cada uma de suas células. Não há, portanto, relação necessária em ambas as direções entre o montante de informação comunitária ou tribal ou racial e o montante de informação disponível ao indivíduo.

Como no caso do indivíduo, nem toda informação disponível à raça em dado momento é acessível sem esforço especial. Existe uma bem-conhecida tendência das bibliotecas no sentido de ficarem obstruídas por seu próprio volume; das ciências, de desenvolverem graus de especialização tais que o perito é amiúde um iletrado fora de sua própria especialidade específica. O dr. Vannevar Bush sugeriu o emprego de auxiliares mecânicos para a busca por entre vastas reuniões de material. Estes têm por certo a sua utilidade, mas ficam limitados pela impossibilidade de classificar um livro sob um título desconhecido, a menos que determinada pessoa já tenha reconhecido a relevância do referido título para aquele livro específico. No caso em que dois objetos têm as mesmas técnicas e conteúdos intelectuais, mas pertençam a campos largamente separados, isso ainda requer algum indivíduo com uma universalidade de interesse quase leibniziana.

Em conexão com o montante efetivo de informação comunal, um dos fatos mais surpreendentes com respeito ao corpo político é a sua extrema carência de processos homeostáticos eficientes. Existe uma crença, corrente em muitos países, que foi elevada ao grau de artigo de fé oficial nos Estados Unidos, segundo a qual a livre competição é em si mesma um processo homeostático: de que num mercado livre o egoísmo individual dos transacionadores, cada qual procurando vender o mais caro e comprar o mais barato possível, resultará ao fim em uma dinâmica estável de preços e redundará no maior bem comum. Isto se associa com a concepção confortadora de que o empresário particular, buscando favorecer seu próprio interesse, é de alguma maneira um benfeitor público e merece assim as grandes recompensas que a sociedade o cumulou. Infelizmente, a evidência, tal como ela é, coloca-se contra esta teoria simplória. O mercado é um jogo, que na verdade recebeu um simulacro no conhecido jogo familiar Monopólio. Está assim estritamente sujeito à teoria geral dos jogos, desenvolvida por Neumann e Morgenstern. Esta teoria baseia-se na suposição de que cada jogador, a cada estágio, à vista da informação que dispõe no momento, joga de acordo com uma política inteiramente inteligente, que lhe assegurará ao termo a maior expectativa possível de recompensa. Assim é o jogo do mercado quando disputado entre operadores perfeitamente inteligentes, perfeitamente implacáveis. Mesmo no caso de dois jogadores, a teoria é complicada, embora conduza amiúde à escolha de uma linha definida de jogo. Em muitos casos, entretanto, onde há três jogadores, e na esmagadora maioria de casos em que o número de jogadores é maior, o resultado é de extrema indeterminação e instabilidade. Os jogadores individuais são compelidos por sua própria cupidez a formar coligações; mas tais coligações não se estabelecem em geral de uma única e determinada maneira, e costumeiramente terminam em um rebuliço de traição, vira-casaca e decepção, que é um retrato bastante verdadeiro da vida dos altos negócios, ou das vidas a ela intimamente relacionadas da política, diplomacia e guerra. Em longo prazo, mesmo o mais brilhante e inescrupuloso especulador deve esperar a ruína; mas deixemos que os especuladores fiquem cansados disto e concordem em viver em paz entre si, e as grandes recompensas serão reservadas àquele que aguarda um momento oportuno para romper seu acordo e trair seus companheiros. Não há homeostase de qualquer tipo. Estamos metidos nos ciclos comerciais de alta e baixa, nas sucessões de ditadura e revolução, nas guerras que todo mundo perde, que constituem uma característica tão efetiva dos tempos modernos.

Naturalmente, o retrato que Von Neumann pinta do jogador como uma pessoa completamente impiedosa, completamente inteligente, é uma abstração e uma perversão dos fatos. É raro encontrar um grande número de pessoas cabalmente espertas e inescrupulosas disputando, juntas, uma partida. Onde os velhacos se reúnem, haverá sempre tolos e onde os tolos comparecem em número suficiente, oferecem um objeto mais rendoso de exploração para os velhacos. A psicologia do tolo tornou-se um assunto digno da atenção dos patifes. Em vez de procurar seu próprio interesse final, segundo o modelo dos jogadores de Von Neumann, o tolo opera de um modo que, em conjunto, é tão previsível quanto os esforços de um rato em um labirinto. *Esta* política de mentiras – ou antes, de afirmações irrelevantes para a verdade – levá-lo-á a comprar determinada marca de cigarros; *aquela* política induzi-lo-á, assim espera o partido, a votar por um candidato particular – qualquer candidato – ou a aderir a uma caça política à feiticeira. Uma determinada mistura de religião, pornografia e pseudociência venderá um jornal ilustrado. Uma combinação de lisonja, suborno e intimidação conduzirá um jovem cientista a trabalhar em mísseis teleguiados e na bomba atômica. Para determinar isto, temos nossa máquina de avaliação do fã-clube de rádio, de prévias de votação, de consultas de opinião e outras investigações psicológicas, tendo o homem comum como seu objeto; e existem sempre estatísticos, sociólogos e economistas disponíveis para vender seus serviços a tais empreendimentos.

Felizmente para nós, tais mercadores de mentiras, exploradores de credulidade não chegaram ainda a tal grau de perfeição a ponto de disporem das coisas inteiramente a seu modo. Isso acontece porque nenhum homem é totalmente tolo ou totalmente patife. O homem médio é razoavelmente inteligente com respeito aos assuntos que caem sob sua atenção direta e razoavelmente altruísta em matéria de benefício público ou sofrimento privado que são trazidos diante de seus próprios olhos. Em uma pequena comunidade interiorana cuja existência decorreu tempo suficiente para desenvolver níveis algo uniformes de inteligência e comportamento, há um padrão bastante respeitável de cuidado pelo desafortunado, de administração das estradas e outros recursos públicos, de tolerância para com aqueles que cometeram ofensa uma ou duas vezes contra a sociedade. Afinal de contas, aquela gente lá está e o resto da comunidade tem de continuar vivendo com eles. De outro lado, em semelhante comunidade, um homem não é favorecido pelo hábito de trapacear seus vizinhos. Sempre existem maneiras de fazê-lo sentir o peso da opinião pública. Após algum tempo, julgá-la-á tão onipresente, tão limitadora e opressiva que terá de abandonar a comunidade em autodefesa.

Assim, pequenas comunidades estreitamente entrelaçadas contam com uma considerável medida de homeostase; e isto, sejam elas comunidades altamente instituídas em um país civilizado ou aldeias de selvagens primitivos. Por estranhos e até repugnantes que os costumes bárbaros possam parecer-nos, possuem em geral um valor homeostático definido, que incumbe ao antropólogo, como parte de sua função, interpretar. Somente nas comunidades maiores, onde os Senhores-das-Coisas-como-Elas-São se protegem da fome pela riqueza, da opinião pública pela reserva e anonimato, da crítica privada por meio de leis de injúria e pela posse de meios de comunicação, que a implacabilidade pode atingir seus níveis mais sublimes. De todos esses fatores anti-homeostáticos na sociedade, o controle dos meios de comunicação é o mais efetivo e mais importante.

Uma das lições do presente livro é que todo organismo se conserva unido em sua ação devido à posse de meios para a aquisição, uso, retenção e transmissão de informação. Em uma sociedade demasiado ampla para o contato direto de seus membros, tais meios são a imprensa, quer no referente a livros, quer no referente a jornais, rádio, sistema telefônico, telégrafo, correios, teatro, cinema, escola e igreja. Afora sua importância intrínseca como meio de comunicação, cada um desses serve ao outro em funções secundárias. O jornal é um veículo de publicidade e um instrumento para o lucro monetário de seu dono, assim como também o são o cinema e o rádio. A escola e a igreja não constituem meros refúgios do estudioso e do santo: elas são também a casa do Grande Educador e do Bispo. O livro que não dá dinheiro a seu editor provavelmente não será editado e certamente não será reeditado.

Em uma sociedade como a nossa, confessadamente baseada na compra e na venda, em que todos os recursos humanos e naturais são encarados como a propriedade absoluta do primeiro homem de negócios bastante empreendedor para explorá-los, esses aspectos secundários dos meios de comunicação tendem a invadir cada vez mais os limites dos primeiros. O fato encontra ajuda na própria elaboração e consequente dispêndio dos próprios meios. O jornal do interior pode continuar a utilizar seus próprios repórteres para escarafunchar as localidades vizinhas em busca de bisbilhotice, mas adquire seu noticiário nacional, seus desenhos em quadrinhos, seus comentários políticos, como "clichês" estereotipados. O rádio depende de seus anunciantes para seu rendimento e, em toda parte, quem paga o apito dá a nota. Os grandes serviços de notícias são de custo demasiado elevado para que sejam acessíveis ao editor de recursos moderados. Os editores de livros concentram-se em obras com probabilidade de aceitação por algum clube do livro que comprará toda uma enorme edição. O presidente de um estabelecimento de ensino superior e o Bispo, ainda que não tenham ambição pessoal de poder, precisam dirigir instituições dispendiosas e só podem procurar o dinheiro necessário lá onde ele existe.

Assim, de toda parte surge uma tripla constrição dos meios de comunicação: a eliminação dos meios menos lucrativos em favor dos mais lucrativos; o fato de ficarem esses meios em mãos de um número muito limitado de homens abastados e, assim, naturalmente, expressarem a opinião da referida classe; e mais o fato de que, como uma das principais vias para o poder pessoal e político, atraem acima de tudo os sequiosos de tal poder. Aquele sistema que, acima de todos, deveria contribuir para a homeostase social é atirado diretamente nas mãos dos mais interessados no jogo do poder e do dinheiro, os quais, como vimos, constituem um dos principais elementos antihomeostáticos na comunidade. Não é de admirar, pois, que as grandes comunidades sujeitas a esta influência disruptiva contenham uma quantidade bem menor de informação comunalmente disponível do que as comunidades mais reduzidas, isso para não falar dos elementos humanos de que todas as comunidades são constituídas. Como a alcateia de lobos, embora em menor extensão, esperemos, o Estado é mais estúpido do que a maioria de seus componentes.

Isto vai contra a tendência, muito difundida entre diretores de empresas, chefes de grandes laboratórios, e coisa parecida, a supor que, sendo a comunidade maior que o indivíduo, também é mais inteligente. Algumas dessas opiniões se devem tão-somente ao prazer infantil com o grande e o profuso. Outra parte se deve ao senso das possibilidades de uma grande organização para o bem. Boa parte, porém, não passa de interesse pessoal e desejo de uma vida regalada.

Há outro grupo, os que nada veem de bom na anarquia da sociedade moderna, e cujo sentimento otimista de que deve haver alguma solução conduziu a uma superestimação dos possíveis elementos homeostáticos na comunidade. Por mais que simpatizemos com esses indivíduos e apreciemos o dilema emocional em que se acham, não podemos atribuir grande valor a este tipo de racionalização de desejo. É o modo de pensamento do rato quando se defronta com o problema de pôr os guizos no gato. Sem dúvida seria muito agradável para nós, ratos, se nos gatos predatórios deste mundo fossem postos guizos, mas... quem irá fazê-lo? Quem nos garante que o poder implacável não encontre um jeito de voltar às mãos dos que mais o cobiçam?

Menciono esse assunto por causa das consideráveis, e julgo falsas, esperanças que alguns de meus amigos depositaram na eficácia social de quaisquer novos meios de pensamento que o presente livro possa conter. Estão certos de que nosso controle sobre o ambiente material superou de longe nosso controle sobre o ambiente social e entendimento deste. Consideram, portanto, que a tarefa principal do futuro imediato é estender aos campos da antropologia, sociologia, economia, os métodos das ciências naturais, na esperança de alcançar igual medida de êxito nos domínios sociais. Da crença nesta necessidade, chegam a crê-la possível. Aí, asseguro, denotam excessivo otimismo e mau entendimento da natureza de toda conquista científica.

Todos os grandes êxitos em ciência exata verificaram-se em domínios onde há certo grau elevado de isolamento do fenômeno em relação ao observador. Vimos no caso da astronomia que isto pode decorrer da enorme escala de certos fenômenos com respeito ao homem, de modo que os mais poderosos esforços do homem, para não falar de seu mero olhar, não podem produzir a mais leve impressão visível no mundo celestial. Na moderna física atômica, por outro lado, a ciência do minuto indizível, tudo o que fizermos, é verdade, exercerá uma influência sobre muitas partículas individuais, grande *do ponto de vista das referidas partículas.* Não vivemos, todavia, na escala das partículas envolvidas, seja no espaço ou no tempo; e os eventos que podem ser da maior significação do ponto de vista de um observador em conformidade com a escala de existência dessas partículas se nos aparecem – com algumas exceções, é certo, como nos experimentos da câmara de nuvens de Wilson – apenas como efeitos de massa médios em que enormes populações de partículas cooperam. No concernente aos efeitos em apreço, os intervalos de tempo implicados são grandes do ponto de vista da partícula individual e de seu movimento, e nossas teorias estatísticas têm uma base admiravelmente adequada. Em suma, somos demasiado pequenos para influenciar as estrelas em seu curso, e demasiado grandes para fazer caso de alguma coisa exceto os efeitos de massa das moléculas, átomos e elétrons. Em ambos os casos, conseguimos um acoplamento bastante frouxo com os fenômenos em estudo para darmos um relato total maciço do mencionado acoplamento, embora este possa não ser suficientemente frouxo para permitir que o ignoremos por inteiro.

Nas ciências sociais é que o acoplamento entre o fenômeno observado e o observador é mais difícil de minimizar. De um lado, o observador é capaz de exercer considerável influência sobre os fenômenos que chamam a sua atenção. Com todo o respeito que tenho pela inteligência, perícia e honestidade de propósito de meus amigos antropólogos, não posso conceber que qualquer comunidade por eles pesquisada jamais seja inteiramente a mesma, em seguida. Muito missionário fixou suas próprias incompreensões de uma língua primitiva como lei eterna no processo de reduzi-la à escrita. Há muita coisa nos hábitos sociais de um povo que se dispersa e se distorce com o mero ato de inquirir a seu respeito. Em outro sentido daquele em que é usualmente expresso, *traduttore traditore*.

De outro lado, o cientista social não conta com a vantagem de mirar os seus objetos a partir das frias alturas da eternidade e ubiquidade. Pode acontecer que haja uma sociologia de massa do animálculo humano, observado como as populações de drosófilas numa garrafa, mas esta não é uma sociologia em que nós, que somos por nossa vez animálculos humanos, estejamos particularmente interessados. Não nos preocupamos muito com os ascensos e quedas, prazeres e agonias humanos, *sub specie aeternitatis*. Seu antropólogo relata os costumes associados à vida, educação, carreira e morte de gente cuja escala de vida é bastante igual à dele. Seu economista está mais interessado em predizer ciclos de negócios que se desenvolvam em menos de uma geração ou, pelo menos, tenham repercussões que afetam um homem diferencialmente em vários estágios de sua carreira. Poucos filósofos da política, hoje em dia, cuidam de limitar suas investigações ao mundo das Ideias de Platão.

Em outras palavras, nas ciências sociais temos de lidar com cursos estatísticos curtos e tampouco temos certeza de que parte considerável do observado por nós não seja um artefato de nossa própria criação. Uma pesquisa da bolsa de valores provavelmente transtornará o mercado. Estamos por demais ajustados aos objetos de nossa investigação para sermos boas provas. Em resumo, sejam nossas pesquisas nas ciências sociais do tipo estatístico ou dinâmico – e devem participar da natureza de ambos – nunca podem elas satisfazer mais do que pouquíssimos lugares decimais e, em suma, jamais podem fornecer-nos uma quantidade de informação significativa, verificável, que comece a comparar-se com o que nos acostumamos a esperar nas ciências naturais. Não podemos nos dar o luxo de negligenciá-las; mas tampouco devemos depositar expectativas exageradas em suas possibilidades. Há muita coisa que devemos abandonar, seja ou não de nosso agrado, ao método narrativo não "científico" do historiador profissional.

NOTA

Há uma questão que, a bem dizer, pertence ao presente capítulo, embora de maneira alguma represente a culminação de seu argumento. É o problema de saber se é possível construir uma máquina enxadrista, e se esta espécie de habilidade representa uma diferença essencial entre as potencialidades da máquina e da mente. Notem que não precisamos levantar o problema da possibilidade de construir uma máquina capaz de jogar uma ótima partida no sentido de Von Neumann. Nem sequer o melhor cérebro humano se aproxima disso. No outro extremo, é indubitavelmente possível fazer uma máquina que jogará xadrez no sentido de seguir as regras do jogo, sem considerar o mérito da partida. Isso não é em essência mais difícil do que a construção de um sistema de sinais interligados para uma torre de sinalização ferroviária. O problema efetivo é intermediário: construir uma máquina que ofereça oposição interessada, a um jogador em algum dos muitos níveis em que se acham os enxadristas humanos.

Creio que é possível fazer um aparelho relativamente grosseiro, mas não de todo trivial, para este propósito. A máquina deve na realidade jogar – com grande rapidez, se possível – todos os seus próprios lances admissíveis e todas as respostas admissíveis do oponente com dois ou três lances à frente. A cada sequência de lances, ela deve atribuir certa avaliação convencional. Aqui, dar xeque-mate no adversário recebe a mais alta valorização em cada estágio, levar xeque-mate, a mais baixa; ao passo que perder peças, tomar peças do adversário, dar xeque e outras situações reconhecíveis deveriam receber uma valorização não muito distante da que lhes atribuiriam bons enxadristas. A primeira de uma série de lances receberia uma valoração muito parecida àquela que a teoria de Von Neumann lhe daria. No estágio em que caba à máquina jogar uma vez e ao oponente outra, a avaliação de uma jogada pela máquina é a avaliação mínima da situação depois que o adversário efetuou todas as jogadas possíveis. No estágio em que a máquina deve jogar duas vezes e o oponente outras duas, a avaliação de uma jogada pela máquina é o mínimo com respeita à primeira jogada do adversário da avaliação máxima das jogadas pela máquina no estágio em que há apenas uma jogada do oponente e uma pela máquina a seguir. Este processo pode estender-se ao caso em que cada jogador faz três lances, e assim por diante. Então a máquina escolhe qualquer das jogadas que atribuem avaliação máxima para o estágio, de *n* lances à frente, onde *n* tem algum valor sobre o qual o planejador da máquina tenha decidido. Isto ela faz como sua jogada definitiva.

Uma máquina dessas, não só jogaria um xadrez legítimo, como um xadrez não tão manifestamente ruim a ponto de ser ridículo. Em qualquer estágio, se houvesse um mate possível em dois ou três lances, a máquina o efetuaria; e se fosse possível evitar o mate do inimigo em dois ou três lances, a máquina o evitaria. Ganharia provavelmente de um enxadrista estúpido ou descuidado, e perderia quase com certeza de um jogador cuidadoso, de qualquer grau considerável de proficiência. Em outras palavras, poderia ser um jogador tão bom quanto a vasta maioria da raça humana. Isso não significa que alcançaria o grau de proficiência da máquina fraudulenta de Maelzel, mas, não obstante, poderia alcançar um nível bastante razoável de realização.

Segunda parte

CAPÍTULOS SUPLEMENTARES – 1961

IX. SOBRE MÁQUINAS DE APRENDER E AUTORREPRODUTORAS

Dois dos fenômenos que consideramos característicos dos sistemas vivos são o poder de aprender e o de reproduzir-se. Estas propriedades, diferentes como se afiguram, acham-se intimamente relacionadas entre si. Um animal que aprende é um animal capaz de ser transformado por seu ambiente passado em um ser diferente e é, portanto, ajustável a seu meio dentro de seu tempo de vida individual. Um animal que se multiplica está apto a criar outros animais à sua própria semelhança, ao menos aproximadamente, embora não de maneira tão completa na sua própria semelhança que não possam variar no curso do tempo. Se a variação é por sua vez passível de ser herdada, temos a matéria-prima sobre a qual a seleção natural pode trabalhar. Se a invariabilidade hereditária diz respeito a maneiras de comportamento, então, entre os variados padrões de comportamento propagados, alguns serão julgados vantajosos para continuar a existência da raça e hão de estabelecer-se, enquanto outros, prejudiciais a esta continuação, hão de ser eliminados. O resultado é certa espécie de aprendizado racial ou filogenético, em contraste com o aprendizado ontogenético do indivíduo. Tanto o aprendizado ontogenético como o filogenético são modos pelos quais o animal pode ajustar-se ao seu meio.

O aprendizado ontogenético assim como o filogenético, e este último com certeza, estendem-se não apenas a todos os animais, mas às plantas e, na verdade, a todos os organismos que, em algum sentido, possamos considerar vivos. Entretanto, o grau em que as duas formas de aprendizado surgem como importantes em diferentes espécies de seres vivos varia largamente. No homem, e em menor extensão nos demais mamíferos, o aprendizado ontogenético e a adaptabilidade individual erguem-se ao mais alto ponto. Pode-se dizer, na verdade, que grande parte do aprendizado filogenético do homem foi devotada a estabelecer a possibilidade de bom aprendizado ontogenético.

Em sua comunicação fundamental sobre a mente dos pássaros[1], Julian Huxley já indicou que as aves dispõem de pequena capacidade de aprendizagem ontogenética. Algo similar também é certo no caso dos insetos, sendo o fato, em ambas as instâncias, associável às terríveis exigências do voo sobre o indivíduo e a consequente preempção das capacidades do sistema nervoso que, de outro modo, poderiam aplicar-se ao aprendizado ontogenético. Complicados como são os padrões de comportamento dos pássaros – no voo, no namoro, no cuidado com os filhotes e na construção do ninho – são executados de maneira correta desde a primeira vez, sem necessidade de qualquer soma maior de instrução por parte da mãe.

É inteiramente cabível, portanto, dedicar um capítulo deste livro aos dois assuntos correlatos. As máquinas feitas pelo homem podem aprender e reproduzir-se? Tentaremos mostrar aqui que isso é possível e daremos um extrato da técnica necessária para ambas as atividades.

O mais simples dos dois processos é o de aprendizagem, e é, em seu campo, que o desenvolvimento técnico chegou mais longe. Abordarei aqui, em particular, o aprendizado das máquinas para disputar jogos que as capacita a melhorar a estratégia e a tática de seus desempenhos pela experiência.

Existe uma teoria estabelecida quanto à disputa de jogos, a teoria de Von Neumann[2]. Preocupa-se com uma política que é considerada a melhor por aplicar-se mais ao fim do jogo que ao começo. No último lance da partida, um jogador esforça-se por fazer um lance – decisivo se possível e, do contrário, pelo menos um lance de empate. Seu adversário, no estágio prévio, esforça-se por efetuar um lance que impeça o outro de empreender uma jogada decisiva ou de empate. Se ele próprio puder dar um lance ganhador nesse estágio, ele o fará, e este não será o anterior ao último, mas o último estágio do jogo. O outro disputante, no lance precedente, tentará agir de tal maneira que os melhores recursos

1. Julian Huxley, *Evolution: The Modern Synthesis*, New York: Harper Bros., 1943.

2. John von Neumann; Oskar Morgenstern, *Theory of Games and Economic Behavior*, Princeton: Princeton University Press, 1944.

de seu oponente não o impeçam de terminar com um lance vitorioso e assim retrossucessivamente.

Existem jogos como o jogo da velha, onde toda a estratégia é conhecida, sendo possível iniciar com este método desde o começo. Quando isto é plausível, é manifestamente a melhor maneira de jogar a partida. Entretanto, em muitos jogos, como o xadrez e damas, nosso conhecimento não é suficiente para permitir uma estratégia completa desta espécie, caso em que só nos é dado se aproximar dela. O tipo Von Neumann de teoria de aproximação tende a levar o jogador a agir com máxima cautela, supondo que seu oponente é o gênero de mestre perfeitamente sábio.

Esta atitude, porém, nem sempre se justifica. Na guerra, que é uma espécie de jogo, isto levará em geral a uma ação hesitante que amiúde não será melhor que uma derrota. Permitam-me dar dois exemplos históricos. Quando Napoleão combateu os austríacos na Itália, parte de sua eficácia residiu no fato de saber que o comportamento militar austríaco era rotineiro e tradicional; assim, justificadamente supôs que eram incapazes de tirar vantagem dos novos métodos de guerra, decisivos, desenvolvidos pelos soldados da Revolução Francesa. Ao enfrentar as frotas combinadas da Europa continental, Nelson teve a vantagem de lutar com o apoio de uma máquina naval que ficara ao largo durante anos, e que desenvolvera métodos de pensamento que, como muito bem sabia, seus inimigos eram incapazes. Não fizesse ele o mais completo uso possível desta vantagem, em lugar de agir cautelosamente como teria de fazer, caso supusesse estar enfrentando um adversário de igual experiência naval, talvez viesse a triunfar no fim de contas, mas não de um modo tão fulminante e decisivo a ponto de estabelecer o estreito bloqueio naval que determinou a queda de Napoleão. Assim, em ambos os casos, o fator conducente foi o registro conhecido do comandante e seus opositores, tal como mostrados estatisticamente no passado de suas ações, mais do que uma tentativa de jogar o jogo perfeito contra o perfeito adversário. Qualquer uso direto do método Von Neumann da teoria dos jogos mostrar-se-ia, nesses casos, inútil.

De maneira similar, os livros de teoria do xadrez não são escritos com base no ponto de vista de Von Neumann. São compêndios de princípios extraídos da experiência prática de enxadristas que jogam contra outros enxadristas de alta qualidade e largo conhecimento; e estabelecem certos valores ou ponderações a serem atribuídos à perda de cada peça, à mobilidade, ao comando, ao desenvolvimento, e a outros fatores que podem variar conforme o estágio do jogo.

Não é muito difícil construir máquinas que joguem um mau xadrez. A mera obediência às leis do jogo, de modo que sejam efetuados apenas lances legítimos, está facilmente ao alcance de computadores bastante simples. Na verdade, não constitui tarefa árdua adaptar uma máquina digital comum a tais propósitos.

Agora surge a questão da política dentro das regras do jogo. Toda avaliação de peças, comando, mobilidade e assim por diante é intrinsecamente passível de ser reduzida a termos numéricos; e feito isto, as máximas de um livro de xadrez podem ser utilizadas para determinar os melhores lances em cada estágio. Tais máquinas têm sido construídas; e elas jogam um xadrez amador bastante razoável, embora não cheguem por enquanto a disputar uma partida com a classe de um mestre.

Imaginem-se jogando xadrez contra semelhante máquina. Para tornar a situação mais justa, suponhamos tratar-se de jogo por correspondência, de modo que o fato de o adversário ser uma máquina lhes é desconhecido e não provoca os preconceitos que este conhecimento pode suscitar. Naturalmente, como sempre acontece no xadrez, virão a formar um juízo sobre a personalidade enxadrística do oponente. Verificarão que, sempre que a mesma situação surgir duas vezes no tabuleiro, ele reagirá de maneira idêntica, e que a sua personalidade é muito rígida. Se algum artifício surtir efeito, isto se repetirá sempre nas mesmas condições. Assim, não é impossível a um perito obter informações de seu adversário-máquina e derrotá-lo todas as vezes.

Entretanto, existem máquinas que não são vencíveis de maneira tão banal. Suponhamos que de poucas em poucas partidas a máquina se detenha e use suas facilidades para outro propósito. Desta vez, ela não joga contra um oponente, mas examina todas as partidas anteriores que registrou na sua memória a fim de determinar o peso das diferentes avaliações do valor das peças, comando, mobilidade e coisa parecida que conduzirá com mais certeza à vitória. Desta maneira, tira proveito não só de seus malogros, mas dos sucessos de seu oponente. Substitui agora as avaliações anteriores por outras novas e continua jogando como uma máquina nova e melhor. Tal máquina não mais teria uma personalidade tão rígida e os artifícios contra ela usados, e que deram resultado uma vez, hão de falhar por fim. Mais do que isso, ela pode absorver no curso do tempo algo da política de seus opositores.

Tudo isso é muito difícil de ser feito em xadrez e, na realidade, o pleno desenvolvimento dessa técnica, a ponto de dar origem a uma máquina apta a jogar xadrez de mestre, não foi ainda alcançado. O jogo de damas oferece um problema mais fácil. A homogeneidade de valores das peças reduz grandemente o número de combinações a considerar. Além do mais, em parte como consequência da referida homogeneidade, este jogo é bem menos dividido em estágios distintos do que o de xadrez. Mesmo em damas, o principal problema da jogada final não é mais tomar peças, mas estabelecer contato com o inimigo de modo a colocar-se em posição de tomá-las. Similarmente, a avaliação dos lances no xadrez deve ser feita independentemente para os diferentes estágios. Não só a jogada final difere da jogada média nas considerações mais importantes, mas as aberturas, mais do que a jogada média, aplicam-se muito mais a levar as peças a uma posição de livre mobilidade para ataque e defesa. O resultado é que não podemos, nem mesmo aproximadamente, competir com uma avaliação uniforme dos vários fatores ponderáveis para a partida como um todo, mas precisamos dividir o processo de aprendizagem em certo número de estágios separados. Só então cabe a esperança de construir uma máquina de aprender capaz de jogar xadrez de mestre.

Já foi mencionada neste livro, com relação ao problema da predição, a ideia de uma programação de primeira ordem, que pode ser linear: em certos casos, combinada com uma programação de segunda ordem, que utiliza um segmento bem mais extenso do passado para a determinação da política a ser realizada na programação de primeira ordem. O prognosticador emprega o passado imediato do voo do avião como instrumento de predição do futuro por meio de uma operação linear; mas a determinação da operação linear correta é um problema estatístico em que o longo passado do voo e o passado de muitos voos similares são utilizados para fornecer a base da estatística.

Os estudos estatísticos necessários a fim de usar um longo passado para a determinação da política a adotar com vista ao passado breve são altamente não lineares. Na realidade, no emprego da equação de Wiener-Hopf para a predição[3], a determinação dos coeficientes desta equação é realizada de uma forma não linear. A máquina enxadrística descrita por Samuel[4] e Watanabe[5] pode aprender a derrotar o homem que a progra-

3. Norbert Wiener, *Extrapolation, Interpolation, and Smoothing of Stationary Time Series with-Engineering Applications*, New York: The Technology Press of MIT/John Wiley & Sons, 1949.

4. Arthur Lee Samuel, Some Studies in Machine Learning, Using the Game of Checkers, *IBM Journal of Research and Development*, v. 3, 1959, p. 210-229.

5. Satosi Watanabe, Information Theoretical Analysis of Multivariate Correlation, *IBM Journal of Research and. Development*, v. 4, 1960, p. 66-82.

mou de um modo razoavelmente constante à base de dez a vinte horas operativas de programação.

As ideias filosóficas de Watanabe quanto ao uso de máquinas reprodutoras são muito empolgantes. De um lado, considera um método de demonstrar um teorema geométrico elementar que deve obedecer de modo extremamente satisfatório a certo critério de elegância e simplicidade, tal qual um jogo de aprendizado a ser disputado não contra um opositor individual, mas contra o que podemos chamar "Colonel Bogey". Um jogo análogo ao que Watanabe estuda é desenvolvido na indução lógica, quando desejamos edificar uma teoria que seja ótima de um modo similarmente semiestético, à base de avaliação de economia, de modo direto, e coisa parecida, mediante a determinação da avaliação de um número finito de parâmetros que permanecem livres. Trata-se, é verdade, de apenas uma limitada indução lógica, mas digna de estudo.

Muitas formas da atividade de luta, que em geral não consideramos como jogos, foram de algum modo iluminadas pela teoria das máquinas disputantes de jogo. Interessante exemplo é o combate entre o mangusto e a naja. Como Kipling salienta em "Rikki-Tikki-Tavi", o mangusto não é imune ao veneno da naja, embora esteja em certa medida protegido por sua pele de duros pelos que torna difícil à cobra mordê-lo. Como afirma Kipling, a luta é uma dança com a morte, um embate de perícia e agilidade muscular. Não há motivo para supor que os movimentos individuais do mangusto sejam mais rápidos ou mais acurados do que os da naja. No entanto, o mangusto quase invariavelmente mata a cobra e sai da peleja incólume. Como consegue fazê-lo?

Transmito aqui um relato que me parece válido, por haver assistido a uma luta assim, bem como a vários filmes sobre tais embates. Não garanto a correção de minhas observações, como interpretações. O mangusto começa com uma finta; que leva a serpente a dar o bote. O mangusto esquiva-se e faz outra negaça igual, de modo que temos um padrão rítmico de atividade da parte dos dois animais. Entretanto, essa dança não é estática, mas desenvolve-se progressivamente. À medida que ele continua, as fintas do mangusto surgem cada vez mais cedo em fase com respeito aos botes da naja, até que por fim o mangusto ataca quando a cobra está estendida e não em posição de mover-se rapidamente. Desta vez, o ataque do mangusto não é uma finta, porém uma mordida mortalmente precisa no cérebro da naja.

Em outras palavras, o padrão de ação da serpente limita-se a botes singulares, cada qual por si mesmo, enquanto o padrão da ação do mangusto envolve um apreciável, se não muito longo, segmento de todo o passado da luta. Nesta medida, o mangusto atua como máquina de aprender; e o real caráter mortífero de seu ataque depende de um sistema nervoso bem mais organizado.

Como em uma fita de Walt Disney exibida há vários anos, algo muito similar sucede quando um de nossos pássaros ocidentais, o *road runner**, ataca uma cascavel. Embora o pássaro lute com o bico e as unhas, o padrão de atividade é muito semelhante. Uma corrida de touros é um belo exemplo da mesma coisa. Pois se deve lembrar que a tourada não é um esporte, mas uma dança com a morte, a fim de exibir a beleza e as ações coordenadoras entrelaçadas do touro e do homem. A equidade para com o touro não desempenha aí qualquer papel e podemos omitir, de nosso ponto de vista, o estágio preliminar onde o touro é aguilhoado e debilitado, que visa a conduzir a contenda a um nível em que a interação dos padrões dos dois participantes é mais altamente desenvolvida. O toureiro hábil tem largo repertório de ações possíveis, tais como o ondear da capa, várias esquivas e piruetas, e coisa que o valha, que têm por fim induzir o touro a uma posição em que completou sua investida, e, está estendido no preciso momento em que o toureiro está pronto a mergulhar o estoque no coração do touro.

O que eu disse com respeito à luta entre o mangusto e a naja, ou entre o toureiro e o touro, aplicar-se-á também à contenda física entre homem e homem. Considerem um duelo de espada. Consiste numa sequência de fintas, paradas e estocadas, com o intuito de cada participante de colocar a espada adversária fora de linha, a tal extensão que lhe permita atingi-lo sem ficar por sua vez exposto a um falso encontro. Por outro lado, em um jogo de tênis, não basta servir e devolver a bola perfeitamente no que tange a cada jogada individual; a estratégia é antes a de forçar o oponente a uma série de rebatidas que o colocam progressivamente em pior posição, até que não mais lhe reste maneira de devolver a bola seguramente.

Essas disputas físicas e a espécie de jogos que, supusemos, a máquina enxadrística poderia jogar, encerram o mesmo elemento de aprendizado em termos de experiência dos hábitos do adversário, bem como dos próprios. O que é verdade nos jogos de reencontro físico também o é naquelas contendas em que o elemento intelectual é mais forte, como a guerra e os jogos que simulam guerra, pelos quais os nossos oficiais do estado-maior adquirem elementos de experiência militar. Isto é certo para a guerra convencional, na terra como no mar, e também

* Ave norte-americana, da família das cuculídeas. (N. da T.)

para o novo tipo de guerra, ainda não experimentado, com armamentos atômicos. Algum grau de mecanização, paralelo à mecanização do jogo de damas por máquinas de aprender, é possível em todos esses casos.

Não há nada mais perigoso do que cogitar uma Terceira Guerra Mundial. Vale considerar se parte do perigo não seja talvez intrínseco ao uso incauto de máquinas de aprender. Ouvi repetidamente a declaração de que máquinas de aprender não podem sujeitar-nos a quaisquer novos perigos, porque podemos desligá-las à nossa vontade. Mas podemos mesmo? Para desligar efetivamente qualquer máquina devemos estar informados se o ponto de perigo chegou. O mero fato de termos construído a máquina não nos garante que disporemos da devida informação para fazê-lo. Isto já está implícito na afirmação de que a máquina enxadrística é capaz de derrotar o homem que a programou, e após um tempo muito limitado de trabalho. Além do mais, a própria velocidade de operação das modernas máquinas digitais atrapalha nossa capacidade de perceber e raciocinar às indicações de perigo.

A concepção de dispositivos não humanos de grande poder e grande habilidade para levar a cabo uma política, e de seus perigos, não é nova. O que é novo é que agora possuímos efetivamente engenhos desta espécie. No passado, possibilidades similares foram postuladas para as técnicas da magia, as quais constituem o tema de numerosas lendas e contos populares. Tais narrativas exploraram cabalmente a situação moral do mágico. Já discuti alguns aspectos da ética lendária da magia em um livro anterior intitulado *The Human Use o f Human Beings*[6]. Repito aqui algo do material lá debatido, a fim de salientá-lo mais precisamente no novo contexto das máquinas de aprender.

Um dos contos mais conhecidos de magia é *O Aprendiz de Feiticeiro* de Goethe. Neste, o feiticeiro deixa seu aprendiz e factótum sozinho, com a tarefa de apanhar água. Como o rapaz é preguiçoso e engenhoso, transfere o trabalho a uma vassoura, para a qual pronunciou as palavras mágicas ouvidas do mestre. A vassoura serviçal faz o trabalho em seu lugar e não quer parar. O garoto está a ponto de afogar-se. Verifica-se que ele não aprendeu, ou se esqueceu da segunda fórmula cabalística destinada a deter a vassoura. Desesperado, o garoto pega o cabo da vassoura, quebra-o sobre o joelho e verifica, para a sua consternação, que as duas partes da vassoura continuam a apanhar água. Felizmente, antes de ser completamente destruído, o mestre retorna, profere as pa-

---

6. N. Wiener, *The Human Use of Human Beings: Cybernetics and Society*, Boston: Houghton Mifflin, 1950.

lavras de poder capazes de sustar a vassoura e passa um bom pito no aprendiz.

Outra estória é a do pescador e do gênio, nas *Mil e Uma Noites*. O pescador enredou um jarro fechado com o selo de Salomão. É um dos vasos em que Salomão aprisionou o gênio rebelde. O gênio emerge em uma nuvem de fumaça e a gigantesca figura diz ao pescador que, embora nos primeiros anos de prisão houvesse resolvido recompensar seu salvador com poder e fortuna, decidira agora matá-lo. Afortunadamente para ele, o pescador encontra um meio de aconselhar o gênio a voltar à garrafa, depois do quê atira o jarro ao fundo do oceano.

Mais terrível ainda do que esses dois contos é a fábula da mão do macaco, escrita por W.W. Jacobs, autor inglês do início do século. Um operário inglês aposentado acha-se à mesa com a mulher e um amigo, um primeiro-sargento reformado, da Índia. O primeiro-sargento mostra a seus anfitriões um amuleto na forma de mão de macaco, enrugada e seca. Ela fora dotada por um santo hindu, que desejara comprovar a loucura que representa desafiar o destino, com o poder de realizar três desejos a três pessoas diferentes. O soldado diz que nada sabe sobre os primeiros dois desejos do primeiro dono, mas que o último foi a morte. Ele próprio, como afirma a seus amigos, era o segundo dono, mas não queria falar do horror de sua própria experiência. Atira a garra ao fogo, mas o amigo retira-a e quer pôr à prova seus poderes. Seu primeiro desejo é recebem £200. Pouco depois, ouve-se uma batida à porta e um funcionário da companhia onde o filho trabalha entra na sala. O pai fica sabendo que o rapaz fora morto pelas máquinas em um acidente, mas que a companhia, sem reconhecer qualquer responsabilidade ou obrigação legal, deseja pagar ao pai a soma de £ 200 como uma consolação. O enlutado pai formula o segundo desejo que o seu filho retorne – e quando se ouve outra batida à porta e esta é aberta, algo aparece que não nos inteiramos com maiores detalhes, é o fantasma do filho. O desejo final é que o fantasma se desvaneça.

Em todos esses contos o caso é que as mediações da magia são pensadas de maneira literal; e que, se pretendemos um benefício delas, devemos pedir o que realmente queremos e não o que pensamos querer. As novas e reais mediações da máquina de aprender também são pensadas de maneira literal. Caso se programe uma máquina para ganhar uma guerra, deve-se pensar bem o que pretendemos dizer com isto. A máquina de aprender precisa ser programada por experiência. A única experiência de uma guerra nuclear que não seja imediatamente catastrófica é a de um jogo de guerra. Se formos usar tal experiência como guia de nosso procedimento em uma emergência real, os valores de vitória que empregamos nos jogos programados devem ser os mesmos valores que abrigamos no íntimo para o resultado real de uma guerra. Só podemos falhar nisto ao preço de um perigo irreparável, rematado e imediato. Não podemos esperar que a máquina nos acompanhe naqueles preconceitos e compromissos emocionais por cujo intermédio nos capacitamos a chamar a destruição pelo nome de vitória. Caso se peça a vitória e não sabemos o que pretendemos dizer com isto, daremos com o fantasma batendo à nossa porta.

Isto no que concerne às máquinas de aprender. Agora, gostaria de dizer uma palavra ou duas sobre as máquinas autorreprodutoras. Aqui, ambos os termos, *máquina e autorreprodutoras,* são importantes. A máquina não é apenas uma forma de matéria, mas um intermediário para o desempenho de certos propósitos definidos. E autorreprodução não é mera criação de réplicas tangíveis; é a criação de uma réplica capaz das mesmas funções.

Aqui, dois pontos de vista diferentes surgem em evidência. Um deles é puramente combinatório e concerne à questão de saber se a máquina pode ter a quantidade necessária de peças e estrutura suficientemente complicada para permitir que a autorreprodução figure entre suas funções. Essa indagação foi respondida afirmativamente pelo falecido John von Neumann. A outra diz respeito ao processo operativo real para a construção de máquinas autorreprodutoras. Aqui, limitarei minha atenção à classe de máquina que, embora não abarque todas as máquinas, é a de maior generalidade. Refiro-me ao transdutor não linear.

Tais máquinas são aparelhos que têm como input uma única função do tempo e cujo output é formado por outra função do tempo. O output é completamente determinado pelo passado do input; mas, em geral, o adicionamento de inputs não adiciona os correspondentes outputs. Semelhantes dispositivos são conhecidos como transdutores. Uma propriedade de todos os transdutores, lineares ou não lineares, é uma invariância com respeito à translação no tempo. Se certa máquina executa determinada função, então, caso o input seja deslocado para trás no tempo, o output será deslocado para trás segundo o mesmo montante.

Básico para a nossa teoria de máquinas autorreprodutoras é uma forma canônica da representação de transdutores não lineares. Aqui, as noções de impedância e admitância, tão fundamentais na teoria dos aparelhos lineares, não são inteiramente apropriadas. Teremos de referir-nos a certos métodos mais recentes de realizar essa representação, métodos desenvolvidos em parte por mim[7] e em parte pelo professor Dennis Gabor[8] da Universidade de Londres.

Embora os métodos do professor Gabor, assim como o meu, levem à construção de transdutores não lineares, eles são lineares na medida em que o transdutor não linear é representado por um output que é a soma dos outputs de um conjunto de transdutores não lineares com o mesmo input. Esses outputs são combinados com coeficientes lineares variantes. Isto nos permite empregar a teoria dos desenvolvimentos lineares no projeto e a especificação do transdutor não linear. E em particular, o método em apreço permite-nos obter coeficientes dos elementos constituintes pelo processo dos quadrados mínimos. Se o juntarmos a um método de médias estatísticas sobre o conjunto de todos os inputs de nosso aparelho, teremos em essência um ramo da teoria do desenvolvimento ortogonal. Tal base estatística da teoria dos transdutores não lineares pode ser obtida a partir de um estudo real das estatísticas passadas dos inputs utilizados em cada caso particular.

Eis um resumo grosseiro dos métodos do professor Gabor. Embora o meu seja essencialmente similar, a base estatística para meu trabalho é ligeiramente diversa.

É fato conhecido que as correntes elétricas não são conduzidas continuamente, mas por uma corrente de elétrons que precisa ter variações estatísticas de uniformidade. Podemos representar essas flutuações estatísticas de maneira razoável pela teoria browniana do movimento, ou pela teoria similar do *shot effect* ou do ruído de fundo de válvula [assobios ou estalos provocados pelas flutuações aleatórias na emissão de elétrons de um catodo aquecido de uma válvula], a cujo respeito comentarei algo no próximo capítulo. De qualquer maneira, é possível fazer aparelhos para gerar um *shot effect* padronizado com distribuição estatística altamente específica, e tal aparelho está sendo produzido em linha comercial. Notem que o ruído de válvula é em certo sentido um input universal dado que suas flutuações por um tempo suficientemente longo, cedo ou tarde, se aproximarão de qualquer curva dada. Este ruído de válvula possui uma teoria muito simples de integração e de média.

---

7. *Nonlinear Problems in Random Theory*, New York: The Technology Press do MIT/John Wiley & Sons, 1958.

8. Dennis Gabor, Electronic Inventions and their Impact on Civilization, *Inaugural Lecture*, London: Imperial College of Science and Technology-University of London, n. 3, mar., 1959.

Em termos da estatística do ruído de válvula, podemos facilmente determinar um conjunto fechado de operações não lineares ortogonais e normais. Se os inputs sujeitos a essas operações têm a distribuição estatística apropriada ao ruído de válvula, a média do produto do *output* das duas peças componentes de nosso aparelho, onde esta média tomada com respeito à distribuição estatística do ruído de válvula será zero. Além disso, o quadrado médio do output de cada aparelho pode ser normalizado para um. O resultado é que o desenvolvimento do transdutor não linear geral em termos dessas componentes procede de uma aplicação da teoria familiar das funções ortonormais.

Especificamente, nossas peças individuais de aparelho fornecem outputs que são produtos de polinômios de Hermite nos coeficientes de Laguerre do passado do input. Isto aparece em pormenor no meu trabalho *Nonlinear Problems in Random Theory.*

É por certo difícil calcular a média no primeiro exemplo sobre um conjunto de inputs possíveis. O que torna esta árdua tarefa realizável é que os inputs do *shot effect* possuem a propriedade conhecida como transitividade métrica ou a propriedade ergódica. Qualquer função integrável do parâmetro de distribuição dos inputs do *shot effect* tem, em quase todos os exemplos, um tempo médio igual à sua média sobre o conjunto. Tal fato nos permite pegar duas peças de aparelho com um input do *shot effect* comum, e para determinar a média de seu produto sobre o conjunto inteiro dos inputs possíveis, tomando-se o produto e calculando a média deste sobre o tempo. O repertório de operações necessárias para todos esses processos implica nada mais do que a adição de potenciais, a multiplicação de potenciais e a operação de média sobre o tempo. Há dispositivos para todos eles. Na realidade, os dispositivos elementares na metodologia do professor Gabor são iguais aos necessários na minha. Um de seus alunos inventou um artifício multiplicador particularmente barato e eficaz, o qual depende do efeito piezelétrico sobre um cristal devido à atração de duas bobinas magnéticas.

A importância do fato é que podemos imitar qualquer transdutor não linear, desconhecido mediante uma soma de termos lineares, cada qual com características fixas e coeficiente ajustável. E este coeficiente pode ser determinado como o produto médio dos outputs de um transdutor desconhecido e de um transdutor conhecido, particular, quando o mesmo gerador do *shot effect* está conectado ao output de ambos. Mais ainda, em vez de computar esse resultado na escala de um instrumento e depois transferi-lo ao transdutor apropriado, produzindo assim uma simulação peça por peça do aparelho, não há problema em efetuar automaticamente a transferência dos coeficientes para as peças do aparelho de feedback. O que conseguimos fazer é realizar uma caixa branca potencialmente capaz de assumir as características de qualquer transdutor não linear e depois aproximá-lo da semelhança de qualquer transdutor dado, de caixa preta, sujeitando ambos ao mesmo input randômico e ligando os outputs das estruturas de maneira adequada, de modo achegar à combinação conveniente sem qualquer intervenção de nossa parte.

Pergunto se do ponto de vista filosófico isto difere muito do que acontece quando um gene atua como modelo para formar outras moléculas do mesmo gene de uma mistura indeterminada de aminoácidos e ácidos nucléicos, ou quando um vírus conduz à sua própria forma outras moléculas dos mesmos vírus a partir dos tecidos e dos de seu hospedeiro. Não pretendo de modo algum que os detalhes dos processos sejam os mesmos, mas sim, que são fenômenos filosoficamente muito similares.

X. ONDAS CEREBRAIS E SISTEMAS AUTO-ORGANIZADORES

No capítulo anterior, discuti o problema do aprendizado e da autorreprodução na medida em que ambos se referem às máquinas e, ao menos por analogia, aos sistemas vivos. Aqui, repetirei certos comentários feitos por mim no Prefácio e que tenciono pôr em uso imediato. Como indiquei, esses dois fenômenos apresentam-se estreitamente relacionados entre si, pois o primeiro constitui a base da adaptação do indivíduo ao seu ambiente por meio da experiência, que é o que chamamos aprendizado ontogenético, enquanto o segundo, na medida em que fornece o material sobre o qual podem operar a variação e a seleção natural, é uma base do aprendizado filogenético. Como já comentei, os mamíferos, em particular o homem, fazem grande parte de seu ajustamento ao ambiente por meio de aprendizado ontogenético, enquanto os pássaros, com seus padrões de comportamento altamente variados e que não são aprendidos durante a vida do indivíduo, devotaram-se bem mais ao aprendizado filogenético.

Vimos a importância dos feedbacks não lineares na geração de ambos os processos. O presente capítulo está dedicado ao estudo de um sistema auto-organizador específico em que fenômenos não lineares desempenham um grande papel. O que descrevo aqui é o que acredito estar acontecendo na auto-organização dos eletroencefalogramas ou ondas cerebrais.

Antes que nos seja dado discutir o assunto de modo inteligente, devo dizer algo sobre o que são as ondas cerebrais e como sua estrutura é passível de tratamento matemático preciso. Há muitos anos sabe-se que a atividade do sistema nervoso é acompanhada de certos potenciais elétricos. As primeiras observações nesse campo remontam ao início do último século e devem-se a Volta e Galvani, nas preparações neuromusculares da perna de uma rã. Daí nasceu a ciência da eletrofisiologia. Esta ciência, porém, avançou lentamente até o fim do primeiro quartel do século vinte.

Vale refletir sobre a razão pela qual o desenvolvimento deste ramo da fisiologia foi tão moroso. O primeiro aparelho usado para o estudo do potencial elétrico fisiológico consistia de galvanômetros. Estes apresentavam dois pontos fracos. O primeiro era que toda a energia envolvida no movimento da bobina ou agulha do galvanômetro vinha do próprio nervo, e era excessivamente minúscula. A segunda era que o galvanômetro, naqueles tempos, era um instrumento cujas partes móveis possuíam inércia muito apreciável, e era necessária uma força restauradora muito bem precisa para levar a agulha a uma posição bem definida; isto é, pela natureza do caso, o galvanômetro não era apenas um instrumento de registro, mas de distorção. O melhor dos primitivos galvanômetros fisiológicos foi o de corda de Einthoven, onde as partes móveis estavam reduzidas a um único fio. Excelente como era, segundo os padrões de sua própria época, o instrumento não bastava para registrar pequenos potenciais elétricos sem graves distorções.

Assim, a eletrofisiologia teve de esperar por uma nova técnica. Esta foi a da eletrônica, e assumiu duas formas. Uma baseada na descoberta de Edison, que detectou certos fenômenos relativos à condução de gases, e daí nasceu o uso de válvulas a vácuo ou válvulas elétricas para fins de amplificação. Isso possibilitou efetuar uma transformação razoavelmente fiel de potenciais fracos em fortes. E assim nos permitiu mover os elementos finais do dispositivo de registro através do emprego de energia não emanada do nervo, mas controlada por ele.

O segundo invento também envolveu a condução de eletricidade *in vacuo,* e é conhecido como o oscilógrafo de raios catódicos. E tornou possível usar como parte móvel do instrumento uma armadura bem mais leve do que a de qualquer galvanômetro anterior, isto é, uma corrente de elétrons. Com a ajuda desses dois dispositivos, separados ou juntos, os fisiologistas do século atual puderam seguir fielmente o curso de tempo de pequenos potenciais que ficariam totalmente além do alcance da instrumentação de precisão, praticável no século XIX.

Com tais meios, conseguimos obter registros exatos do curso de tempo dos diminutos potenciais que surgem entre dois eletrodos situados sobre o couro cabeludo ou implantados no cérebro. Embora esses potenciais já tivessem sido observados no século XIX, a disponibilidade de novos registros precisos provocou grandes esperanças entre os fisiologistas de vinte ou trinta anos atrás. Quanto às possibilidades de usar os dispositivos para o estudo direto da atividade cerebral, vanguardeiros neste campo foram Berger na Alemanha, Adrian e Matthews na Inglaterra e Jasper, Davis e os Gibbs (mulher e marido) nos Estados Unidos.

Cabe admitir que o recente desenvolvimento da eletroencefalografia foi incapaz, até agora, de realizar as róseas esperanças alimentadas pelos primeiros pesquisadores no campo. Os dados que conseguiram foram registrados por um estilógrafo. Eram curvas muito complicadas e irregulares; e conquanto fosse possível discernir certas frequências predominantes, tais como o ritmo alfa de cerca de 10 oscilações por segundo, o registro do estilógrafo não constituía uma forma adequada para ulterior manipulação matemática. O resultado é que a eletroencefalografia se tornou mais uma arte do que uma ciência, dependendo da habilidade do observador treinado para reconhecer certas propriedades do registro com base em larga experiência. Isto suscitava a fundamental objeção de tornar a interpretação dos eletroencefalogramas uma questão em grande parte subjetiva.

No fim da década de vinte e início dos anos de trinta, interessei-me pela análise harmônica dos processos contínuos. Embora os físicos já houvessem considerado tais processos, os matemáticos da análise harmônica permaneceram quase limitados ao estudo dos processos periódicos ou àqueles que em algum sentido tendiam a zero quando o tempo se tornava grande, positiva ou negativamente. Meu trabalho foi a mais antiga tentativa de estabelecer a análise harmônica dos processos contínuos em firmes bases matemáticas. Nisto, constatei que a noção fundamental era a da autocorrelação, já utilizada por G.I. Taylor (agora Sir Geoffrey Taylor) no estudo das turbulências[9].

Esta autocorrelação para uma função do tempo $f(t)$ *é* representada pelo tempo médio do produto $f(t + \tau)$ por $f(t)$. É vantajosa para introduzir funções complexas do tempo ainda que nos casos efetivamente estudados estejamos lidando com funções reais. E agora a autocorrelação torna-se a média do produto de $f(t + \tau)$ com o conjugado de $f(t)$. Quer trabalhemos com funções reais ou complexas, o espectro da potência de $f(t)$ é dado pela transformada de Fourier da autocorrelação.

---

9. G.I. Taylor, Diffusion by Continuous Movements, *Proceedings of the London Mathematical Society*, s. 2, v. 20, 1921-1922, p. 196-212.

Já mencionei a inadequação do registro do estilográfico para ulteriores manipulações matemáticas. Antes de chegar à ideia da autocorrelação, era preciso substituir tais registros estilográficos por outros mais bem ajustados à instrumentação.

Um dos melhores modos de registrar pequenos potenciais elétricos flutuantes, a fim de manipulá-los depois, é o emprego da fita magnética. Isto permite a armazenagem do potencial elétrico flutuante de uma forma permanente, utilizável mais tarde e sempre que conveniente. Semelhante instrumento foi projetado cerca de uma década atrás no Laboratório de Pesquisa de Eletrônica do MIT, sob a direção do professor Walter A. Rosenblith e dr. Mary A.B. Brazier[10].

Neste aparelho, a fita magnética é usada em sua forma de modulação-frequência, visto que a leitura da fita magnética sempre implica certo montante de rasura. Com a fita de modulação-amplitude, esta rasura dá origem a uma mudança na mensagem transportada, de modo que nas sucessivas leituras da fita estamos na realidade, seguindo uma mensagem cambiante.

Na modulação de frequência também existe certa quantidade de rasura, mas os instrumentos mediante os quais lemos a fita são relativamente insensíveis à amplitude e leem apenas a frequência. Até que a fita esteja tão carregadamente rasurada que seja completamente ilegível, a rasura parcial da fita não distorce de maneira comprometedora a mensagem nela contida. O resultado é que a fita pode ser lida numerosas vezes, substancialmente com a mesma precisão da primeira leitura.

Como veremos pela natureza da autocorrelação, uma das ferramentas que necessitamos é de um mecanismo que atrase a leitura da fita por um montante ajustável. Se um comprimento de gravação em fita magnética com o tempo de duração A for tocado em um aparelho dotado de duas cápsulas do *play-back,* uma subsequente à outra, dois sinais são gerados que são os mesmos exceto para um relativo deslocamento no tempo. O deslocamento no tempo depende da distância entre as cabeças de reprodução e da velocidade da fita, podendo ser variado à vontade. É possível chamar uma delas de $f(t)$ e a outra de $f(t+\tau)$, onde τ é o tempo de deslocamento. O produto das duas pode formar-se, por exemplo, pelo uso de retificadores que seguem lei quadrática e misturadores lineares, aproveitando-se da identidade

10. John S. Barlow; R. M. Brown, *An Analog Correlator System for Brain Potentials*, Cambridge: Technical Report 300/Research Laboratory of Electronics of MIT, 1955.

$$4ab = (a + b)^2 - (a - b)^2 \qquad (10.01)$$

A média do produto pode ser obtida aproximadamente, integrando-se com uma rede de resistor-capacitor, dotada de uma constante de tempo longa em comparação à duração *A* da amostra. A média resultante é proporcional ao valor da função de autocorrelação para o retardo τ. A

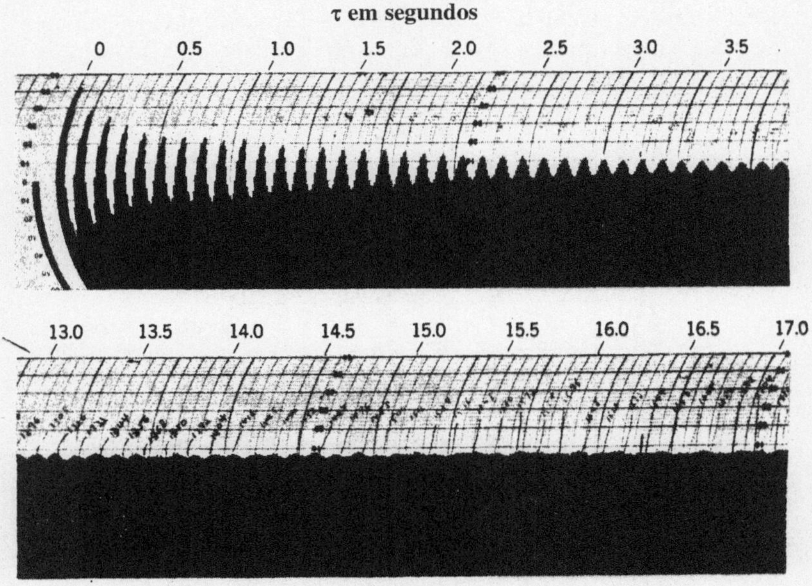

Fig. 9 Autocorrelação

repetição do processo para vários valores de τ fornece um conjunto de valores da autocorrelação (ou antes, a autocorrelação da amostra sobre uma base *A* de tempo grande). O gráfico acompanhante, Fig. 9, apresenta o de uma autocorrelação real deste gênero[11]. Notemos que exibimos apenas metade da curva, pois a autocorrelação para tempos negativos seria idêntica àquela para tempos positivos, pelo menos se a curva da qual estamos tirando a autocorrelação for real.

11. Este trabalho foi empreendido com a cooperação do Laboratório de Neurofisiologia do Massachusetts General Hospital e do Laboratório de Comunicações Biofísicas do MIT.

Repare que curvas de autocorrelação similares foram utilizadas desde há muitos anos na óptica, e que o instrumento através do qual vieram a ser obtidas foi o interferômetro de Michelson, Fig. 10. Por um sistema de espelhos e lentes, o interferômetro de Michelson divide o feixe de luz em duas partes, as quais são expedidas por trajetórias de diferentes comprimentos e depois reunidas em um único feixe. Os diferentes comprimentos de caminho resultam em diferentes retardos de tempo e o feixe resultante é a soma de duas réplicas do feixe entrante, que pode uma vez mais ser escrito como $f(t)$ e $f(t + \tau)$. Quando a intensidade do feixe é medida com fotômetro sensível a potências, a leitura do fotômetro é proporcional ao quadrado de $f(t) + f(t + \tau)$, contendo, portanto, um termo proporcional à autocorrelação. Em outras palavras, a intensidade das franjas do interferômetro (exceto para uma transformação linear) dar-nos-á a autocorrelação

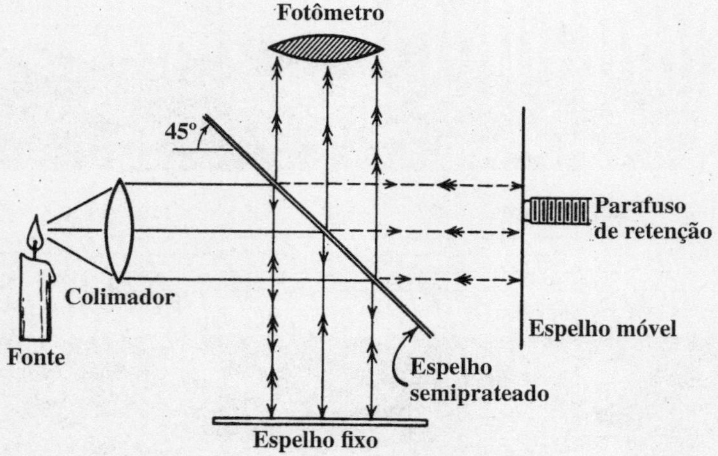

Fíg. 10 Interferômetro de Michelson

Tudo isto estava implícito no trabalho de Michelson. Ver-se-á que, realizando uma transformação de Fourier sobre as franjas, o interferômetro nos fornece o espectro energético da luz e é, na realidade, um espectrômetro. Trata-se, de fato, do tipo mais acurado de espectrômetro que conhecemos.

Este tipo de espectrômetro só chegou a uma existência própria nos últimos anos. Fui informado que é aceito agora como importante instrumento para medidas de precisão. A importância disto é que as técnicas que irei apresentar agora para a elaboração de registros de autocorrelação são igualmente aplicáveis na espectroscopia e oferecem métodos de impelir ao limite a informação transmissível por um espectrômetro.

Discutamos a técnica de conseguir o espectro de uma onda cerebral a partir de uma autocorrelação. Seja $C(t)$ uma autocorrelação de $f(t)$. Então $C(t)$ pode ser colocado na forma

$$C(t) = \int_{-\infty}^{\infty} e^{2\pi i\omega t}\, dF(\omega) \qquad (10.02)$$

Aqui F é sempre uma função crescente ou pelo menos não decrescente de ω e denominá-la-emos de espectro integrado de f. Em geral, este espectro integrado é constituído de três partes, combinadas aditivamente. A parte em forma de linha do espectro aumenta apenas em um conjunto enumerável de pontos. Se a retirarmos, restará um espectro contínuo. Este espectro contínuo, por sua vez, é a soma de duas partes, uma das quais aumenta apenas sobre um conjunto de medida nula, enquanto a outra é absolutamente contínua e é a integral de uma função integrável positiva.

Doravante, suponhamos que faltem as duas primeiras partes do espectro – a parte discreta e a contínua que cresce sobre um conjunto de medida nula. Neste caso, podemos escrever

$$C(t) \int_{-\infty}^{\infty} = e^{2\pi i\omega t}\, \phi(\omega) d\omega \qquad (10.03)$$

em que $\phi\ (\omega)$ é a densidade espectral. Se $\phi\ (\omega)$ pertence à classe de Lebesgue L^2, podemos colocar

$$\phi(\omega) = \int_{-\infty}^{\infty} C(t)\, e^{-2\pi i\omega t}\, dt \qquad (10.04)$$

Se considerarmos a autocorrelação das ondas cerebrais, veremos que a parte predominante da potência do espectro encontra-se na vizinhança dos 10 ciclos. Em tal caso, $\phi\ (\omega)$ terá uma forma similar ao seguinte diagrama.

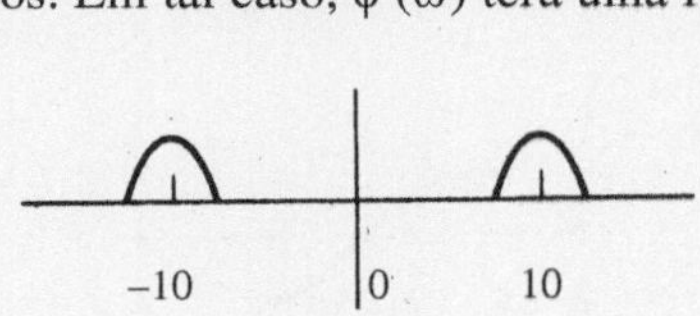

Os dois picos perto de 10 e – 10 são imagens especulares um do outro.

São várias as maneiras de efetuar uma análise numérica de Fourier, incluindo o uso de processos de computação numérica e de instrumentos integradores. Em ambos os casos, é inconveniente para o trabalho o fato de os picos principais se situarem perto de 10 e – 10 e não de perto de 0. Contudo, existem modos de transferir a análise harmônica para a vizinhança da frequência zero que reduz em grande parte o trabalho a executar. Repare que

$$\phi(\omega - 10) = \int_{-\infty}^{\infty} C(t)\, e^{20\pi i t} e^{-2\pi i \omega t}\, dt \qquad (10.05)$$

Em outras palavras, se multiplicarmos $C(t)$ por $e^{20\pi i t}$, nossa nova análise harmônica nos proporcionará uma banda na vizinhança da frequência zero, e outra banda na vizinhança da frequência + 20. Se efetuarmos, então, semelhante multiplicação, e removermos a banda + 20 por métodos de cálculo de média equivalentes ao uso de um filtro de onda, nós reduziremos a nossa análise harmônica a uma na vizinhança da frequência zero.

Ora

$$e^{20\pi i t} = \cos 20\pi t + i \operatorname{sen} 20\pi t \qquad (10.06)$$

Portanto, as partes real e imaginária de $C(t) \,.\, e^{20\pi i t}$ são dadas, respectivamente, por $C(t) \,.\, \cos 20\pi t$ e $iC(t) \operatorname{sen} 20\pi t$. É possível realizar a remoção das frequências na vizinhança de + 20, fazendo-se passar essas duas funções por um filtro de passa-baixo, o que equivale a calcular sua média sobre um intervalo igual ou maior a um vigésimo de segundo.

Admitamos uma curva onde a maior parte da potência encontra-se a uma frequência aproximada de 10 ciclos. Quando multiplicamos isto pelo cosseno ou seno de *20πt*, obtemos uma curva que é a soma de duas partes, uma das quais se comporta localmente assim:

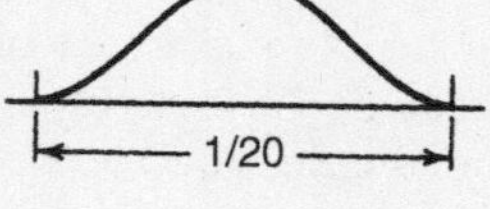

e outra assim:

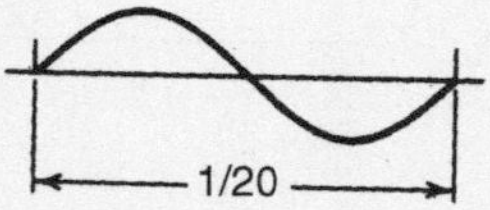

Quando fazemos a média da segunda curva sobre o tempo para um comprimento de um décimo de segundo, obtemos zero. Quando calculamos a média da primeira, conseguimos a metade da altura máxima. O resultado é que, pelo alisamento de $C(t)$ cos $20\pi t$ *e* $iC(t)$ sen $20\pi t$, obtemos, respectivamente, boa aproximação para a parte imaginária e real de uma função com todas as suas frequências na vizinhança de zero, e esta função terá a frequência distribucional no entorno de zero que uma parte do espectro de $C(t)$ tem no entorno de 10. Ora, seja $K_1(t)$ o resultado do alisamento $C(t)$ *cos* $20\pi t$ e $K_2(\tau)$ o resultado do alisamento $C(t)$ sen $20\pi t$. Desejamos obter

$$\int_{-\infty}^{\infty} [K_1(t) + iK_2(t)]e^{-2\pi i\omega t}\,dt$$

$$= \int_{-\infty}^{\infty} [K_1(t) + iK_2(t)]\,[\cos 2\pi\omega t - i \text{ sen } 2\pi\omega t]\,dt \qquad (10.07)$$

Esta expressão tem que ser real, posto que é um espectro. Portanto, será igual a

$$\int_{-\infty}^{\infty} K_1(t) \cos 2\pi\omega t\,dt + \int_{-\infty}^{\infty} K_2(t) \text{ sen } 2\pi\omega t\,dt \qquad (10.08)$$

Em outras palavras, se efetuarmos as análises do cosseno de K_1 e do seno de K_2, e as somarmos, teremos o espectro deslocado de *f*. Pode-se mostrar que K_1 será par e K_2, ímpar. Isto significa que se efetuarmos uma análise do cosseno de K_1 e adicionarmos ou subtrairmos a análise do seno de K_2 chegaremos, respectivamente, ao espectro à direita e à esquerda da frequência central a uma distância ω. Este método de conseguir o espectro será por nós descrito como o método heteródino.

No caso de autocorrelações localmente quase sinusoidais de período, digamos 0,1 (como o que aparece na autocorrelação de onda cerebral da Fig. 9), a computação envolvida neste método de heterodinia é passível de simplificação. Tomamos nossa autocorrelação em intervalos de um quadragésimo de segundo. Consideramos a seguir a sequência em 0, 1/20 de segundo, 2/20 de segundo, 3/20 de segundo e assim por diante, e trocamos o sinal dessas frações com numeradores ímpares. Calculamos suas médias consecutivamente para um curso de comprimento adequado e logramos uma quantidade quase igual a $K_1(t)$. Se operarmos de modo similar com os valores em 1/40 de segundo, 3/40 de segundo, 5/40 de segundo etc., trocando os sinais das quantidades alternadas, e se empregarmos o processo anterior de média alcançaremos uma aproximação de $K_2(t)$. *A* partir desse estágio o procedimento é claro.

A justificação do procedimento acima é que a distribuição da massa que é

$$1 \text{ em pontos } 2\pi n$$
$$-1 \text{ em pontos } (2n + 1)\pi$$

e é zero alhures, quando submetida a uma análise harmônica, conterá uma componente cosseno de frequência 1 e nenhuma componente seno. Analogamente, uma distribuição de massa que é

$$1 \text{ em } (2n + 1/2)\pi$$
$$-1 \text{ em } (2n - 1/2)\pi$$

e

$$0 \text{ alhures}$$

conterá a componente seno de frequência 1 e nenhuma componente cosseno. Ambas as distribuições conterão também, portanto, componentes de frequência N; mas como a curva original ora em análise é carente ou quase carente de tais frequências, os termos em apreço não produzirão efeito. Isto simplifica grandemente nossa heterodinia, pois os únicos fatores pelos quais precisamos multiplicar são + 1 ou – 1.

Já verificamos que este método heteródino é muito útil na análise harmônica de ondas cerebrais, quando dispomos apenas de meios manuais e quando o grosso da tarefa se torna esmagador se desenvolvido através de todos os detalhes da análise harmônica sem o uso da heterodinia. Todo o nosso trabalho inicial com a análise harmônica de espectros cerebrais foi efetuado pelo método heteródino. Como mais tarde, entretanto, foi possível empregar um computador digital para o qual reduzir o grosso da tarefa não é uma consideração muito séria, boa parte de nosso trabalho ulterior na análise harmônica foi realizado diretamente sem o uso da heterodinia. Haverá, contudo, muito serviço a fazer em lugares onde não haja disponibilidade de computadores digitais, de modo que não considero obsoleto o método heteródino na prática.

Apresento aqui porções de uma autocorrelação específica que obtivemos em nosso trabalho. Como a autocorrelação cobre grande extensão de dados, ela não é aqui adequada para uma reprodução como um todo, e damos apenas o começo, na vizinhança de $\tau = 0$, uma porção dela, ulteriormente.

A Figura 11 representa os resultados de uma análise harmônica da autocorrelação, parte da qual é exibida na Fig. 9. Neste caso, nosso resultado foi alcançado com um computador digital de alta velocidade[12], mas constatamos uma concordância bastante boa entre o espectro acima e o obtido anteriormente através dos métodos manuais heteródinos, pelo menos na vizinhança da parte mais forte do espectro.

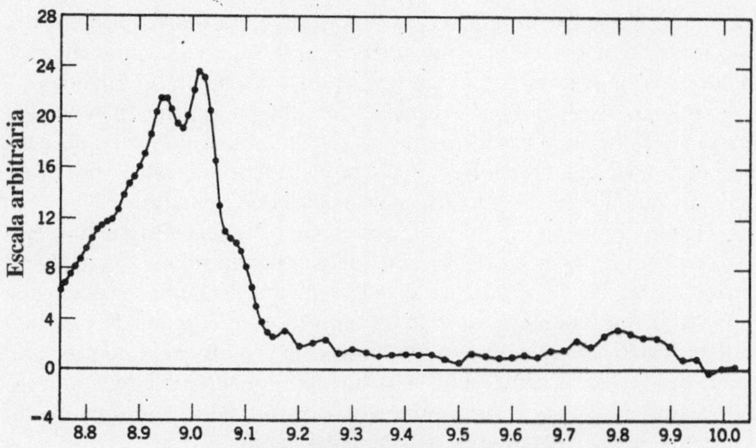

Frequência em ciclos por segundo

Espectro

Fig. 11

Quando inspecionamos a curva, verificamos uma queda notável de potência na vizinhança da frequência de 9,05 ciclos por segundo. O ponto em que o espectro esmaece substancialmente é muito agudo e apresenta uma quantidade objetiva que se pode verificar com precisão bem maior do que qualquer quantidade até agora aparecida na eletroencefalografia. Há certa quantidade de indicações que obtivemos em outras curvas, mas que são de confiabilidade algo questionável em seus pormenores, ou seja, esta súbita queda de intensidade seguida com grande brevidade de uma inopinada elevação, de modo que entre uma e outra temos uma depressão na curva. Há, nesse fato, para tais curvas, uma confiabilidade algo questionável nos seus detalhes. Seja este o caso ou não, há uma forte sugestão de que a potência no pico corresponde a uma remoção da potência da região onde a curva é baixa.

---

12. Foi usado o IBM-709 do Centro de Computação do MIT.

No espectro que obtivemos, vale notar que a maior parte do pico se encontra dentro de um intervalo de cerca de um terço de ciclo. O interessante é que, com outro eletroencefalograma do mesmo paciente, registrado quatro dias mais tarde, esta amplitude aproximada do pico manteve-se, e há mais de um indício de que a forma é conservada em algum pormenor. Há também motivo para crer que, com outros pacientes, a amplitude do pico será diferente e talvez mais estreita. Uma verificação cabalmente satisfatória requer investigações a serem ainda efetuadas.

É assaz desejável que a espécie de trabalho por nós mencionada nessas sugestões seja desenvolvida por um labor instrumental mais acurado com melhores instrumentos, de modo que as sugestões ora apresentadas sejam definitivamente comprovadas ou rejeitadas.

Quero agora abordar o problema da amostragem. Para tanto, terei de introduzir algumas ideias de meu trabalho prévio sobre integração no espaço das funções[13]. Por meio desta ferramenta, estaremos capacitados a construir um modelo estatístico de um processo continuado com um dado espectro. Conquanto o modelo não seja réplica exata do processo que engendra ondas cerebrais, é bastante aproximado para transmitir informações estatisticamente significativas quanto à raiz do erro médio quadrático previsível em espectros de ondas cerebrais como o apresentado neste capítulo.

Enuncio aqui, sem prova, algumas propriedades de uma função real $x(t, \alpha)$ já expressa em meu artigo sobre análise harmônica generalizada e em outras partes. A função real $x(t, \alpha)$ depende de uma variável t que vai de $-\infty$ a ∞ e de outra, α, que vai de 0 a 1. Ela representa uma variável espacial de um movimento browniano dependente do tempo t e do parâmetro α de uma distribuição estatística. A expressão

$$\int_{-\infty}^{\infty} \phi(t)\, dx(t, \alpha) \qquad (10.09)$$

é definida para todas as funções $\phi(t)$ da classe de Lebesgue L^2 de $-\infty$ a ∞. Se $\phi(t)$ tem uma derivada pertencente a L^2, a Expressão 10.09 é definida como

$$-\int_{-\infty}^{\infty} x(t, \alpha)\phi'(t)\, dt \qquad (10.10)$$

---

13. Generalized Harmonic Analysis, *Acta Mathematica*, v. 55, p. 117-258, 1930; *Nonlinear Problems in Random Theory*, New York: The Technology Press of MIT/John Wiley & Sons, 1958.

e será, então, definida para todas as funções $\phi(t)$ pertencentes a L^2 por certo processo de limite bem definido. Outras integrais

$$\int_{-\infty}^{\infty} \cdots \int_{-\infty}^{\infty} K(\tau_1, \cdots \tau_n)\, dx(\tau_1, \alpha) \cdots dx(\tau_n, \alpha) \qquad (10.11)$$

são definidas de maneira similar. O teorema fundamental que usamos é o seguinte

$$\int_0^1 d\alpha \int_{-\infty}^{\infty} \cdots \int_{-\infty}^{\infty} K(\tau_1, \cdots, \tau_n)\, dx(\tau_1, \alpha) \cdots dx(\tau_n, \alpha) \quad (10.12)$$

e é obtido, colocando-se

$$K_1(\tau_1, \cdots, \tau_{n/2}) = \sum K(\sigma_1, \sigma_2, \cdots, \sigma_n) \qquad (10.13)$$

onde os τ_k são formados de todas as maneiras possíveis através da identificação de todos os pares de σ_k um com o outro (se n for par), e formando

$$\int_{-\infty}^{\infty} \cdots \int_{-\infty}^{\infty} K_1(\tau_1, \cdots \tau_{n/2})\, d\tau_1, \cdots, d\tau_{n/2} \qquad (10.14)$$

Se n for ímpar

$$\int_0^1 d\alpha \int_{-\infty}^{\infty} \cdots \int_{-\infty}^{\infty} K(\tau_1, \cdots, \tau_n)\, dx(\tau_1, \alpha) \cdots dx(\tau_n, \alpha) = 0 \quad (10.15)$$

Outro importante teorema a respeito dessas integrais estocásticas é que se $\mathscr{F}\{g\}$ for um funcional de $g(t)$, tal que, $\mathscr{F}[x(t, \alpha)]$ seja uma função pertencente a L em α e dependente apenas das diferenças $x(t_2, \alpha) - x(t_1, \alpha)$, então para cada t_1, para quase todos os valores de

$$\lim_{A\to\infty} \frac{1}{A} \int_0^A \mathscr{F}[x(t, \alpha)]\, dt = \int_0^1 \mathscr{F}[x(t_1, \alpha)]\, d\alpha \qquad (10.16)$$

Este é o teorema ergódico de Birkhoff e foi provado por mim[14] e outros.

Ficou estabelecido na comunicação da *Acta Mathematica* já citada que se U for uma transformação unitária real da função $K(t)$

$$\int_{-\infty}^{\infty} UK(t)\, dx(t, \alpha) = \int_{-\infty}^{\infty} K(t)\, dx(t, \beta) \qquad (10.17)$$

14. The Ergodic Theorem, *Duke Mathematical Journal*, v. 5, 1939, p. 1-39; ver também em *Modern Mathematics for the Engineer*, E.F. Beckenbach (ed.), New York: MacGraw-Bill, 1956, p. 166-168.

onde β difere de α apenas por uma transformação que mantém a medida do intervalo (0, 1) em si mesmo.

Façamos agora com que K(t) pertença a L^2, e que

$$K(t) = \int_{-\infty}^{\infty} q(\omega) e^{2\pi i \omega t}\, d\omega \tag{10.18}$$

no sentido de Plancherel[15]. Examinemos a função real

$$f(t, \alpha) = \int_{-\infty}^{\infty} K(t + \tau)\, dx(\tau, \alpha) \tag{10.19}$$

que representa a resposta de um transdutor linear a um input browniano. Esta terá a autocorrelação

$$\lim_{T \to \infty} \frac{1}{2T} \int_{-T}^{T} f(t + \tau, \alpha) \overline{f(t, \alpha)}\, dt \tag{10.20}$$

e esta, pelo teorema ergódico, assumirá para quase todos os valores de α o valor

$$\int_0^1 d\alpha \int_{-\infty}^{\infty} K(t_1 + \tau)\, dx(t_1, \alpha) \int_{-\infty}^{\infty} \overline{K(t_2)}\, dx(t_2, \alpha)$$

$$= \int_{-\infty}^{\infty} K(t + \tau)\, \overline{K(t)}\, dt \tag{10.21}$$

O espectro será então quase sempre

$$\int_{-\infty}^{\infty} e^{-2\pi i \omega \tau}\, d\tau \int_{-\infty}^{\infty} K(t + \tau)\, \overline{K(t)}\, dt$$

$$= \left| \int_{-\infty}^{\infty} K(\tau)\, e^{-2\pi i \omega \tau}\, d\tau \right|^2$$

$$= |q(\omega)|^2 \tag{10.22}$$

Este é, entretanto, o verdadeiro espectro. A autocorrelação de amostra durante o tempo médio A (em nosso caso 2700 segundos) será

$$\frac{1}{A} \int_0^A f(t + \tau, \alpha) \overline{f(t, \alpha)}\, dt$$

$$= \int_{-\infty}^{\infty} dx(t_1, \alpha) \int_{-\infty}^{\infty} dx(t_2, \alpha) \frac{1}{A} \int_0^A K(t_1 + \tau + s) \overline{K(t_2 + s)}\, ds \tag{10.23}$$

---

15. Cf. N. Wiener, Plancherel's Theorem, *The Fourier Integral and Certain of its Applications*, Cambridge/New York: Cambridge University Press / Dover, 1933, p. 46-71.

O espectro resultante da amostra contará quase sempre com a média no tempo

$$\int_{-\infty}^{\infty} e^{-2\pi\iota\omega\tau}\,d\tau\,\frac{1}{A}\int_{0}^{A} ds \int_{-\infty}^{\infty} K(t+\tau+s)\,\overline{K(t+s)}\,dt = |q(\omega)|^{2} \qquad (10.24)$$

Isto é, o espectro da amostra e o verdadeiro espectro terão o mesmo valor da média no tempo.

Por muitos fins, estamos interessados no espectro aproximado, em que a integração de τ é executada apenas sobre $(0, B)$, onde B é 20 segundos no caso particular já apresentado. Lembremos que $f(t)$ é real, e que a autocorrelação é uma função simétrica. Portanto é possível substituir a integração de 0 a B pela integração de $-B$ até B:

$$\int_{-B}^{B} e^{-2\pi\iota\upsilon\tau}\,d\tau \int_{-\infty}^{\infty} dx(t_1, \alpha) \int_{-\infty}^{\infty} dx(t_2, \alpha)\,\frac{1}{A}\int_{0}^{A} K(t+\tau+s) \times \overline{K(t_2+s)}\,ds \qquad (10.25)$$

Isto terá como média

$$\int_{-B}^{B} e^{-2\pi\iota\upsilon\tau}\,d\tau \int_{-\infty}^{\infty} K(t+\tau)\overline{K(t)}\,dt = \int_{-B}^{B} e^{-2\pi\iota\upsilon\tau}\,d\tau \int_{-\infty}^{\infty} |q(\omega)|^{2}\, e^{2\pi\iota\tau\omega}\,d\omega$$

$$= \int_{-\infty}^{\infty} |q(\omega)|^{2}\,\frac{\text{sen}\,2\pi B(\omega-u)}{\pi(\omega-u)}\,d\omega \qquad (10.26)$$

O quadrado do espectro aproximado tomado sobre $(-B, B)$ *será*

$$\left|\int_{-B}^{B} e^{-2\pi\iota u\tau}\,d\tau \int_{-\infty}^{\infty} dx(t_1, \alpha) \int_{-\infty}^{\infty} dx(t_2, \alpha)\,\frac{1}{A}\int_{0}^{A} K(t_1+\tau+s)\,\overline{K(t_2+s)}\,\mathrm{ds}\right|^{2}$$

que terá como sua média

$$\begin{aligned}
&\int_{-B}^{B} e^{-2\pi\iota u\tau}\,d\tau \int_{-B}^{B} e^{2\pi\iota\upsilon\tau}d\tau_1\,\frac{1}{A^{2}}\int_{0}^{A} ds \int_{0}^{A} d\sigma \int_{-\infty}^{\infty} dt_1 \int_{-\infty}^{\infty} dt_2 \\
&\quad\times [K(t_1+\tau+s)\overline{K(t_1+s)}\,\overline{K(t_2+\tau_1+\sigma)}K(t_2+\sigma) \\
&\quad+ K(t_1+\tau+s)\overline{K(t_2+s)}\,\overline{K(t_1+\tau_1+\sigma)}K(t_2+\sigma) \\
&\quad+ K(t_1+\tau+s)\overline{K(t_2+s)}\,\overline{K(t_2+\tau_1+\sigma)}K(t_1+\sigma)] \\
&= \left[\int_{-\infty}^{\infty} |q(\omega)|^{2}\,\frac{\text{sen}\,2\pi B(\omega-u)}{\pi(\omega-u)}\,d\omega\right]^{2}
\end{aligned}$$

$$+ \int_{-\infty}^{\infty} |q(\omega_1)|^2 \, d\omega_1 \int_{-\infty}^{\infty} |q(\omega_2)|^2 \, d\omega_2$$

$$\times \left[\frac{\text{sen } 2\pi B(\omega_1 - u)}{\pi(\omega_1 - u)} \right]^2 \frac{\text{sen}^2 A\pi(\omega_1 - \omega_2)}{\pi^2 A^2 (\omega_1 - \omega_2)^2}$$

$$+ \int_{-\infty}^{\infty} |q(\omega_1)^2 \, d\omega_1 \int_{-\infty}^{\infty} |q(\omega_2)|^2 \, d\omega_2$$

$$\times \frac{\text{sen } 2\pi B(\omega_1 - u)}{\pi(\omega_1 - u)} \frac{\text{sen } 2\pi B(\omega_2 - u)}{\pi(\omega_2 - u)} \frac{\text{sen}^2 A\pi(\omega_1 - \omega_2)}{\pi^2 A^2 (\omega_1 - \omega_2)^2} \tag{10.27}$$

É fato bem conhecido que, se *m* for usado para expressar uma média,

$$m[\lambda - m(\lambda)]^2 = m(\lambda^2) - [m(\lambda)]^2 \tag{10.28}$$

Então a raiz do erro quadrático da média do espectro aproximado da amostra será igual a

$$\sqrt{\begin{aligned} &\int_{-\infty}^{\infty} |q(\omega_1)|^2 \, d\omega_1 \int_{-\infty}^{\infty} |q(\omega_2)|^2 \, d\omega_2 \frac{\text{sen}^2 A\pi(\omega_1 - \omega_2)}{\pi^2 A^2 (\omega_1 - \omega_2)^2} \\ &\times \left(\frac{\text{sen}^2 2\pi B(\omega_1 - u)}{\pi^2 (\omega_1 - u)^2} + \frac{\text{sen } 2\pi B(\omega_1 - u)}{\pi(\omega_1 - u)} \frac{\text{sen } 2\pi B(\omega_2 - u)}{\pi(\omega_2 - u)} \right) \end{aligned}} \tag{10.29}$$

Ora,

$$\int_{-\infty}^{\infty} \frac{\text{sen}^2 A\pi u}{\pi^2 A^2 u^2} \, du = \frac{1}{A} \tag{10.30}$$

Assim

$$\int_{-\infty}^{\infty} g(\omega) \frac{\text{sen}^2 A\pi(\omega - u)}{\pi^2 A^2 (\omega - u)^2} \, d\omega \tag{10.31}$$

é $1/A$ multiplicado pela média ponderada corrente de g (ω). No caso da quantidade, cuja média foi calculada ser aproximadamente constante sobre o pequeno intervalo $1/A$, que é aqui uma suposição razoável, obteremos uma dominante aproximada da raiz do erro quadrático médio em qualquer ponto do espectro

$$\sqrt{\frac{2}{A}\int_{-\infty}^{\infty}|q(\omega)|^4 \frac{\text{sen}^2\, 2\pi B(\omega - u)}{\pi^2(\omega - u)^2}\, d\omega} \tag{10.32}$$

Notemos que, se o espectro aproximado de amostra tem seu máximo em $u = 10$, seu valor ali será

$$\int_{-\infty}^{\infty}|q(\omega)|^2 \frac{\text{sen}\, 2\pi B(\omega - 10)}{\pi(\omega - 10)}\, d\omega \tag{10.33}$$

o que para $q(\omega)$ lisa não estará longe de $|q(10)^2|$. A raiz do erro quadrático médio do espectro referido a este como uma unidade de medida há de ser

$$\sqrt{\frac{2}{A}\int_{-\infty}^{\infty}\left|\frac{q(\omega)}{q(10)}\right|^4 \frac{\text{sen}^2\, 2\pi B(\omega - 10)}{\pi^2(\omega - 10)^2}\, d\omega} \tag{10.34}$$

e, portanto, não maior do que

$$\sqrt{\frac{2}{A}\int_{-\infty}^{\infty}\frac{\text{sen}^2\, 2\pi B(\omega - 10)}{\pi^2(\omega - 10)^2}\, d\omega} = 2\sqrt{\frac{B}{A}} \tag{10.35}$$

No caso que consideramos, esta será

$$2\sqrt{\frac{20}{2700}} = 2\sqrt{\frac{1}{135}} \approx \frac{1}{6} \tag{10.36}$$

Se admitirmos, então, que o fenômeno de depressão é real, ou mesmo que a súbita queda que ocorre em nossa curva a uma frequência de cerca de 9,05 ciclos por segundo é real, vale a pena propor várias indagações fisiológicas a respeito. As três perguntas principais se referem à função fisiológica desses fenômenos que já observamos, o mecanismo fisiológico por cujo meio são produzidos, e a possível aplicação que podemos fazer das referidas observações na medicina.

Notem que uma linha de frequência nítida equivale a um relógio preciso. Como o cérebro é em certo sentido um aparelho de computação e controle, é natural perguntar se outras formas de controle e computação empregam relógios. De fato, a maioria o faz. Empregam-se relógios em tais aparelhos para servir como porta lógica (*gating*)*. To-

* Mecanismo de admissão, de adução, eclusa, comporta.(N. da T.)

dos os aparelhos desse tipo precisam combinar grande número de impulsos em impulsos singulares. Se os mencionados impulsos forem conduzidos pelo mero ligar ou desligar do circuito, a cronometria dos impulsos será de pequena importância e não se fará necessária qualquer "porta lógica". Entretanto, a consequência desse método de veicular impulsos é que todo um circuito fica ocupado até o momento em que a mensagem é desligada; e isto implica pôr grande parte do aparelho fora de ação por um período indefinido. Assim, é desejável em um aparelho de controle ou computação que as mensagens sejam conduzidas por um sinal combinado de liga-desliga. Isso liberta imediatamente o aparelho para uso ulterior. A fim de que assim aconteça, cumpre armazenar as mensagens de modo que sejam liberadas simultaneamente e combinadas enquanto ainda se acham na máquina. Para tanto, é necessário uma "porta lógica" e esta pode ser convenientemente realizada com o uso de um relógio.

Sabe-se que, pelo menos no caso das fibras nervosas mais longas, os impulsos nervosos são conduzidos por picos, cuja forma independe da maneira como são produzidos. A combinação destes picos é função de um mecanismo sináptico. Nessas sinapses, certo número de fibras entrantes vincula-se a uma fibra de saída. Quando a devida combinação de fibras entrantes deflagra dentro de um intervalo de tempo muito curto, as fibras de saída deflagram. Nesta combinação, o efeito das fibras entrantes em certos-casos é aditivo, de modo que, se mais de certo número deflagra, é atingido um limiar que permite o disparo da fibra de saída. Em outros casos, algumas das fibras entrantes exercem uma ação inibitória, ora impedindo absolutamente o disparo, ora, de alguma forma, aumentando o limiar para as outras fibras. Em ambos os casos, um período de curta combinação é essencial, e se as mensagens entrantes não se encontram dentro deste curto período, elas não combinam. É indispensável, portanto, contar com uma espécie de mecanismo de "porta lógica" para permitir que as mensagens entrantes cheguem de um modo substancialmente simultâneo. Do contrário, a sinapse falhará em sua ação como mecanismo de combinação[16].

---

16. Trata-se de um quadro simplificado do que acontece, sobretudo no córtex, uma vez que a operação tudo-ou-nada dos neurônios depende de que sejam de cumprimento suficiente para que a restauração da forma dos impulsos entrantes no próprio neurônio se aproxime de uma forma assintótica. Contudo, no córtex, por exemplo, devido à brevidade dos neurônios, a necessidade de sincronia ainda subsiste, embora os detalhes do processo sejam bem mais complicados.

Convém, entretanto, dispor de maior evidência de que a referida "porta lógica" na realidade ocorre. No caso, um trabalho do professor Donald B. Lindsley do Departamento de Psicologia da Universidade da Califórnia torna-se relevante. Ele realizou um estudo dos tempos de reação para sinais visuais. Como todos sabem, quando chega um sinal visual, a atividade muscular assim estimulada não se dá de pronto, mas após certo retardo. O professor Lindsley mostrou que o referido retardo não é constante, parecendo consistir de três partes. Uma é de comprimento constante, enquanto as outras duas partes distribuem-se, ao que tudo indica, uniformemente por cerca de 1/10 de *segundo*. É como se o sistema nervoso central conseguisse captar impulsos entrantes tão somente a cada 1/10 de segundo, e como se os impulsos que saem para os músculos pudessem chegar do sistema nervoso central apenas a cada 1/10 de segundo. Trata-se de evidência experimental de uma porta lógica, e a associação desta com o tempo de 1/10 de segundo, que é o período aproximado do ritmo central alfa do cérebro, não é provavelmente fortuita.

Isto no que concerne à função do ritmo central alfa. Agora surge a pergunta relativa ao mecanismo produtor deste ritmo. Aqui, cumpre invocar o fato de que o ritmo alfa pode ser acionado por cintilação. Se uma luz é cintilada no olho a intervalos com um período de quase 1/10 de segundo, o ritmo alfa do cérebro modifica-se até que contenha uma forte componente do mesmo período que a cintilação. Indubitavelmente a cintilação produz uma tremulação elétrica na retina, e com certeza, quase, no sistema nervoso central.

Há, todavia, certa evidência direta de que uma cintilação puramente elétrica pode provocar um efeito similar à cintilação visual. A experiência foi realizada na Alemanha. Um quarto foi provido de um assoalho condutor, e uma chapa de metal condutor isolada foi suspensa do teto. Foram colocados pacientes no aposento, sendo o assoalho e o teto ligados a um gerador que produzia um potencial elétrico alternado a uma frequência aproximada de 10 ciclos por segundo. O efeito experimentado pelos pacientes foi assaz perturbador, de maneira muito parecida ao do efeito perturbador de uma cintilação similar.

Será naturalmente necessário repetir tais experimentos em condições mais controladas, e com a tomada de eletroencefalogramas simultâneos dos pacientes. Entretanto, até onde chegam os experimentos, há um indício de que o mesmo efeito da cintilação visual pode ser gerado por uma cintilação elétrica produzida por indução eletrostática.

Importa observar que se for possível mudar a frequência de um oscilador por meio de impulsos de frequência diferente, o mecanismo será obrigatoriamente não linear. Um mecanismo linear que atua sobre uma oscilação de uma dada frequência é capaz de provocar apenas oscilações da mesma frequência, em geral com alguma mudança de fase e amplitude. Isto não é verdade com respeito aos mecanismos não lineares, que podem produzir oscilações de frequências que são somas e diferenças de diferentes ordens, da frequência do oscilador e da frequência do distúrbio imposto. Para tal mecanismo, é bem possível deslocar uma frequência; e no caso por nós considerado, esse deslocamento será da natureza de uma atração. Não é demasiado improvável que a mencionada atração seja um fenômeno secular ou de longa duração, e que para curtos períodos o sistema permaneça aproximadamente linear.

Considerem a possibilidade de o cérebro conter um número de osciladores de frequências de aproximadamente 10 por segundo, e que, dentro de limitações, essas frequências possam atrair-se uma à outra. Em tais circunstâncias, é provável que as frequências se acumulem em um ou mais montículos, pelo menos em certas regiões do espectro. As frequências que se aglomeram nesses montículos terão de ser arrebatadas de algum lugar, causando assim brechas no espectro, onde a potência será mais baixa do que a esperada de outro modo. A possibilidade desse fenômeno realmente ocorrer na geração de ondas cerebrais no indivíduo, cuja autocorrelação aparece na Figura 9, é sugerida pela abrupta queda na potência para frequências acima de 9,0 ciclos por segundo: Isto não seria facilmente descoberto com as baixas potências resolventes da análise harmônica utilizada pelos autores mais antigos[17].

A fim de que esta avaliação da origem das ondas cerebrais possa ser sustentável, devemos examinar o cérebro para a existência e natureza dos osciladores postulados. O professor Rosenblith do MIT informou-me da existência de um fenômeno conhecido como pós-descarga[18]. Quando um lampejo de luz é apresentado aos olhos, os potenciais

17. Devo dizer que o dr. W. Grey Walter do Burden Neurological Institute de Bristol, Inglaterra, conseguiu alguma prova da existência de ritmos centrais estreitos. Não me encontro inteirado de todos os detalhes de sua metodologia; entretanto, entendo que o fenômeno ao qual se refere consiste no fato que em seus retratos toposcópicos das ondas cerebrais, quando se parte do centro, com os raios indicando a frequência, limitam-se a setores relativamente estreitos.

18. J. S. Barlow, Rhythinic Activity Induced by Photic Stimulation in Relation to Intrinsic Alpha Activity of the Brain in Man, *EEG Clinic Neurophysiology*, v. 12, 1960, p. 317-326.

do córtex cerebral que podem estar correlacionados com o lampejo não retornam de pronto a zero, mas passam por uma sequência de fases negativas e positivas antes de se extinguirem. O padrão desse potencial pode ser submetido a uma análise harmônica, e verifica-se que possui grande porção de intensidade na vizinhança de 10 ciclos. Até onde isto vai, pelo menos não é contraditório com a teoria da auto-organização da onda cerebral que aqui apresentamos. A concentração dessas oscilações de curta duração em uma oscilação contínua foi observada em outros ritmos corporais, como, por exemplo, o ritmo diário de aproximadamente 23 1/2 horas que é observado em muitos seres vivos[19]. Este ritmo é capaz de ser estirado para o ritmo de 24 horas do dia e da noite mediante mudanças no ambiente externo. Do ponto de vista biológico, não é importante se o ritmo natural dos seres vivos é precisamente um ritmo de 24 horas, desde que seja capaz de ser atraído para o ritmo de 24 horas pelo ambiente externo.

Um interessante experimento capaz de lançar luz sobre a validade de minha hipótese a respeito das ondas cerebrais poderia possivelmente efetuar-se com o estudo dos pirilampos ou de outros animais como grilos ou rãs, os quais estão habilitados a emitir e receber impulsos auditivos ou visuais detectáveis. Aventou-se amiúde a suposição de que os pirilampos numa árvore lampejam em uníssono, sendo este fenômeno aparente atribuído à ilusão óptica humana. Foi-me assegurado que, no caso de alguns pirilampos da Ásia sul-oriental, o mencionado fenômeno é tão acentuado que dificilmente poderia ser atribuído à ilusão. Pois bem, o pirilampo desenvolve dupla ação. De um lado é um emissor de impulsos mais ou menos periódicos e, de outro, possui receptores para esses impulsos. Não poderia dar-se o mesmo fenômeno, por nós suposto, da harmonização de frequências? Para este trabalho, fazem-se necessários registros precisos dos lampejos que sejam bastante bons para sofrer uma acurada análise harmônica. Além disso, os pirilampos deveriam ser submetidos à luz periódica, como, por exemplo, de um tubo de neônio lampejante, e deveríamos determinar se isto tende a impeli-los a sua frequência própria. Se fosse o caso, deveríamos procurar um registro exato dessas cintilações espontâneas a fim de sujeitá-las a uma análise de autocorrelação semelhante àquela que fizemos no caso das ondas cerebrais. Sem me atrever a pronunciar-me sobre o resultado de

---

19. *Cold Spring Harbor Symposium on Quantitative Biology*, v. XXV (Biological Clocks), Cold Spring Harbor: Cold Spring Harbor Laboratory Press, 1960.

experiências ainda não efetuadas, esta linha de pesquisa se me afigura promissora e não demasiado difícil.

O fenômeno da atração de frequências também ocorre em algumas situações não vivas. Considerem certo número de alternadores elétricos com suas frequências controladas por reguladores ligados aos motores primários. Tais reguladores mantêm as frequências em regiões comparativamente estreitas. Suponham que, os outputs dos geradores estejam combinados em paralelos sobre barras coletoras de onde a corrente sai para a carga externa, que em geral se encontrará sujeita a flutuações mais ou menos fortuitas devido ao acender e apagar da luz e coisa parecida. A fim de evitar os problemas humanos de comutação que sucedem nas centrais telefônicas antiquadas, admitiremos que a ligação e o desligamento dos geradores se processem automaticamente. Quando o gerador é levado a uma velocidade e fase bastante próxima das dos outros geradores do sistema, um dispositivo automático o ligará às barras coletoras, e se por algum acaso se afastasse por demais da devida frequência e fase, um dispositivo similar desligá-lo-á de maneira automática. Em tal sistema, um gerador que tenda a funcionar muito depressa e a ter assim dizer, uma frequência demasiado alta assume uma parte da carga que é maior do que sua porção normal, enquanto um gerador que funcione muito devagar assume uma parte menor do que a parte normal da carga. O resultado é que há uma atração entre as frequências dos geradores. O sistema gerador total atua como se possuísse um regulador virtual, mais acurado que os reguladores, dos reguladores individuais, e constituído pelo conjunto desses reguladores com a interação elétrica mútua dos geradores. A isto se deve, ao menos em parte, a regulagem precisa de frequência dos sistemas de geradores elétricos. É isto que possibilita o uso de relógios elétricos de alta precisão,

Sugiro, portanto, que o *output* de semelhante sistema seja estudado quer experimental quer teoricamente, de uma forma paralela àquela que utilizamos no estudo das ondas cerebrais.

Historicamente é interessante saber que nos primeiros tempos da tecnologia da corrente alternada, foram feitas tentativas de conectar geradores do mesmo tipo de voltagem-constante usado em modernos sistemas geradores em série mais do que em paralelo. Verificou-se que a interação dos geradores individuais em frequência era mais uma repulsão do que uma atração. O resultado era que tais sistemas eram incrivelmente instáveis, a menos que as partes rotativas dos geradores individuais fossem ligadas rigidamente por um eixo ou engrenagem comum. De outro lado, a conexão de geradores por meio da barra coletora paralela mostrou-se dotada de estabilidade intrínseca que permitiu unir geradores em diferentes estações em um único sistema autossuficiente. Para recorrer a uma analogia biológica, o sistema paralelo tem melhor homeostase do que o sistema em série e, portanto, sobrevive, enquanto o sistema em série elimina a si mesmo por seleção natural.

Vemos destarte que uma interação não linear a causar a atração de frequência pode gerar um sistema auto-organizador, como o faz, por exemplo, no caso das ondas cerebrais que discutimos e no caso da rede a-c. Esta possibilidade de auto-organização não é de maneira alguma limitada à frequência muito baixa desses dois fenômenos. Considerem os sistemas auto-organizadores ao nível de frequência, digamos, dos espectros de luz infravermelha ou de radar.

Como afirmamos antes, um dos problemas primordiais da biologia é o modo pelo qual as substâncias capitais constitutivas dos genes ou vírus, ou possivelmente as substâncias específicas produtoras do câncer, reproduzem-se a partir de materiais desprovidos dessa especificidade, tais como uma mistura de aminoácidos e de ácido nucléico. A explicação usualmente dada é que uma molécula dessas substâncias age como um modelo de acordo com o qual as moléculas menores constituintes se assentam e se unem em uma macromolécula similar. Isto é em grande parte uma figura verbal e trata-se apenas de outro meio de descrever o fenômeno fundamental da vida, ou seja, que outras macromoléculas são formadas à imagem das macromoléculas existentes. Como quer que ocorra, este é um processo dinâmico e envolve forças e seus equivalentes. Uma maneira inteiramente possível de descrever tais forças é que, o portador ativo da especificidade de uma molécula pode encontrar-se no padrão de frequência de sua radiação molecular; parte importante da qual talvez resida na frequência eletromagnética infravermelha ou ainda na mais baixa. Pode acontecer que específicas substâncias de vírus sob certas circunstâncias emitam oscilações infravermelhas que têm o poder de favorecer a formação de outras moléculas do vírus a partir de um magma indiferente de aminoácidos e ácidos nucleicos. É bem possível que o fenômeno em apreço possa ser considerado como uma espécie de interação atrativa de frequência. Como toda essa matéria ainda se acha *sub judice,* não estando sequer formulados os pormenores, abstenho-me de ser mais específico. O meio óbvio de investigar isto e estudar o espectro de absorção e de emissão de uma quantidade maciça de material de vírus, como o cristal do vírus do mosaico, e depois observar os efeitos de luz dessas frequências sobre a produção de mais vírus, a partir do vírus existente no próprio material nutritivo. Quando falo de espectros de absorção, refiro-me a um fenômeno que existe quase com certeza; e quanto aos espectros de emissão, temos algo desse tipo no fenômeno da fluorescência.

Qualquer pesquisa do gênero implicará um método altamente preciso para o exame detalhado dos espectros na presença do que seria ordinariamente considerado como porções excessivas de luz de um espectro contínuo. Já vimos que nos defrontamos com problema similar na microanálise das ondas cerebrais e que a matemática da espectrografia do interferômetro é essencialmente a mesma que aqui empreendemos. Faço então a sugestão definida de que o pleno poder desse método seja explorado no estudo dos espectros moleculares e, em particular, no estudo de tais espectros de vírus, genes e câncer. É prematuro predizer o valor inteiro desses métodos, tanto na pesquisa puramente biológica como na medicina, mas alimento grandes esperanças de que venham a mostrar-se do máximo valor em ambos os campos.

ÍNDICE REMISSIVO

coleção big bang

ARTECIÊNCIA: AFLUÊNCIA DE SIGNOS CO-MOVENTES ▸ Roland de Azeredo Campos ◈ BREVE LAPSO ENTRE O OVO E A GALINHA ▸ Mariano Sigman ◈ CAÇANDO A REALIDADE ▸ Mario Bunge ◈ CIBERNÉTICA ▸ Norbert Wiener ◈ CTRL+ART+DEL: DISTÚRBIOS EM ARTE E TECNOLOGIA ▸ Fábio Oliveira Nunes ◈ DIÁLOGOS SOBRE O CONHECIMENTO ▸ Paul K. Feyerabend ◈ DICIONÁRIO DE FILOSOFIA ▸ Mario Bunge ◈ EM TORNO DA MENTE ▸ Ana Carolina Guedes Pereira ◈ ESTRUTURAS INTELECTUAIS: ENSAIO SOBRE A ORGANIZAÇÃO SISTEMÁTICA DOS CONCEITOS ▸ Robert Blanchét ◈ LITERATURA E MATEMÁTICA ▸ Jacques Fux ◈ MATÉRIA E MENTE ▸ Mario Bunge ◈ A MENTE SEGUNDO DENNET ▸ João de Fernandes Teixeira ◈ METAMAT! EM BUSCA DO ÔMEGA ▸ Gregory Chaitin ◈ O MUNDO E O HOMEM: UMA AGENDA DO SÉCULO XXI À LUZ DA CIÊNCIA ▸ José Goldemberg ◈ PREMATURIDADE NA DESCOBERTA CIENTÍFICA: SOBRE RESISTÊNCIA E NEGLIGÊNCIA ▸ Ernest B. Hook (org.) ◈ O TEMPO DAS REDES ▸ Fábio Duarte, Queila Souza e Carlos Quandt ▸ UMA NOVA FÍSICA ▸ André Koch Torres Assis. ◈ O UNIVERSO VERMELHO ▸ Halton Arp ◈ A UTILIDADE DO CONHECIMENTO ▸ Carlos Vogt ◈ A TEORIA QUE NÃO MORRERIA ▸ Sharon Bertsch Mcgrayne

Este livro foi impresso na cidade de São Paulo,
nas oficinas da MarkPress Brasil, em julho de 2017,
para a Editora Perspectiva